フランス知と戦後日本

対比思想史の試み

宇野重規＋伊達聖伸＋髙山裕二 編

白水社

フランス知と戦後日本——対比思想史の試み

フランス知と戦後日本＊目次

II 「戦後」知識人の肖像

III 一九六八年とその後

装幀＝小林剛　組版＝鈴木さゆみ

はしがき

伊達聖伸

本書の編者である三人は、かれこれ十数年にわたって「フランス政治思想研究会」の世話人をしている。「現代フランス政治哲学読書会」と称していたこともある。正式名称のない小ぢんまりとした団体と言えば怪しげだが、研究の豊かな土壌はそういうところにあるとも言えそうだ。不定期開催だが、二〇二三年末までで三二回を数える。本の刊行自体を目的としているわけではないが、これまで『社会統合と宗教的なもの――十九世紀フランスの経験』（二〇一一年）、『共和国か宗教か、それとも――十九世紀フランスの光と闇』（二〇一五年）の二冊をいずれも白水社から刊行した。二つの本の基本的なコンセプトは同じだった。宇野重規さんと髙山裕二さんはトクヴィルを中心とする政治思想史が一番の専門で、私は宗教学の立場から世俗的な近現代フランスについて研究してきた。そうした編者の問題関心を反映して、二冊の本では十九世紀フランスの政治的なものと宗教的なものの関係に光を当てた。

そのあとも研究会を続けてきたので、続編に当たるものをそろそろ出して三部作にできたらという話になり、前二書の編集者である竹園公一朗さんに相談を持ちかけた。その時点では、少なくとも私は、基本的なコンセプトは前回までと同様のつもりでいたが、示された方向性はアレンジを加えましょうというものだった。

戦後日本の読書界や学術界では、フランス知が大きな役割を果たしてきた。そのこととの関係において、いま中堅どころのフランス研究者が論集を出すことの意義はどこにあるのか。私たちは、フランス文学やフランス現代思想が華やかなりし時代のあとの世代に属している。そうした歴史感覚に立ちながら、いまの日本でフランス知をどう用いていくことができるのか。こう言うと抽象的で巨大な問題のようだが、私たちが常日頃それを意識しながら仕事をしていく必要のあることであって、竹園さんが促してくれたのは、メンバーが揃っているのだから、ぜひそういう本質的な課題に取り組んでくださいということだったと思う。

学問を取り巻く環境の変化が激しく、自分が学部生や大学院院生だった頃に読んだ各分野の古典とも言えるような基本書が、若い世代には必ずしも読まれていないことがよくある。だとしたら、そのような本について論じる身振りからは、論者自身とその前後の世代の特徴がおのずと滲み出てくるのではないか。編者と編集者のあいだで何回か話を重ねるうちに、このような共通了解が次第にできてきた。

そこで、研究会のメンバーを中心に、各学問分野の基本書として自分が若い頃に読んで感銘や影響を受けたものについて論じる論集を作りましょうということになった。研究会を十数年も続けていれば歳もとるわけで、不定形の歴史らしきものが漂いはじめる。機をとらえてそれを定着させてみたら、それなりに面白い形になるかもしれない。竹園さんからは「私を出す」のを恐れないでください、むしろ積極的に出してくださいと言われていた。私などは真に受けて書いてしまったほうだが、そのあたりの上手な回避を試みた論考もあるようだ。それでも、対象となる著作と向き合う論者のプロフィールとコンテクストは、否応なく露呈してしまっているだろう。

＊＊＊

その実際の様子は、各論考に当たってじっくり読んでいただくとして、ここでは、各論の内容をごく簡単に紹介しておきたい。本書は三部構成で、第Ⅰ部には、近代のひとつの特権的な起点にして、絶えざる参照項であるフランス革命と特に関係の深い論考を集めた。

第一章（宇野重規）は、フランス革命二百周年に際して「四つの'89年」を提唱した憲法学者の樋口陽一の思考に見られる「フランス的契機」の知的起源を、一九七〇年代の論考に探り当てている。そして、「ルソー＝ジャコバン型」を重視する樋口の姿勢が戦後日本において持つ意味の重要性を再確認しつつ、残り続ける「特殊日本的性格」の問題について注意喚起している。

第二章（長井伸仁）は、同じくフランス革命二百周年に際して刊行された柴田三千雄『フランス革命』を取りあげて、フランス革命研究がこの三〇年ほどで大きく変化したことを浮き彫りにしている。柴田の著作を特徴づけていたブルジョワ革命論という認識枠組みや、民衆運動という対照設定がなされていたことを歴史化しつつ、残された課題について考えようとしている。

第三章（永見瑞木）は、遅塚忠躬『ロベスピエールとドリヴィエ』を特徴づけているマルクス主義的な歴史解釈にもとづく「意味」の追求や経済的決定論にはもはやついていけないと違和感を表明しつつ、ロベスピエールに対する遅塚の感情移入に注目する。ロベスピエールが前提としていない認識枠組みで彼の思想を解釈するのは無理筋と批判しつつ、遅塚がこだわった社会的デモクラシーの理念には引き出すべき可能性があるのではと示唆する。

第Ⅱ部は、戦後日本の知識人におけるフランス知のあり方の諸相ないしいくつかの断面を提示しようとするものである。

第四章（片岡大右）は、戦前はヴァレリー、戦後はサルトルを通じてフランス知に接近し、吸収したと見られる加藤周一の『羊の歌』（正・続）を導きの糸に、この代表的な戦後知識人の複雑な歩みを解きほぐしている。日本の仏文研究に少なからぬ影響を与えた「象徴主義的風土」の「神学的枠組み」や「ロマン主義」への関心、サルトルを相対化する『エスプリ』にも近い位置取り、ドゴールやクレマンソーを評価する平和主義など、一見意外にも思える側面を取り出している。

第五章（杉本隆司）は、六〇年安保闘争では安保反対のオピニオンリーダーだった清水幾太郎が保守に転じていく過程が、彼の著書『オーギュスト・コント』に刻印されていることを読み解いている。この本はいまなおコントの基本書とされているが、清水による日本の戦後民主主義批判が、コントによるフランス革命批判に重ね合わせられていることに著者は注意を促している。

第六章（川上洋平）は、戦後日本における保守思想の基本構図に福田和也がすんなり収まらないことを意識しつつ、ヴィシー政権に協力したフランスの文学者を描いた『奇妙な廃墟』を論じる。江藤淳、加藤典洋の議論を踏まえながら、敗者の経験を引き受けようとしたフランスの文学者と戦後日本の課題が実は重なることを、鮮やかに描き出している。

第Ⅲ部は、一九六八年を若い時期に経験した研究者によるフランスの論じ方の特徴に光を当てようとするものである。

第七章（高山裕二）は、西川長夫『フランスの近代とボナパルティズム』に、フランスと日本の知的・社会的状況の違いを読み込んでいる。フランスではドゴール政治が民主的なものから体制的なものに変質していく一九六〇―七〇年代にボナパルティズム研究が活発化したが、西川の著作には日本のマルクス主義者によるボナパルティズム理解に対する批判が込められていた。

第八章（中村督）は、西川長夫の別の著作『パリ五月革命 私論』を取りあげ、国民国家の公式的な歴史叙述に回収されることのない「私」という抵抗の場からの歴史学の実践に光を当てている。一九三四年に日本支配下の朝鮮に生まれた西川は、一九四五年にそれまで抱いていた国家への信頼を失い、一九六八年を経験することで国民意識から解放されたと論じている。

第九章（伊達聖伸）は、一九六八年を大学生として経験した谷川稔が、社会運動史研究から出発して社会史や政治文化史研究を手がけ、ヴォルテール的フランス像を立ちあげた『十字架と三色旗』の意義を振り返る。その一方で、著作の刊行から四半世紀を経てヴォルテール的フランス像自体が変質していることに言及し、ジョレス的フランス像の理念的重要性を主張する。

＊＊＊

自分のものはさておき、各論考は力作揃いである。しかし、これでタブローの完成とは到底言えないことも十分に承知している。パズルのピースを組み合わせてみたら、それなりに面白い試作品ができあがってきたといったところではないだろうか。欠けているピースも多い。注文はしたが届かなかったピースもある。また私たちで同じようなことを試みてもよいだろうし、他のところで似た企てが差異も孕みながら連動して起これればもっとよい。

とはいえ、前口上はこのくらいにしておこう。本当に粒揃いのピースなのかどうかは、読者に吟味してもらう必要があるだろう。

鼎談

覇権の記憶から危機の時代へ

宇野重規・伊達聖伸・髙山裕二

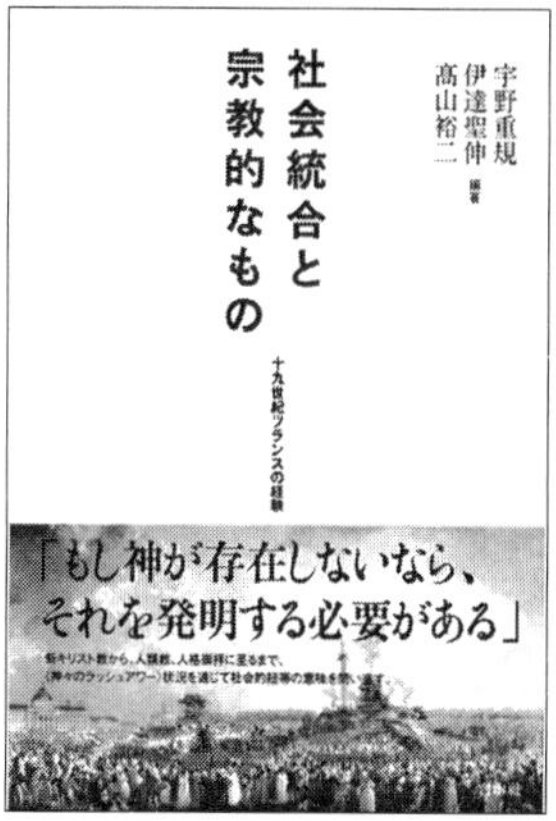
宇野重規
伊達聖伸
髙山裕二 編著
社会統合と宗教的なもの
十九世紀フランスの経験
「もし神が存在しないなら、
それを発明する必要がある」

共和国か宗教か、
それとも
十九世紀フランスの光と闇
宇野重規・伊達聖伸・髙山裕二 編
シャルリ以後の
新たなフランス学に
向けて
革命と反動、戦争と平和、豊かさと専制……
怒りと幻滅に覆われた十九世紀フランスの
現代的意義を論じる、
新たな思想史
白水社
100

覇権と世代

宇野　『フランス知と戦後日本』の大きなテーマは〈私〉から戦後フランス知を語り直すということにありました。各章の執筆者は自分の研究歴を率直に振り返って、そこから論じる。だから文体が重要になるわけですが、それは「フランス知と戦後日本」を考える際に非常に重要なことです。戦後日本の知的世界ではフランス知が重きをなした。ある意味、戦後はフランス知が制覇したと言ってもいいと思います。大江健三郎を含め、東大仏文の渡辺（一夫）研究室の人たちが戦後思想や戦後文学を引っ張りましたが、そこには文体もあったわけです。

　これまで同じ編者で『社会統合と宗教的なもの』（二〇一一年）、『共和国か宗教か、それとも』（二〇一五年）と刊行してきましたが、今回の『フランス知と戦後日本』が一番、射程が長い。明治以来の日本の近代知とはなんだったのか、問いかけている。とりわけ戦後日本の知は、いろいろな意味でも、フランスの存在が大きい。そのフランス理解が正しかったかどうかはともかく、日本の知識人はフランスと格闘することを通じて自分たちの知と文体をつくってきた。

　今回の『フランス知と戦後日本』の執筆者は戦後の第三世代の研究者と言えます。フランス革命史学を見ればわかるように、基礎を築いた第一世代に対して第二世代はアンビヴァレントなところがあり、完全には突き放していない。これに対し、第三世代になると、いいところはいいと言えるし、その「矛盾」や「無理」も見えてくる。第一世代の置かれた戦後の知的状況や格闘している様子が見える。いい距離感がある。その上で第三世代がフランス知を継承しようとしているところが大事です。

伊達　この本で主に取り上げた人たちの生年を確認しておきましょう。生まれた順に、清水幾太郎が一九〇七年生まれ、加藤周一は一九一九年生まれ、柴田三千雄は一九二六年生まれ、遅塚忠躬が一九三二年生まれ、樋口陽一と西川長夫が一九三四年生まれ、谷川稔が一九四六年生まれ、福田和也が一九六〇年生まれ、となります。第一世代を大塚久雄（一九〇七年生まれ）や丸山眞男（一九一四年生まれ）など近代主義者を中心に一九六〇年の安保闘争までとみると、いずれも第一世代に対してアンビヴァレントな距離を持っているといえるのではないか。

樋口陽一は原理としての近代の理念を堅持しながら比較の地平に向かっています。柴田三千雄には高橋幸八郎（一九一二年生まれ）がいたし、清水幾太郎は第一世代に属していますが安保闘争後、保守化していく。遅塚忠躬の場合にはソーシャルな民主主義、西川長夫は植民地出身で国民国家批判、谷川稔は社会史からのもう一つの近代、福田和也は日本のフランス研究の主流に抗して、という形になる。今回はそこに大きな光を当てることになったのではないか。

宇野　今回の本の特長をもう一点あげておきます。戦後フランス知というと、左派のイメージが強いのですが、この本では、福田和也の『奇妙な廃墟』やボナパルティズムなど、これまでの左派的な関心では抜け落ちていたテーマが取り上げられています。その意味で戦後日本のフランス研究を総括するだけではなく、戦後日本の知や思想を再検証する本になっています。

髙山　この本は主にフランス政治思想研究会のメンバーが中心です。だから最初に出した「社会統合と宗教的なもの」という問題関心がゆるやかに共有されています。それが戦後日本の「進歩的文化人」の関心を超えたアプローチにつながったのではないでしょうか。「社会統合」や「宗教的なもの」への関心が第三世代を特徴づけるキーワードの一つなのかもしれません。

宇野　明治以来、日本の近代化はイギリス、フランス、ドイツ、それからアメリカを参照軸としてものを考えてきました。フランスというと、初期にはボワソナード民法などの影響がありましたが、その後も文学などで一定の影響力を維持しました。

伊達　陸軍はありますが、富国強兵的な日本の近代化に対してフランスはそこまで影響を与えていません。日本の大国化志向に批判的な人たちとフランスの相性は戦前からよかった。永井荷風なんかが典型です。渡辺一夫の前に東大仏文には辰野隆がいて、小林秀雄や太宰治などの奇才もいました。軍国主義についていけない青年たちは戦中、フランス文学に救いを求めた。フランス文学もベルエポックのきらびやかな人たち、アナトール・フランス、アラン、ヴァレリー、ジッド、ロマン・ロランなどで輝いていた。戦後にはサルトルがいた。サルトルは文学でもあり、哲学でもあった。

宇野　フランス知が日本の言論全般を引っ張ったのは戦後特有の現象だと思います。一つには第二次世界大戦敗戦でドイツからの知的影響が批判にさらされたことがあります。ヘーゲルやマルクスは依然として圧倒的に影響がありましたが、全般的にはドイツ知がいったん後退します。英米は面白いですね。江藤淳や福田恒存ら日本の保守主義は英米文学者が担いました。けれど、やはり戦後はフランスだったと思います。さきほど言ったように東大仏文の渡辺門下からいろんな人が出てくる。これが日本の知的覇権を握った。理由はいろいろありましたが、東西の二項対立のなかでフランスがその両方を批判する第三項を示したのが重要です。自由民主主義体制を批判しつつ、社会主義を受け止めながら、第三の可能性を提示する。これが日本の知識人には魅力的だった。

しかも、日仏は近代化の過程で国家がエリートや知識人を制度的につくり、一九三〇年代から一九六〇年代にかけて知識人の全盛時代を形成した。わりとパラレルなところがあったんですね。そういう意味でも、戦後のある時期までフランス知が日本の知を動かした。それこそ、われわれの歴史の教科書なんていまだにそうです。フランス革命は近代市民革命だと書かれ、これがいまだに歴史のパラダイムになっている。フランス革命が典型的な近代市民革命であるというモデルは、フランス研究者にはとうの昔に否定されているのに、学校の教科書はいまだにそう書かれている。ルソーや近代社会契約論のイメージが、それぐらい影響があったのです。これは第一世代がつくったパラダイムであり、フランス革命こそが近代市民革命の典型だというわけです。第二世代の修正主義はこれを批判します。フランス革命は典型的な近代市民革命ではなく、むしろ政治文化的な側面が強かったし、フランス特有の歴史的経緯も大きかった。さらにフーコーやドゥルーズ、デリダらのいわゆる現代思想によって、近代知を批判するフランス知が前景化する。第二世代は第一世代の「フランス＝近代の典型」を相対化し、批判する。これがついこのあいだまで日本の知を担ってきた。今回の第三世代はそれよりもう一つ下です。第一世代に対する愛憎は薄い。だからこそ虚心坦懐に捉えられる。戦後日本における知のパラダイムをつくった第一世代、それを批判し乗り越えようとした第二世代、今はそれを突き抜けてフランス本国の研究とも連動している第三世代です。第一世代はいまからみると、フランス研究として偏りを持っていた。情報も限定されていたし、思い込みもあった。今からすれば突っ込みどころもあります。第三世代はフランスに長く留学している人も多いし、フランスの現状を踏まえて第一世代を相対化し、かつ継承しようとしてる。

東大仏文と京大人文研

髙山　フランス知の覇権について考えるときに京大人文研の存在も大きいですよね。戦前から人文研はあったようですが、占領軍が来た時に軍部絡みでいったん閉鎖される。そこで新たに英仏を中心に人文研が再興され、そこに中心メンバーとして東北大から招かれたのが桑原武夫だった。最初の共同研究が一九五一年の『ルソー研究』（岩波書店）。その後、『フランス百科全書の研究』（岩波書店、一九五四年）、『フランス革命の研究』（岩波書店、一九五九年）と続いていきます。この共同研究が戦後日本の知の基盤になった側面があると思います。桑原は一九七六年の『フランス学序説』（講談社学術文庫）で、「フランス学」は知の「綜合化」の試みだと言っています。また、この本の解説で、京大人文研のスタッフだった樋口謹一は「共同研究のめざすところはまさに綜合の学」だと書いていて興味深い。綜合の学、言いかえると、啓蒙主義の普遍的な知が、戦後日本の民主主義の基盤として注目されたのではないでしょうか。

宇野　京大人文研は平等な共同研究イメージを生み出した。お師匠さんがいて弟子がいるという構図ではない。みんなが対等で、かつ京大カードのように情報を共有して研究を進める、フラットな総合研究です。

髙山　そうなんですよね。桑原武夫は共同研究について、政治・経済・文学・芸術といった多様な領域でやることが重要で、ただ集まるだけではだめで、様々な人が共同でかつ対等に議論し研究することに意味があると言っています。それで生まれるのが綜合の学。そして総合の学は実学でもなければならないと強調しているのが印象的です。社会との接点を常に持たないといけないということだと思います。

伊達　文学自体が総合知と思われていた時代があったわけです。われわれは文学を読まない世代になってしまった。一九九〇年代以降、文芸批評に見切りをつけたと柄谷行人さんがどこかで言っていますが、文学がモラルの担い手ではなくなってしまった。だけど、近代というのは文学が世界を描く、そういう力を持っていた。だからこそ、文学が読まれた。その後、文学自体にも専門化が進んだ。三浦信孝先生が桑原武夫をどこまで意識してフランス学と言っているか分からないけど、ある意味では継承者だと思う。小林善彦先生があいだに来るかもしれない。細分化して専門的な研究が進むのはいいけれど、そうではなくて、総合や教養で見る必要がある。残念ながら文学の持っていたエネルギーはもう私たちの世代では分からなくなってる。昔は同世代で一番優秀な人が仏文に行って、フランス研究をやった時代があった。

髙山　特殊フランス的な問題というよりも教養が社会で持つ位置づけが時代によって違っていた、ということですね。

宇野　近代日本では批評が特権的な役割を果たしてきた。クリティーク（批判／批評）はヨーロッパにおいても非常に重要なジャンルですが、日本では小林秀雄という存在があり、批評が知を代表した時期がある頃まで続きました。伊達さんが指摘するように一九九〇年代まででしょう。文芸批評にはじまり、思想・哲学、そして政治社会批判まで含めて、分野を融合させて論じることで、知のパースペクティブを形づくった。小林秀雄、加藤周一など、批評の優位性を形成したのがフランス畑出身者だったというのは非常に大きい。

先ほど東大仏文を強調しすぎましたが、東の東大仏文、西の京大人文研という二つの核が戦後日本のフランス知にありました。両者の違いも重要で、東大仏文の批評と京大人文研の共同研究が合わさって大きな力を持った。東西の二つの拠点を中心に形成されたフランス知が日本各地の野心を持った若者を刺激することになりました。

東と西の語るフランス知

伊達　東と西という話で言うと、フランス知と土地柄について思いを巡らすのは面白いです。私は東北出身の方々を先達と見ています。樋口陽一先生は仙台、三浦信孝先生は盛岡、菅野賢治先生も岩手、水林章先生は山形、小倉孝誠先生は弘前、高橋哲哉先生は福島。東北は日本の外れ、しかも近代化の過程で遅れてしまった。主流に乗らない気風、あるいは主流から距離があるということがフランス知と関係あるんじゃないか、そう考えることもあります。

宇野　フランス知は主流であると同時に、どこか主流に距離を置くというポジションでもあった。大江は四国から東大仏文に来ましたね。

髙山　桑原が、近代日本を代表する詩人は東北から出ていて、京都からは文学者（小説家と詩人）が出ないと嘆いていたのを思い出しました。それはともかく、ちょうど今、二〇二五年大阪万博をそのまま開催していいものか問題になっていますが、一九七〇年の大阪万博の基本理念を起草したのが桑原武夫だったのがなんとも考えさせられます。『日本沈没』（光文社、一九七三年）の著者で、京大出身の小松左京が桑原を引っ張り出した。小松が「万国博を考える会」をつくったんです。小松の『やぶれかぶれ青春記・大阪万博奮闘記』（新潮社）によると、彼は一九六四年春に万博のアイデアを思い付いた。そして、同年に開催された東京五輪の協賛ムードや国威発揚の傾向を見て、それに明確な対抗意識を持って大阪万博を考えるようになる。そのとき親友で京大人文研にいた加藤秀俊らと組んで構想を練るわけです。その中には仏文の多田道太郎もいました。国威発揚でも貿易振興でもない万博。辿り着いたのは京大人文研でやっている共同研究だった。そこでは多文化理解を進めながら、日本の知や社会のあり方が考えられていた。そこで桑原武夫が出てくる。

伊達　太陽の塔の岡本太郎はマルセル・モースに学んでいますよね。このあいだの東京五輪にせよ、これからの大阪万博にせよ、半世紀前とは全然違います。それを批判しているフランス現代思想の鵜飼哲さんが思い浮かびました。鵜飼さんは京大出身です。一九七〇年の段階では京大人文研は万博をやることに加われたけど、今のフランス知は五輪・万博批判に力点がある。

宇野　愛知万博ではレヴィ゠ストロースが引っ張り出されました。万博とフランス知はつながっているかもしれない。

フランス研究事始

伊達　私は修士論文が「近代日本の教養と宗教」だったので、フランス研究は博士課程から始めました。なんとなくフランスへ憧れがあったんですね。そういう意味では珍しい部類であまり参考にならない（笑）。教養と宗教というテーマは、ドイツにはビルドゥングがあるから行けるけど、フランスではそのままではうまくいかない。日本の場合の教養と宗教は高等教育での話でしたが、フランスでは初等教育改革があったので、その宗教性と世俗性に注目しました。そこで谷川稔さんの『十字架と三色旗』

（山川出版社、一九九七年）に出会った。

髙山　私はフランス研究を始めたという自覚はなかったし、いまもフランス研究をしているという意識は強くないんです（笑）。というのも、一九九〇年代の終わりに大学に入ったとき、現代思想の残響はありましたが、全く現代思想に魅力を感じることができませんでした。今思うと、学部一年のときに読んだ本で印象に残っているのはハンナ・アーレントの『人間の条件』。それで政治思想に関心を持った。アーレントからトクヴィルに関心がいくのは珍しくなかったと思いますが、トクヴィルやその周辺を研究するうちにフランス知の蓄積のすごさに気付きました。この蓄積に依拠しながら研究を続けてきたというところがあります。

宇野　僕もフランス研究者をなろうとは思っていませんでした。たまたま最初にやろうと思ったのがトクヴィルで、彼がフランス人だった（笑）。一年生のときにフランス語の先生は渡辺守章先生でしたが、自分は日米学生会議とかをやっていて、どちらかといえばアメリカ派だった。トクヴィルがフランスに連れて行ってくれたというところがありますね。『アメリカのデモクラシー』を書いたトクヴィルを、アメリカの知識人のように論じる人がいるけれど、彼はフランス人なんだというのが研究の出発点でした。アメリカン・デモクラシーの擁護者では全くなく、むしろかなり他者の視点でアメリカを見ている。フランス革命後の政治的なダイナミズムのなかで、あえて他者としてのアメリカを意図的に論じた。『アメリカのデモクラシー』は元々、フランス人に読ませることが目的だった。

ベルリンの壁崩壊以降、知的な覇権はアメリカに一本化してしまったわけですが、フランスをアメリカに対抗するものとして読もうと思いました。アメリカを知的に批判する原理としてフランスを使うべきだ、と。同じデモクラシーという言葉でも相当違う。しかもフランスの場合には、そこにレピュブリックという理念が来る。だからアメリカのデモクラシーを批判的に捉える視点、たとえば政治と宗教なんかがクリティカルな問題になってくる。僕よりも前の世代なら、社会主義をもっと強く意識していたでしょう。自分は社会主義ではなくフランスでアメリカを相対化しようとしました。しかも当時のフランス知識人は社会主義を意識していた人が非常に多かったことが重要です。ハンナ・アーレントは象徴的な例です。もともと全体主義批判をした右派的な思想家とされていたのが、八九年以降、公共圏の思想家として、批判的な思想家として読み返された。こうしてみると、トクヴィル、ハンナ・アーレントの復権、アメリカを批判するフランス知という文脈が自分にとって非常に強かった。だからそれほど現代思想に強い影響は受けていませんね。

フランス知の危機

宇野　でもここに来て思うのは、フランス知でアメリカを相対化するというのも限界に来ているということです。僕が学んだのは、クロード・ルフォールやその弟子世代、マルセル・ゴーシェとかピエール・ロザンヴァロン、あるいはピエール・マナンですが、その次の世代になると、フランス政治哲学もほとんどジョン・ロールズを軸に展開するようになります。少し裏切られた気がしました（笑）。フランス政治哲学は、歴史学や社会主義と連続性があって、そこがよかった。それが失われ、いまやアメリカ的な知と対抗関係ができなくなっている。

　さらに考えないといけないのは、これからのフランス知が日本にいかなる意味を持つのか、ということです。米仏の対抗は西欧の多様性を示すにはよかったけど、今後はそれだけでは不十分です。中国やグローバルサウスが台頭し、さらにインドやロシアもある。アメリカとヨーロッパで世界を語れる時代はとうの昔に終わっています。アメリカとフランスを対抗させて、西欧近代の多様性を強調する論法自体も立て直しを求められている。フランス知の新たな位置づけが必要です。

伊達　宇野さんが『政治哲学へ』（東京大学出版会）を刊行されたのは二〇〇四年ですよね。九・一一以降、米仏の溝が広がっていた時期です。水林章さんらの『思想としての〈共和国〉』（みすず書房）は二〇〇六年。ゼロ年代はアメリカを批判するフランスがまだ輝いていた時代でもあった。私がフランス研究を始めたのは世紀転換期で、ここには日米同盟を批判する視角があるなと思った。共和国的な発想はもちろんいまでも有効な部分はあるんだけど、それ自体がかなり変質してしまった。デモが活発なフランスではソーシャルな連帯が守られ続けてきたところがあったけど、どんどん切り崩されて、新自由主義的な波にフランスも洗われている。サルコジの頃から顕著にアメリカに似てきた。マクロンのフランスもそうです。新自由主義化してフランスの独自性が際立たなくなってる。

他方、アメリカの左派リベラル的な #MeToo やインターセクショナリティに対して、フランス共和主義は拒否反応を示して、排外主義的極右の言説とあんまり変らなくなっている。一方ではアメリカと区別がつかず、他方ではアメリカ由来のものを頑なに拒むフランスがあって、硬直している。そうしたなかでもう一度フランス的な理念を日本で生かすと言っても、なかなか聞く耳を持ってもらえない。じゃどうすればいいのかというと、ひとつは日本の天皇制的なものに対する共和主義の批判的契機はやはり重要と繰り返すことですが、もうひとつのヒントは、硬直した共和主義を批判するフランスの思想家を掘り起こして新たに光を当てていくことだと思う。

高山　新自由主義ということで言えば、それが反知性主義的な側面を持っているということは重要です。これまでの『社会統合と宗教的なもの』『共和国か宗教か、それとも』と今回の『フランス知と戦後日本』の大きな違いは、政治的にはトランプ以前か以後かということ。トランプ以後の反知性主義に対して、フランス知がなお意味を持ちうると考えたい。その再発見の試みが今回の『フランス知と戦後日本』かなと思います。

宇野　今のフランスは模範的なモデルを示すというよりは矛盾そのものです。政治的には左右分極化が激しく、特に社会党は壊滅的です。国民連合が台頭する一方、テクノクラート支配も強まり、マクロンには共和主義的な皇帝みたいなところがある。イル＝ド＝フランスも昔は共産党支持が強かったけれど、いまや国民戦線支持が目立つ。シャルリ・エブド事件が象徴的であり、かつては寛容の都パリであったはずなのに、宗教対立が激化する場所になっている。今までイメージしてきた理性の国、寛容の国、あるいは普遍的人権にもとづく共和国ではなく、むしろ矛盾の国フランスになっている。アメリカも矛盾に満ちているけど、普遍主義に立っている分、フランスにより露骨に矛盾があらわれてきています。そこが面白い。矛盾に満ちたフランスをどう読み解くか、そこに可能性があります。(了)

二〇二四年一月二三日、白水社編集部

I

八九年という〈磁場〉

第一章　戦後憲法学における「フランス的契機」——樋口陽一の研究を中心に

宇野重規

一　はじめに

筆者がフランス政治思想を研究するなかで、樋口陽一はつねにその座標軸たる存在であった。あらためて強調するまでもなく、樋口は戦後日本を代表する憲法学者の一人である。東北大学で清宮四郎の下で学んだ樋口は、東北大学、東京大学、上智大学などで長く教鞭を執り、一般の読者向けの著作を含め、多くの研究書を公刊している。またその間に、多数の憲法学者を育て、ハンス・ケルゼンに学んだ清宮にはじまる、数々の秀峰が並ぶ巨大な知的山脈を形成した。その意味で、憲法学者としての樋口の研究全体を論じることはもとより本章の課題ではないし、筆者にその能力もない。本章が目指すのはあくまで、「フランス知と戦後日本」の関係を問い直す本書の企ての一環としてであり、その枠内における樋口憲法学の再検討である。しかしながら、このような限定をつけてなお、本章において樋口憲法学を取り上げるのは、「フランス知と戦後日本」の関係を考えるうえで、樋口ほどふさわしい研究者はいないと思えるからである。

このことは単に樋口が現代日本を代表する知仏派であることだけを意味しない。もちろん樋口は、日仏会館の理事長を務めるなど、日仏の知的交流において長く指導的立場にあった。一例を挙げれば、日仏会館での講座をもとにする『「共和国」フランスと私――日仏の戦後デモクラシーをふり返る』

を紐解けば、フランス憲法学の展開のみならず、共和国としてのフランスの歴史と樋口との間にある深い関わりがわかるだろう（樋口、二〇二〇）。フランス知と戦後日本を結ぶ水脈の多様性については本書を読んでいただきたいが、なかでも憲法学を中心に広く法学、政治学を考えたとき、その中心的人物として最初に名前が挙がるのが樋口であることに異論はないはずだ。

しかし、本章が樋口の研究、なかでも一九七〇年代というやや早い時期の研究に焦点をあてて議論を展開するのは、それだけが理由ではない。ある意味で、樋口の思考に見られる「フランス的契機」とその知的起源を見出し、それと戦後日本の憲法学、さらには広く戦後日本の学知との関係を検討することが本章の課題となる。樋口の憲法学の最大の特徴のひとつは、日本国憲法を比較の視座において捉えることにあった。その際、英語、フランス語、ドイツ語、ラテン語等を通じた幅広い教養と視野において議論が展開されるが、とくにフランス憲法学との関わりが重要である。はたしてフランス革命、フランス共和主義、あるいは樋口が「ルソー＝ジャコバン型」と呼ぶところの国家像について、樋口による評価は、その憲法学にいかなる影響を及ぼしているのか。これらの検討を通じて、樋口の思考における「フランス的契機」を読み取っていきたい。その射程が憲法学にとどまるものではないことが明らかになるであろう。樋口がまさに戦後日本においてフランス知を体現し、その視点から同時代の日本のあり方を論じた一人であることを示したい。最終的には、フランス共和主義と戦後日本の民主主義・立憲主義の関係についても論じる。

二　樋口の視座──『自由と国家』に着目して

本章では、一九七〇年代の著作である『近代立憲主義と現代国家』（一九七三年）と『現代民主主義の憲法思想』（一九七七年）を主たる検討の対象とするが、それに先立ち、まずは一九八九年の『自由と国家』を取り上げてみたい。岩波新書として刊行された同書は、刊行年の歴史性もあり(1)、本章の問題意識にとってとくに示唆的と思われるためである。

「四つの'89年」論

興味深いことの第一は、「四つの'89年」論である（樋口、一九八九：三八─四四）。この議論は樋口の歴史観と同時に、比較憲法学の枠組みを示すものとして理解できる。

「四つの'89年」の第一は、一六八九年のイギリス権利章典である。立憲主義自体には中世以来の歴史があるが、中世立憲主義が身分制社会の編成原理を基礎とし、諸特権の併存のうえに成り立っていたのに対し、近代立憲主義はそれと論理構成を全く異にする。樋口によれば、近代の立憲主義はあくまで身分制からの個人の解放を前提とする。結果として解放された諸個人と、権力を集中することになった国家との間に緊張が生じるが、そのなかで権力からの自由を追求するのが近代立憲主義である。一六八九年のイギリス権利章典は古来の権利と自由の確認という古色騒然とした形式をとったが、プロパティ論に依拠するジョン・ロックの『統治二論』（一六九〇年）こそが、近代立憲主義の論理を体系化していると樋口は指摘する。

第二の「'89年」は、一七八九年のフランス人権宣言である。一七八九年にフランスが歴史の表舞台に登場したのは、イギリスの一六八九年があってこそであった。とはいえ、一六八九年は一七八九年のあくまで前史であり、樋口は一七八九年のフランス革命の意義をより重要視する。イギリスでの憲法体験を踏まえ、これを体系化して世界に示したのは、フランス人権宣言にほかならない。樋口によれば、中間団体を打ちこわして身分制社会の網の目から個人を解放し、人一般を「発見」したという点において、フランス革命こそが近代立憲主義の発展において決定的に重要な位置を占める。解放された個人と権力を集中した主権国家とが正面から向き合う二極構造を明確化した点において、フランス人権宣言の意義は大きかった。

第三は、一八八九年の大日本帝国憲法である。「四つの'89年」論において、大日本帝国憲法の制定は、一六八九年のイギリス権利章典、一七八九年のフランス人権宣言から続く歴史的文脈において捉えられる。あるいは、それを可能にするために「四つの'89年」論が採用されたと言えるだろう。(2) この視座に立てば、日本の憲法をめぐる模索はあくまで世界史的な流れに位置づけられることになる。日本の近代史とは、そのような近代立憲主義の潮流と、それに抵抗する「国体」の側からの反撃の綱引きとして理解される。戦前における美濃部達吉ら立憲学派と皇室を国家の機軸とする神権主義との間の対決は、戦後においては、日本国憲法の下での経済的繁栄にもかかわらず、その憲法を「保守」しようとしない保守党という「ねじれ」として引き継がれた。その意味で、日本ははたして本当に近代化したのか、(3) 近代立憲主義を真に我がものとしたと言えるのか、このような問いかけが、樋口の問題意識を貫いている。

そして第四となるのが一九八九年である。『自由と国家』の刊行時点では、この年は他の三つの「89年」を測る「いま」という位置づけであったが、後の『憲法と国家』においては、旧ソ連・東欧諸国における社会主義体制の崩壊と、立憲主義の復権として評価されている。もとより、「市場経済の勝利」や、「帝国」の崩壊がもたらした「民族」紛争という点において、一九八九年の変化に正負の両側面があることを樋口は強調しているが、その点を含めてもなお、一九八九年は、近代立憲主義の歴史において重要な位置を占めている。樋口の視座は一貫していると言えるだろう。

「ルソー＝ジャコバン型」と「トクヴィル＝アメリカ型」

『自由と国家』において注目すべき第二のポイントは、「ルソー＝ジャコバン型」と「トクヴィル＝アメリカ型」という二つの国家像の対比である。この二分法は、両者のうち、最終的に（少なくとも日本の文脈においては）前者を支持するという樋口の評価と相まって、大きな話題を呼んだ。ここで今一度、それぞれの定義を確認しておこう（樋口、一九八九：一一八―一八六）。

「ルソー＝ジャコバン型」とは、一七八九年を画期とするフランスの近代国家のあり方の象徴であり、一般意思を掲げたジャン＝ジャック・ルソーによって象徴される。すでに指摘したように、フランス革命は身分制社会における中間団体による多元性を克服し、一方において抽象的な人権の担い手としての個人を、他方において主権を体現する集権的な国家をもたらした。このような個人と国家、あるいは人権と主権とが正面から向き合う国家のあり方が、ここでいう「ルソー＝ジャコバン型」である。樋口によれば、フランス革命以来の「ルソー＝ジャコバン型」国家像は、フランスで近代立憲主義が確立した第三共和制期以来、「一般意思の表明としての法律（loi）の至高性」という観念の下、徹底した議会中心主義として実定化された。一九五八年に制定された現行の第五共和制憲法は、このような「ルソー＝ジャコバン型」の完成として位置づけられる。確かに第五共和制はそれまでの議会中心主義に対して大統領中心主義を骨格とする点において大きな違いがあるが、それにもかかわらず、「人民の一般意思の支配」という前提そのものは疑われることがなかったと樋口は指摘する。

これに対し、第五共和制にようやく新たな動きが見られるようになったのは、一九八〇年代のことであった。そのような動きは次第に「ルソー＝ジャコバン型」のモデルを揺るがしていく。ここでいう新たな動きとは、第一に裁判的機関による違憲審査制の活性化であり、第二に地方分権政策であり、第三に保革共存（コアビタシオン）である。

一九五八年憲法によって憲法院が設けられたが、これが次第に違憲立法審査機関としての役割をはたすようになった結果、「一般意思の表明」として至高の地位を与えられてきた法律は、その憲法適合性を審査されることになった。また県レベルで官選の知事が姿を消したことに象徴されるように、地方分権化の動きはジャコバン主義的な中央集権国家の伝統を変化させるものであった。さらに大統領と下院多数派が異なる政治勢力によって占められる保革共存の下、多数派主導のデモクラシーからより協調型のデモクラシーへの移行も見られた。これらは相まって、「一にして不可分の共和国」における「一般意思」による一元的支配である「ルソー＝ジャコバン型」とは異なる国家モデルを示すことになった。

このような新たなモデルを樋口は、『アメリカのデモクラシー』の著者であり、アメリカの連邦制や地方自治、結社活動を高く評価したアレクシ・ド・トクヴィルになぞらえて「トクヴィル＝アメリカ型」と呼ぶ。従来のフランスにおいて、強固な「思想的フランス中心主義」が見られたとすれば、アメリカの法や政治、あるいは社会のあり方に注目が集まったこと自体が、フランスの知的な変化を示していた。それはまた、同時にルソー的な主権論に対する批判の高まりとも結びついていた。樋口はトクヴィルのアメリカ認識がすべて正しかったわけではないと留保を付けつつも、「ルソー＝ジャコバン型」に対する「トクヴィル＝アメリカ型」を明確に対比している。

問題は両者に対する樋口の評価である。樋口によれば、二つのモデルの違いは、新旧両大陸の置かれた状況の違いを反映している。旧大陸であるフランスにおいて、個人を解放するためには身分制的な社会編成を打ち破ることが不可欠であり、フランス革命の反結社的な性格は、このような状況によるところが大きかった。これに対し新大陸のアメリカでは、「はじめに個人ありき」であった。結果として、さまざまな結社も自発的なものであり、個人を抑圧するものではなかったと樋口はいう。

それでは二つのモデルとの関連で日本を見るとどうなるか。一八八九年憲法の体制において、最も重要な中間団体は「家」であった。しかしながら、この「家」は国家権力に対して自由や独立を主張するものというより、むしろ国家権力の支配を伝達する下請け機構として機能した。日本において、一九四六年憲法によってようやく個人の解放が正面から承認されたが、それにもかかわらず共同体的志向はいまだ根強い。個人の自律と尊厳を核とする近代立憲主義への抵抗も強固に残っている。それゆえに、「一九八九年の日本社会にとっては、〔…〕ルソー＝ジャコバン型個人主義を、そのもたらす痛みとともに追体験することの方が、重要なのではないだろうか」と樋口は結論づける（樋口、一九八九：一七〇）。

このように日本の憲法体験を「四つの'89年」論の枠組みにおいて捉える樋口は、同時に、「ルソー＝ジャコバン型」に対する「トクヴィル＝アメリカ型」の意義を認めつつも、現在の日本においてなお「ルソー＝ジャコバン型」の重要性をより強調していると言えるだろう。日本において、いまだ徹底した個人主義の確立は未完のプロジェクトである。ここにおいて見られるのは、まさに「ルソー＝ジャコバン型」の共和主義者としての樋口である。個人の解放を何より重視する近代立憲主義者としての樋口は、日本の歴史と現状に対する厳しい批判者として屹立している。本章では、このような樋口に見られる「フランス的契機」の起源をさらに探っていきたい。

三　フランス憲法学の政治学的傾向

まずは一九七三年の『近代立憲主義と現代国家』から見ていこう。同書で強調されるのは、「フランスにおける憲法学の政治学的傾向」である。

フランスにおいて憲法学は、七月王制の下、フランソワ・ギゾーによってはじめて大学に講座が設けられた。そこで前提とされたのは私法学における註釈学派である。注釈学派は一八三〇年代から八〇年代にかけて、およそ半世紀もの間にフランスで最盛期を迎えていた。この学派によれば、議会制定法、すなわち法律（loi）だけが法源とされ、法律の最大限に厳密な適用を保障することが法学の任務とされた。言い換えれば、そこでは「法現象をひとつの社会現象として科学の対象とするという志向はなかった」（樋口、一九七三：一二）。また政治学についても、science morale et politique と呼ばれたように、科学というよりは哲学として扱われており、政治科学というより、政策の定立や政治への価値判断の定立を意味していた。

フランス憲法学の画期を成したのは、アデマール・エスマンである。彼の研究は第三共和制下における近代立憲主義の安定に対応する解釈論を提示するとともに、憲法現象を対象とする科学的考察の方向性を示した。

樋口はエスマンにおいて成立したフランス近代憲法学の展開を、憲法規範の妥当根拠についての見解の違いにもとづき、四つに類型化する。第一は憲法規範の妥当根拠を社会意識に求める社会学主義（代表はレオン・デュギ）、第二は憲法規範とは神学的あるいは理性的なモラルと考えるイデアリスム（代表はモリス・オーリウ）、第三は成文憲法の存在そのものを憲法規範と考える法実証主義（レイモン・カレ・ド・マルベール）、第四は現に適用されていることが憲法規範であると考える社会学的実証主義（代表はルネ・カピタン）である。そのうち、戦後フランスにおいて優勢になったのは、第四の社会学的実証主義であった。

このように発展したフランス憲法学の特徴は、成文憲法の解釈にとどまらず、政治現象を対象として考察することであった。その意味で、第三共和制期のフランス憲法学は政治学を実際におこない、あるいは志向していた。

ちなみにフランスの大学制度において、政治学の講座が設けられたのは第二次大戦後のことである。

ルネ・カピタンの主唱により諸大学に政治学院が設けられ、さらに各大学に政治学の講座が開設された。ここにおいてようやく、権力現象を対象とする科学としての政治学が制度化された。フランス憲法学においては法解釈学と法律科学とが区別されたが、法の実証的科学としての法律科学は、政治学とともに発展したのである。戦後フランスにおける憲法の政治学的考察の最大の推進者となったのは、モリス・デュヴェルジェであった。

それにしても、このようなフランス憲法学の政治学的傾向はいかなる背景から生じたのであろうか。重要なのはやはり、時代背景であるフランス第三共和制であった。普仏戦争の敗北によって生まれた第三共和制は、いわば妥協の産物であった。ナポレオン三世がセダンの戦いで敗れた結果、消極的に選択されたのが共和制であり、その初期を主導したのも実は王党派であった。王党派、ボナパルティスト、そして共和派の寄り合い所帯として出発した第三共和制は、いわば体制を支える安定した政治勢力を欠いた政治体制であり、その憲法も暫定的なものとして制定された。人権条項がなかったのも、そのような制定憲法の暫定的性格による。

皮肉なことに、このようにして生まれた第三共和制憲法は、結果的には長命を保つことになった。しかも、王党派の作品として生まれながら、実際にそれを運用したのは共和派であり、共和派の内部においても、ブルジョワ勢力と社会主義勢力が衝突することになる。結果として、制定憲法に内在する価値について、絶えず争いが続いた。

フランス憲法学が、単に成文憲法の解釈にとどまらず、その背後にある実効的憲法を考えようとしたのも、このような第三共和制の脆弱さが背景にあったと言えるだろう。制定憲法とその背後にある実効的憲法との間にはつねに「ずれ」があり、このことが成文憲法の解釈にとどまらない、フランス憲法学の政治学的傾向をもたらす原因となった。憲法規範の妥当根拠がつねに問題になり、憲法が実際に存在して効力を持っていることそれ自体、いわばデュルケム的に言えば、「憲法的事実」(faits constitutionnels) が憲法学の焦点となったのである。

このようなフランス憲法学の政治学的傾向は、消極的に言えば、第三共和制の不安定さや、その憲法の暫定的性格に由来する。違憲立法審査権がなく、憲法自体もつねに時々の政治情勢の影響を受けた結果として、憲法学に自律性が欠け、否応なく政治学的性格を持ったのである。しかしながら、より積極的に評価すれば、憲法学がそれ自体として自己完結することなく、政治学や社会学とも密接な結びつきを持って発展したとも言える。今日なおフランス政治哲学は、しばしば歴史学や社会学と密接な結びつきを持つが (宇野、二〇〇四)、憲法や政治をめぐる規範的考察が広く人文社会科学と連携していることは、「フランス知」の大きな特色となっている。樋口はまさにこのような「フランス知」を体現する一人だが、それがフランス憲法学の歴史的性格に由来する部分が大きいことをここで確認しておきたい。

四　画期としての第五共和制——「典型的な議会中心主義」からの転換

転換の二つの方向性

ここでいったん、『現代民主主義の憲法思想』に視点を転じよう。これまでも述べてきたように、フランス第三共和制は典型的な議会中心主義であった。この特質は第四共和制の危機をへてなお引き継がれたが、ついに第五共和制において大きな転換の時期を迎えた。しかしながら、ここでもフランスの見せた軌跡は独自であった。強調されたのは国民の意思であり、それが一方で国民意思と直接結びついた行政権の優位を、他方で「何が憲法か」を判定する裁判所の優位をもたらしたのである。後述するように両者は究極的には両立しがたいが、矛盾をはらみながら第五共和制の立憲主義のあり方に大きな影響を与えることになる。

樋口によれば第三共和制によって確立した議会中心主義とは、四つの要因から成っていた（樋口、一九七七：八—一七）。第一は行政権に対する議会の優位、言い換えれば、フランス的意味での法律（loi）の優位であった。第二は裁判権に対する議会の優位であり、違憲審査制の否定へと結びつく。さらに第三に、議会はある意味で国民自身にさえ優位していた。すなわち、国民の意思を代表できるのは議会だけであり、議会の意思こそが国民の意思であるとされた。結果として議会を抑制しうる「民意」は存在しないとされたのである。そして第四が、議会の憲法に対する優位である。第三共和制憲法には人権条項がなく、議会を拘束する憲法がそもそも存在しなかった。統治機構については憲法の規定があったが、その憲法も議会によって改正が可能であった。結果として議会は憲法に対して優位していたと言える。

第二次大戦終了後、レジスタンスの英雄であったシャルル・ド・ゴールは、臨時政府の主席となる。しかしながら、誕生した第四共和制においては第三共和制と同様、議会が優位し、共産党や社会党が大きな勢力を持った。結果として、ド・ゴールは政党政治から距離を取るようになった。その後、アルジェリアにおける軍のクーデタにより第四共和制は崩壊し、いったんは政界から引退していたド・ゴールが復活することになる。大統領に強い権限を持たせる新憲法制定をかねてから主張したド・ゴールによって、一九五八年に打ち立てられたのが第五共和制である。

結果として第五共和制はそれまでの議会中心主義を大きく転換することになった。しかしながら、樋口によれば、この転換には二つの方向性が存在したという（樋口、一九七七：三四―三九）。

第一の方向性は、議会に対する行政権の優位である。第五共和制においては、議会中心の一元主義型構造に代わり、大統領が実権を持つ二元主義型の構造が採用された。大統領は憲法に列挙された法律が規律すべき対象以外について命令を出すことが可能になり、ここにフランスにおいて顕著であった「法律（loi）の優位」が覆された。それ以外にも、大統領は議会解散権や、法律案を人民投票に付託する権限、さらに非常事態措置権など、強大な権限を持つことになった。一九六二年の憲法改正によってさらに大統領公選制も導入されたが、これはナポレオン帝政へのトラウマから「強い大統領」の存在を忌避してきたフランスのタブーを乗り越えることを意味した。大統領は自らの存在を直接人民の支持に基礎づけることが可能になり、強い大統領は直接的な民主主義という名目において正当化されたのである。同時に第五共和制は強力な官僚制によって支えられることになった。

第二の方向性は違憲審査制である。これは第一の方向性と比べると、それほど明瞭ではなかった。というのも、第五共和制憲法においても違憲審査制について、明文の規定はなかったからである。とはいえ、徹底した議会中心主義をとる第四共和制において、違憲審査制を導き出すことがそもそも論理的に難しかったのに対し、第五共和制では、「法律＝一般意思の表現」という観念が崩れたために、違憲審査制を行使する余地が生じたのである。さらに一九五八年の憲法によって憲法院が設けられたことも重要である。通常の裁判所が具体的事件を前提として法律の違憲審査をおこなうアメリカ型のものとは異なったが、この憲法院制度によって、ともかくも法律に対する一種の抽象的違憲審査制がフランスでも成立することになった。憲法院が一九七一年以降、憲法に裁判規範性を与え、立法に対して国民の権利を保障する機関としての役割を演じるようになった。ここにフランスの伝統的な議会中心主義が大きく修正されたのである。

そこで問題になるのが、二つの方向性の関係である。両者は議会中心主義からの転換という点において共通するが、第一の方向性が議会に対する主権者=国民の優位、及びそれと直結する行政権の優位であるのに対し、第二の方向性は議会に対する憲法の優位、及びその結果としての裁判所の優位を意味した。樋口は同書の執筆時点で、フランスにおいて二つの方向性のうち前者、すなわち主権者=国民の優位がより濃厚に見られるとしたうえで、両者が共存すると同時に矛盾していることを指摘している（樋口、一九七七：三五）。

第一の方向性をつきつめれば、主権者=国民の意思の絶対性ということになる。ひとたび国民の意思が発動されれば、それが最高の法となる。人民投票によって法が成立すれば、それを他の何らかの基準に照らして適法か違法かという問題は、そもそも成り立たない。逆に、第二の方向性が行きつくのは「憲法の絶対性」である。この場合、憲法制定権は静態的なものとして位置づけられ、むしろ既存の憲法の内在的価値が擁護される。結果として、二つの方向性は、主権者=国民の意思の絶対性か、あるいは主権者=国民の意思をもってしても動かせない憲法の基本価値の絶対性か、という根源的な対立を意味したのである。

樋口は前者をルソー（国民意思の絶対性、一七九三年憲法）の潮流、後者をモンテスキュー（憲法の絶対性、一七九一年憲法）の潮流と呼んでいる。すでに述べたように、樋口は第五共和制において前者の潮流が強かったが、次第に後者の潮流も強くなってきていると述べており、後年の「ルソー＝ジャコバン型」と「トクヴィル＝アメリカ型」の図式につながるものとして注目されるところだろう。

「議会までの民主主義」と「行政権までの民主主義」

関連して樋口は、「議会までの民主主義」と「行政権までの民主主義」という議論を展開している（樋口、一九七七：第六章）。前提にあるのは議会制民主主義に対する問題意識である。議会制民主主義においては、「議会までの民主主義」は当然として、議院内閣制の枠組みを通じて「行政権までの民主主義」の実現までを標榜する。これに対し、今日では、「行政権までの民主主義」を積極的に標榜する結果、むしろ「議会までの民主主義」を否定し、議会に対する行政権の優越を基礎づけようとする議論も存在する。この場合、「議会までの民主主義」と「行政権までの民主主義」が厳しい緊張関係に立つことになる。

議論の出発点はカール・シュミットである。シュミットが激しく議会制民主主義を攻撃し、議会制と民主主義の結びつきを切断したことはよく知られている。議会主義にとって本質的なのは、討論、公開性、出版の自由であるとすれば、民主主義にとって重要なのは、国民の意思が喝采によって表明されることである。このようなシュミットからすれば、「議会までの民主主義」がそもそも成立不能であった。これに対しケルゼンは、議会制の危機を認識しつつも、議会主義と民主主義を不可分のものとして捉え、民主主義によって議会主義をあらためて基礎づけようとした。

この結果、シュミットにおいては、「議会までの民主主義」という観念そのものが否定され、これに対抗するものとして「行政権までの民主主義」が浮上してくる。現代国家における行政権の議会に対する優位は、議会を飛び越して選挙民と直結する「指導者民主主義」や「プレビシット民主主義」として現れるのである。この場合、喝采によって表明される民意が議会の正当性を否定し、もっぱら行政権の長を正当化すると言えるだろう。これに対しケルゼンは、公選の大統領制が反議会制に傾くことを警戒した。あくまで議会の指導者選択機能を重視し、「議会までの民主主義」と「行政権までの民主主義」を両立させようとしたのである。

その際に重要なのは、シュミットとケルゼンがいずれもフランス憲法史・憲法思想史から議論の素材を取り出していることである。そもそも一七九一年憲法において、シイエスは代議制と民主主義を明確に対立的なものとして捉えていた。第三共和制は徹底的な議会中心主義に立ったが、二人のナポレオンの記憶もあって「行政権までの民主主義」を「プレビシット個人体制」として厳しく排斥することになった。これに対し、第五共和制では一転して「行政権までの民主主義」が中心問題として浮上したのであり、一九五八年憲法がフランス立憲主義のタブーに挑戦して大統領中心主義を打ち出したことについては、すでに触れた通りである。フランス憲法史から学んだシュミットとケルゼンの議論を、今度はさらに第三共和制から第五共和制にかけてのフランス憲法の変質にあてはめて分析する樋口の議論はきわめて鮮やかであると言えるだろう。(4)

ちなみに樋口は、このような「議会までの民主主義」と「行政権までの民主主義」の対比が日本に対して持つ含意についても論じている（樋口、一九七七：二二六―二三〇）。日本の場合、地方政治においては首長公選制によって「行政権までの民主主義」が制度化されている。結果として、首長が地方議会を飛び越して選挙民と直結する傾向を持つ。一九六〇年代から七〇年代にかけて、保守系が多数を占める議会に対し革新系の首長が続々と出現したのはその表れであった。

議院内閣制を採用する国政においては革新首長の登場が難しかったことを考えると、地方自治体の首長が選挙民と直結することで地方議会の閉塞状況を突き破ったことにはプラスの側面があったと樋口は評価する。もちろん議会が住民の意思を代弁していないとして、首長が議会の頭越しに選挙民と直結することによる行政権優位を手放しで肯定すれば、議会制民主主義の否定に結びつきかねない。とはいえ結論として樋口は、行政権の優位が中央権力に対抗する分権化を意味するという点で、地方政治の領域においては「行政権までの民主主義」に伴う正の側面の方が負の側面より大きいと結論づけている。

これに対し、国政の次元においては、評価はより慎重でなければならないと樋口は主張する。そもそも国政においては、「行政権までの民主主義」は議院内閣制を通じて確保することになっているが、現実には保守党の長期政権が続き、政権の行方は与党内の派閥の離合集散によって決められている。その一方で首相公選制の主張はあるものの、良かれ悪しかれ少数派にとどまっているし、政権構想を与野党が公にし、議会選挙が事実上首相公選として機能する道もなかなか切り開かれない。結論として、「行政権までの民主主義」に伴う正負の側面を測定するという仕事は日本の国政においては現実的な問題とはなっていないという。

加えて日本の場合、「議会までの民主主義」自体があまりに多くの問題を抱えていると樋口は指摘する。六〇年安保において、議会主義の名において民意の排除がおこなわれたように、日本において「議会までの民主主義」という建前すらがしばしば否定される。選挙区制の変更も党利党略から試みられることが多い。そのような企図を抑止し、議員定数配分の是正、選挙活動の自由化、政治資金の規制などに取り組むとともに、議事手続きの適正化を図ることで、まずは「議会までの民主主義」を確保すべきという樋口の主張は、今日から振り返っても妥当なものであったと言えるだろう。

五　日本とフランスを比較する意味

最後にあらためて樋口の比較憲法学の試み、とくに日本とフランスを比較することの意味について振り返っておきたい。その際に注目されるのは、『近代立憲主義と現代国家』の付論「比較憲法学における特殊日本的性格の位置づけ――日本国憲法再評価の視点として」(樋口、一九七三：三二〇―三三二）である。というのも、ここでは現在ではあまり社会科学において強調されることのなくなった「特殊日本的性格」という言葉が、繰り返し強調されているからである。

もちろんこの場合、樋口が「進んだ」西欧と「遅れた」日本を単純に対比し、西欧が普遍で日本は特殊であるとの想定の下、「遅れた」日本の現状を西欧に近づけていくべきだと主張しているわけではない。樋口はこのことに自覚的であり、戦後憲法学の発展に即して、確かに第一期（憲法制定から一九五〇年代にかけて）においてはそのような傾向（西欧の「進んだ」憲法と、「遅れた」日本の社会という図式）が見られたとしつつも、これを戦後直後の啓蒙的性格に帰して相対化している。

樋口によれば、第二期（一九六〇年代）の憲法学は、西欧型憲法そのもののイデオロギー批判の色合いを強くする。すなわち、この見方によれば西欧型憲法とは「国家独占資本主義憲法」、すなわち国家独占段階にある資本主義社会の基本法であり、そのような社会のイデオロギーを濃厚に反映している。現在の西側諸国において、憲法とは「体制」を内側から支える不可欠の存在にほかならない。その意味で、西欧型憲法もまた単純にモデルとされるべきでなく、そこにあるイデオロギー性が批判されなければならないというわけである。(5)

それでは西欧における現代憲法の特徴はどこに見出せるのか。樋口は三点を指摘している。第一は「憲法の規範性」である。かつて見られたのが議会中心主義、立法中心主義であったとすれば、現代の西欧で顕著なのは憲法の優位を掲げ、裁判所が法律の違憲審査をおこなう「裁判国家」である。このような裁判所の積極的な役割は究極的に国家の正当化の機能をはたすものであり、その意味で「体制側」の要求に応えている。第二は「行政権と国民の直結」であり、主権者と直接結びついているという名目の下、大統領、あるいは公選の首相が力を持ち、積極国家の中枢である行政権の優位が正当化される。二大政党や二大ブロック化により、政党対立の中道化と体制内化も進んでいる。第三は「人権の領域における現代的傾向」であり、具体的には社会権の保障や、自由権についても私人間効力として適用することによる「国家による自由の保障」がそれにあたる。このことによって、国家の法による社会関係への介入が拡大していく。

しかしながら、樋口の議論のポイントは、このような西欧における現代憲法の批判的検討ではない。むしろ、日本社会の現状は、このような諸特徴の問題のはるか手前にあることを強調することがこの付論のねらいとなっている。

第一については、たしかに「裁判国家」や「違憲審査制の肥大」は問題であるが、日本の場合は裁判権の独立自体が実現しておらず、むしろ違憲審査制の活用には積極的意義があるとされる。第二についても、日本の場合、そもそも首相公選制の主張は少数にとどまる。政権交代の可能性を選挙法の改正でつぶしてしまおうとする動きすらあり、現実には与党内の派閥の離合集散によって政権が決定されている。そうだとすれば、すでに触れたように、地方政治における二元代表制による「行政権までの民主主義」はむしろ肯定的に捉えられるべきことになる。第三に、日本では西欧的な福祉国家はまだ現実のものとなっていない。社会保障の充実や労働基本権の実現も、それに消極的な資本主義の「体制」側にそれを要求していくことが重要である。

このように、日本を「高度に発達した資本主義国」として西欧諸国と同じカテゴリーで括る以前に、「現在、「時代おくれ」的になっている日本の社会現象の特殊日本的性格という問題意識の再発掘を、あえてすべきではないだろうか」（樋口、一九七三：三二四）というのが、樋口の結論となる。もちろん、樋口は同時に、「西欧近代を人類の到達すべき目標として実体化する」ことを否定し、あくまで「方法としての西欧」（強調は原文）という視点を強調しているが、最終的には日本社会の「おくれ」を強調していることには変わりはない。そうであるがゆえに、同時代的に西欧を論じるときとは異なるスタンダードによって日本を分析するということにもつながっている。樋口の日本社会分析それ自体が、同書の刊行された一九七三年はもちろん、あるいは現在においてなお妥当なものに思えるだけに、この「ダブル・スタンダード」が注目されるところである。

六　結び

これまで確認してきたように、樋口憲法学において、フランスの歴史や思想、とくに「ルソー＝ジャコバン型」の国家モデルや共和主義の伝統が持つ意味が極めて大きいことは明らかであろう。樋口の近代立憲主義理解において、決定的に重要なのは一七八九年のフランス革命であり、人権宣言であった。中間団体を打ちこわして身分制社会の網の目から個人を解放し、人一般を「発見」したという点において、フランス革命と人権宣言こそが近代立憲主義の発展において決定的に重要な位置を占める。また、個人と国家、あるいは人権と主権とが正面から向き合う国家のあり方が、ここでいう「ルソー＝ジャコバン型」である。樋口は「トクヴィル＝アメリカ型」の意義も認めつつ、少なくとも日本の文脈においては、という留保付きとはいえ、「ルソー＝ジャコバン型」をあくまで強調している。

このように、フランス革命と人権宣言こそが近代立憲主義の歴史において最も重要であるとする点や、中間団体を排して個人と国家が向き合う「ルソー＝ジャコバン型」を重視する点において、樋口は戦後日本において最もフランス共和主義的な知識人と言えるだろう。

また樋口の比較憲法学において顕著なのは、政治学的関心の強さである。もちろん統治構造論は憲法学において人権論と並ぶ二つの柱であり、清宮四郎以来の学風でもある。しかしながら、本章で確認したように、暫定的なものとして制定され、結果として人権規定を欠くなど不十分であった第三共和制憲法に対し、その背後にある実効的憲法や、いわば「憲法的事実」を重視したフランス憲法学から受けた影響も小さくないはずである。「フランス憲法学の政治学的傾向」とは、「樋口憲法学の政治学的傾向」でもあり、そこに清宮とルネ・カピタンから学んだ樋口の強い問題関心を見てとることが可能である。

しかし、ここで問題になるのは、フランス共和主義的な知識人としての樋口と、戦後日本の関係であろう。あくまで個人の解放を近代立憲主義の本質と考える樋口にとって、現代日本はいまだその課題が十分に実現されていない社会として映った。その意味で、日本にはあらためて近代立憲主義を達成する必要があり、「ルソー＝ジャコバン型」のモデルこそが重要であった。その意味で、樋口のフランス共和主義的な価値観と、その日本社会分析には乖離がなかったと言える。

その一方、樋口の問題意識である「議会までの民主主義」と「行政権までの民主主義」の対比や、現代憲法のイデオロギー的批判については、日本への適用を抑制する結果ともなっている。現代西欧、なかんずくフランス憲法をめぐる政治的にアクチュアルで、理論的にも重要な諸テーマの検討が、日本社会の分析には直ちに反映されなかったという印象も残る。「特殊日本的性格」を強調する樋口の議論は、やはり「ダブル・スタンダード」的であった。

このことは、戦後日本において、フランスが持った意味の再検討にもつながる。フランスの歴史や思想は、はたして同時代の日本を分析するにあたって、十分にその役割をはたしたのであろうか。この問題が引き続き検討されていかなければならない。

文献

Rosanvallon, Pierre, 2015. *Le bon gouvernement*, Seuil,（ロザンヴァロン、ピエール『良き統治――大統領制化する民主主義』、古城毅他訳、みすず書房、二〇二〇年）

宇野重規、二〇〇四、『政治哲学へ――現代フランスとの対話』東京大学出版会（増補新装版は二〇一九年）。

樋口陽一、一九七三、『近代立憲主義と現代国家』勁草書房（新装版は二〇一六年）。

樋口陽一、一九七七、『現代民主主義の憲法思想』創文社。

樋口陽一、一九八九、『自由と国家――いま「憲法」のもつ意味――』岩波新書。

樋口陽一、二〇二〇、『「共和国」フランスと私――日仏の戦後デモクラシーをふり返る』柘植書房新社。

註

（1）同書の刊行は、一九八九年一一月二〇日であるが、「あとがき」の日付は一九八九年一〇月となっている。したがって、同年一一月九日のベルリンの壁崩壊は同書には反映されていない（むしろ一〇年後の『憲法と国家――同時代を問う』岩波新書、一九九九年に詳しい）。とはいえ、一六八九年、一七八九年、一八八九年、一九九九年の「四つの'89年」を分析の枠組みにとって、一九八九年の持つ意味は大きいだろう。

（2）このような議論は日本においてのみ可能なものかもしれない。一六八九年、一七八九年、あるいは一九八九年はともかく、一八八九年は直ちには「世界史」的な出来事とは言えないからである。もちろん、二年間で停止されたトルコのミドハト憲法を別にすれば、大日本帝国憲法をアジアにおいて「最初の」憲法であるとして意味づけることは可能であるが、樋口はそのような議論を採用していない。

（3）樋口は戦後日本のフランス革命史学を主導した高橋幸八郎に言及し、その「われわれは、西ヨーロッパで一世紀も以前に提起され解決された歴史的経験を、われわれ自身の社会的実践のうちに、世界史の法則として直接確認しようとしている」（樋口、一九八九：二一二）という言葉を引用し、「なおこだわるに値する」ものと評価している。

（4）ちなみにピエール・ロザンヴァロンの『良き統治』もまた、フランスにおける法律中心主義、議会中心主義の伝統に対抗する行政権優位の挑戦の歴史をたどるものである（Rosanvallon 2015）。樋口の問題意識と通じるものであり、逆に言えば、樋口の議論がロザンヴァロンにはるかに先行していたことになる。

（5）このように樋口の憲法学の構想において、同時代のマルクス主義的な資本主義批判が強く意識されていたことは興味深いポイントであるが、本章では詳しく扱う余裕がない。

第二章　革命二〇〇周年とフランス史研究

——柴田三千雄『フランス革命』（一九八九年）をめぐって

長井伸仁

一　一七八九／一九八九

「ベルリンの壁崩壊」と天安門事件により世界史上に刻まれる年になった一九八九年は、別の観点からみても歴史的に重要な意味を帯びていた。フランス革命が二〇〇周年を迎えたのである。フランスでは革命関連のさまざまな記念祭が国内各地でおこなわれたほか、開催された学術集会が二〇〇以上、刊行された書籍は数千点に上ったという（Garcia, 2000: 119-120）。

革命二〇〇周年には日本からも強い関心が寄せられた。はじまってまもないNHK衛星放送は、七月に入るとフランスでの行事の模様を連日報じ、「パリ・スペシャル」と題した枠を二時間から長い日には一〇時間にわたり設けた。地上波でも総合テレビが七月一五日にNHKスペシャル「革命二〇〇年・パリからのメッセージ」、七月二七日に「光と音の大祭典・フランス革命二〇〇周年記念パレード」を放送した。学術の世界では、七月にパリのソルボンヌで開かれた二〇〇周年世界学会に、日本から報告者として八名が登壇した（中川、一九八九：一八八）。国際シンポジウムは日本でも開催され、一〇月には「フランス革命と世界の近代化」が東京と京都で合計四日間、「フランス革命と文学」が京都で二日間おこなわれた。このうち前者には、パリ第一大学フランス革命史講座の教授で、フランス政府により革命二〇〇周年の学術事業の統括者に任じられていたミシェル・ヴォヴェルや、革命期の政治文化研究を切り拓きつつあったアメリカ人女性リン・ハントが報告者として招かれた。

私自身はちょうどこの年に大学院修士課程に進学した。学部時代から西洋史専攻のなかでフランス近代史を学んでいたが、フランス革命研究とは距離があった。卒業論文では、パリ＝コミューン（一八七一年）を前にしたチエール政府の対応と、両者の調停を試みた共和派の動向とを取り上げており、修士論文では一九世紀パリの警察機構をテーマとするつもりであった。また、所属研究室も含めた関西地方の西洋史研究は、発展段階論的な枠組みを用いて近代日本を理解しようとした講座派歴史学や、それを国際的な比較史へと広げた大塚久雄（一九〇七―一九九六）の歴史研究に対しては相当に批判的であり、その影響もあってであろう、フランス革命は共同研究などで多面的に考察されることはあっても（桑原、一九五九）、それを中心的テーマとする歴史研究者は多くなかった。(1)

それでも、テレビに映し出されるフランスでの記念祭には強く惹かれ、秋に開催された国際シンポジウム「フランス革命と世界の近代化」のために上京もした。シンポジウムでは、政治的象徴や民衆の政治意識の分析がなされ、また日本・ロシア・中国などとの比較が試みられるなど、多様な研究に目配りがされており、私にとって多くを学ぶ機会でもあった。

その一方で、フランスでおこなわれていた記念祭にどのような意味があるのかを、当時の私は深く考えようとしなかった。市井の行事にみられる歴史像は、学術研究から浮かび上がってくる歴史像とは異なるものの、社会における歴史意識を反映し、またかたちづくっていることはたしかである。なぜ国を挙げて大規模に記念するのか、なぜ二〇〇周年は他の年ではなく一九八九年に設定されたのか、行事にどのようなメッセージが込められているのかなどは、フランス革命の現在的意義を考えるうえで重要な問いである。私自身、その重要性に気がつくのは一九九〇年代にフランスに留学したときであった。帰国後にその問題意識から、近代フランスにおける「偉人」や「英雄」の顕彰を研究し、ピエール・ノラ編『記憶の場』の日本語訳にも中心的に関わった（長井、二〇〇七：ノラ編、二〇〇二—二〇〇三）。

変わるフランス革命像

実のところフランスでは、フランス革命をどう理解するか、革命のどの部分に現在的意義を見出すのかについて、二〇世紀後半に入って大きな転換が起こっていた。革命関連の行事はこの転換を反映している。ここでは、節目の年であった一八八九年と一九八九年の記念祭を比べることで、この転換を確認しておきたい。

革命の一〇〇周年にあたる一八八九年には、パリ万国博覧会も含め公的な記念行事がフランス国内でいくつもおこなわれた。そのなかで国家の革命認識をはっきりと示すのがパンテオン葬である。パンテオンは、パリのセーヌ左岸に一八世紀半ばに建造されたカトリック聖堂が、革命期に国に接収され改称された施設であり、革命や共和政に貢献があった人物の遺体を安置し功績を顕彰することを目的としている。革命一〇〇周年においては、封建的特権廃止の日にあたる八月四日に、ラザール・カルノー、マルソー、ラ＝トゥール＝ドヴェルニュ、ボダンの四名の遺体が安置された。このうち最初の三名は革命期の軍人もしくは軍の指導者であり、ボダンは一八五一年のルイ＝ナポレオン・ボナパルトのクーデタに抵抗してバリケード上に斃れた国会議員であった。顕彰されているのは革命フランスや民主主義を守るために戦った人物であり、国民意識や特定の政治思想にもとづく人選だったといってよい（長井、二〇〇七）。一方、このとき生成期にあったフランス実証主義史学は、パリ大学のフランス革命史講座に初代教授として就任したアルフォンス・オラールを筆頭に、フランス革命を平等や国民主権が共和政のもとで実現する過程として描いており、おもに国内政治の側面に焦点をあわせていた（松浦、二〇一三：四）。

それから一世紀を経た一九八九年、革命二〇〇周年の一連の行事を締めくくるかたちで一二月二日にパンテオン葬がとりおこなわれた。このとき対象になったのはコンドルセ、モンジュ、グレゴワールの三名で、いずれも革命期を生きた人物であるが、彼らが体現する価値は百年前の四名とは異なっていた。コンドルセとモンジュは公教育や科学の発展に、グレゴワールは人種・民族差別の解消に貢献したことが評価されており、その事績は国民意識や政治思想に限定されない、普遍的というべきものであった。

この革命認識はフランスにおける二〇〇周年記念行事の基調をなしていた。一連の祝祭の最高潮は七月一四日夜にパリのシャン＝ゼリゼ通りでおこなわれた大規模パレードであったが、そこでは、フランスのほかイタリア、中国、イギリス、ソ連、アフリカ、南北アメリカ大陸などのパフォーマーたちが、それぞれの文化を明快かつユーモアを交えて表現した。たとえばアメリカからはマーチングバンド、アフリカからは太鼓のリズムに合わせて踊る女性たち、イギリスからは雨傘を持った人びと、中国からは自転車の隊列などである。演出を担当したジャン＝ポール・グードの言葉を借りれば、パレードは「人びとの間の友愛」をテーマにした「地球上の諸部族の祭典」であった(2)（Garcia, 2000 : 54;

Kaplan, 1993: 378, 402-405)。

このように一世紀を経て、フランス革命の意義は政治から文化へ、フランス固有のものから普遍的なものへと変わったのである。

この転換のかたわらで、フランス革命についての学術研究は、過去の成果を継承しながら複数の方向に展開していた。貴族に対するブルジョワジーの闘争として革命を理解するブルジョワ革命論は、補正が加えられつつも研究のひとつの基軸をなしていたが、この見方を否定する研究が一九六〇年代より次々と公表されていた。他方で、政治文化史への関心が高まるなか、この側面からの革命研究も増えつつあった（松浦、二〇一三：五―一八）。

二〇〇周年を迎えていた当時、フランス革命は日本ではどのように認識され論じられていたのか。フランスでの祝祭と照らし合わせると、あるいは現在の日本での議論と比べると、どのような特徴が浮かび上がってくるのか。本章では柴田三千雄（一九二六―二〇一一）の『フランス革命』（岩波書店／岩波セミナーブックス、一九八九年）を手がかりにして、これらの問いについて考えたい。

同書は、革命二〇〇周年を念頭に前年に開かれた市民講座（岩波市民セミナー）を書籍化したものであり、歴史学を専門としない読者にもわかりやすく、ですます調の平易な文体で書かれている。しかし内容は、事件史としてフランス革命をたどるにとどまらず、革命の原因や経過をさまざまな勢力の関係から説明しようと試みるものであり、柴田の革命研究が凝縮されている。学術の世界から社会に向けて発信されたフランス革命史といってもよい。実際に同書は広く読まれたようであり、二〇〇七年には補論を加えて岩波現代文庫に収録された。(3)

以下、第二節で柴田三千雄の歴史家としての歩みと業績を概観したのち、第三節で本書の特徴を検討し、第四節で今日の視点からの考察を試みる。

二　歴史家・柴田三千雄

柴田三千雄は、二〇世紀後半の日本においてフランス史ひいては西洋史研究の中心的な立場にあった（近藤、二〇一一：柴田、二〇一一、巻末略年譜）。

柴田は一九二六年に京都・伏見に生まれ、東京府立第四中学校（現在の戸山高校）、旧制東京高等学校を経て一九四五年四月に東京帝国大学に入学した。大学では西洋史学科にて林健太郎の指導のもとドイツ史を専攻し、卒業論文ではドイツの農奴制であるグーツヘルシャフトを取り上げた。卒業後は、学制改革のなかで設立された東京都立大学で教鞭を執り、まもなく対象をフランス史に移して革命期の土地制度や農民の研究に取り組むようになる。一九五六年には東京大学文学部に講師として着任し、以後一九八七年三月に定年を迎えるまで東大西洋史学科の教官でありつづけた。

戦後まもない日本の歴史学界では土地制度や社会構造が重要な研究領域をなしており、西洋史学においても、社会経済体制が封建制から資本主義へと移行する際に何を契機としいかなる形態を取るのかが重要な論点になっていた。柴田がそのなかで学問形成をしたことは当初の研究テーマにも表れており、はじめての単著『フランス絶対王政論』（柴田、一九六〇）もこの動向に位置づいていた。その一方で柴田は民衆運動にもはやくから強い関心を持っており、最終的には彼の研究において中心的位置を占めるようになる。平等社会を目指すフランス革命期の一運動を取り上げた『バブーフの陰謀』(柴田、一九六八)、人民主権にもとづく自治都市の試みを描いた『パリ・コミューン』(柴田、一九七三)、世界史の全体的な動向から民衆の様態までを重層的に把握する視座を築こうとした『近代世界と民衆運動』(柴田、一九八三)などはその関心を如実に示している。西洋史学の代表的な学会で柴田がおこなった公開講演も、「近代史のなかの民衆運動」と題され、民衆の生活世界や文化に目配りをしつつ、世界史的な観点から民衆運動を位置づけるものであった。(4)

研究の国際的な展開や発信についても、柴田は当時の西洋史研究者として相当に積極的であった。東京大学助教授であった一九六二年末から二年間、パリで在外研究をおこなっており、このとき文書館で渉猟した史料をもとにした上述の『バブーフの陰謀』は日本の西洋史学の研究水準を一気に引き上げた。在外研究のあいだにフランスの研究者との交流も深め、帰国後の一九六七年にはフランス革命研究の国際的学術誌に短論を掲載している(Shibata, 1967)。おなじフランス史研究者の二宮宏之(一九三二―二〇〇六)が一九六〇年から六六年までフランスに滞在したのに比べ、柴田は遅れて渡仏し滞在期間も短かったが、フランス語での成果公刊は二宮とほぼ同時であったことになる。柴田は以後も国際学界を重視し、一九七一年のパリ・コミューン百周年に際しては、五月にパリで開催された国際シンポジウムに招待を受けて出席している。(5)

一九七〇年代後半から八〇年代半ばにかけては、大学で要職に就いたため実証的研究から遠ざかるが、この間、ウォーラーステインの世界システム論などを取り込み、先に挙げた『近代世界と民衆運動』を完成させた。

柴田は、一九八七年に東京大学を定年で退職した後も精力的に研究活動をつづけた。一九八八年には、大学での特殊講義をもとにした『パリのフランス革命』（柴田、一九八八）を出版し、翌八九年には七月にパリで開催された世界学会に参加して遅塚忠躬（一九三二―二〇一〇）と共同で「日本の歴史学におけるフランス革命像」と題した報告をおこなった（Shibata, Chizuka, 1990; 柴田／遅塚、二〇一九）。同年一〇月に日本で開かれた国際シンポジウム「フランス革命と世界の近代化」では京都大学人文科学研究所の河野健二（一九一六―一九九六）とならんで責任者になった柴田は、初日に開会の辞を述べた後、二日目の討論では司会を務めた。(6) シンポジウムをもとにした『思想』特集号（第七八九号、一九九〇年）でも、年長の河野健二による巻頭言「思想の言葉」につづき、「フランス革命研究の新地平」と題した総論を執筆している。

柴田は個別研究を積み重ねる一方で、『岩波講座世界歴史』（岩波書店、一九六九―七四年）、『シリーズ世界史への問い』（岩波書店、一九九〇年）、『世界歴史大系フランス史』（山川出版社、一九九五―九六年）など叢書や概説書の編集にも携わった。晩年にはみずから『フランス史十講』（岩波書店、二〇〇六年）を執筆している。さらには高等学校教科書の作成にも関わり、一九七〇年代から二〇〇〇年代にかけて山川出版社から刊行された世界史教科書の著者に名を連ねている。

方法論的な考察について、柴田は消極的であったわけではないが、この領域では二宮宏之の存在が際立っていた。それでも、柴田が二〇世紀後半の日本においてフランス史研究を代表する人物の一人でありつづけたことはまちがいない。

その柴田が目指しながらも実現できなかったのが、フランス革命についての通史の執筆であった。

「ある程度の分量をもつフランス革命史は、わが国ではまだ少ない」（柴田、二〇一二：二二六）と考えていた柴田は、フランス革命の通史を書き進めた。一七七四年のルイ一六世即位を始点とし、最終的に三巻本として刊行される予定であったこの通史は、一七八九年十月事件までの部分の草稿が遺され、それが『フランス革命はなぜ起こったか』として刊行されている（柴田、二〇一二）。

しかし柴田は、生前みずからのフランス革命観を一書にして公刊していた。それが本章で取り上げる『フランス革命』である。

三　市民に語られた革命

フランス革命の通史

柴田の『フランス革命』は、ごく簡潔に題され、視角や対象を絞り込む語はない。

それまでもフランス革命の全体像を描こうとした日本語書籍はあった。戦後から一九八〇年代までをみると、ポール・ニコル『フランス革命』（金澤誠、山上正太郎訳、白水社／文庫クセジュ、一九五一年、一四四頁）、アルベール・ソブール『フランス革命——一七八九〜一七九九』（全二巻、小場瀬卓三／渡邊淳訳、岩波書店／岩波新書、一九五三年）、アルベール・マチエ『フランス大革命』（全三巻、ねづまさし、市原豊太訳、岩波書店／岩波文庫、一九五八年）などフランス語著作の邦訳が刊行されていたほか、日本人研究者の手になる概説として、本田喜代治『フランス革命史』（小石川書房／プランゲ文庫、一九四八年、三四〇頁）、豊田堯『フランス革命』（弘文堂／アテネ文庫、一九五六年、七六頁）、河野健二『フランス革命小史』（岩波書店／岩波新書、一九五九年、二一二頁）、同『フランス革命』（河出書房／世界の歴史、一九六九年、四〇四頁）、小栗了之『フランス革命』（教育社／教育社歴史新書、一九七九年、二一八頁）などがあった。いずれも歴史研究者の手になる、学術性を保証された書物であったが、多くは新書形式の限られた紙幅に収められていた。柴田の『フランス革命』もこの点では変わらず、B6判で分量は約二五〇頁、注も参考文献一覧も付けられていない。革命史関連の書籍の少なさを指摘した先の言葉は、自身の著作も念頭に述べられたのかもしれない。

『フランス革命』は、もとになった講座の回数と同じ六つの章から成る。

第一章は「フランス革命の解釈をめぐって」と題されている。柴田はまず、歴史的事件を考察する観点として因果関係、影響・意義、比較の三種があることを確認したのち、明治以降の日本におけるフランス革命理解をたどりながら、明治維新の史的発展段階上の位置づけをめぐり一九三〇年代に交わされた「日本資本主義論争」に言及する。柴田はつづけて、おもなフランス革命解釈として、革命を異なる局面の連続と捉えたアルベール・マチエ（一八七四―一九三二）、複数の運動の関係により生起したとするジョルジュ・ルフェーヴル（一八七四―一九五九）、この二人の理論の統合を目指した高橋幸八郎（一九一二―一九八二）、またこれら三人とは異なりエリート内部での言説の過激化が革命を進行させたと考えたフランソワ・フュレ（一九二七―一九九七）を紹介する。このように初回のすべてを認識論や史学史の説明にあてることは、現在では、大学史学科の特殊講義であればともかく市民講座では考えにくい。

二日目にあたる第二章「原因」では、はじめにブルジョワという概念の説明がなされ、ついで革命前のフランスで、ブルジョワが職業と階層の両方において多様な存在であったことが示される。これは、マルクス主義史学のなかから提起されたブルジョワ革命論がフランス革命の解釈にどの程度まで適用できるのかを検討するためであり、柴田によれば、革命前夜のフランスではブルジョワが社会的上昇を実現する可能性が狭まっており、それに対する不満から「ブルジョワの革命化」（六三、以下、引用直後の括弧内漢数字は同書の頁）が生じていたという。他方で、新規課税や国制改革に対する貴族の抵抗と、経済危機に起因する民衆騒擾とが発生しており、これらがブルジョワの革命化と相まってフランス革命の原因を形成したとされる。

第三章から第五章まではそれぞれ「革命のプロセス（1）」「同（2）」「同（3）」と題されている。扱われる時間的範囲は一七八九年から一七九九年までの一〇年であり、それが全体でひとつの過程をなすと想定されている。柴田は、この過程は四つの連続する局面から構成されると考える。第一局面は一七八九年五月の三部会開催から同年一〇月の十月事件までで、この間に貴族・ブルジョワジー・民衆の三勢力が登場し「革命の基本的な勢力配置ができたという点で、たいへん重要な時期」（八五）とされる。第二局面は一七八九年末から一七九二年八月一〇日の蜂起までで、三つの勢力が「次第に態勢をかためて、対決の情勢はだんだん強まってくる」と同時に「国民の一人一人がいやおうなく何らかの形でフランス革命に巻きこまれていく」（八二）という、いわば「革命の深化」（一〇二）の時期と位置づけられる。第三局面は一七九二年八月より、テルミドールのクーデタが起こる一七九四年七月までであり、共和政に移行し山岳派独裁が成立する一方で、民衆運動の組織化が進む時期でもある。この局面は、独裁に至るジロンド派と山岳派の対立期（柴田はこれを第三局面Aとよぶ）、独裁の形成期（第三局面B）、独裁の崩壊期（第三局面C）の三つに区切られる。最後の第四局面は、一七九四年七月から一七九九年一一月までで、民衆運動を排しつつ革命を軟着陸させようとするブルジョワジーが、強力な反革命勢力を前にしてそれに失敗し、最終的に軍事クーデタにより革命に終止符が打たれる過程とみなされる。このうち、安定化に失敗する九七年九月までが第四局面A、そこから、軍部が台頭しクーデタに至る九九年一一月までが第四局面Bとよばれる。

最終日にあたる第六章は「民衆運動」と題され、パリの事例を中心に、民衆の日常生活や、そこで紡がれる関係や設けられる制度がどのように運動につながってゆくのかが、やや抽象的に示される。そのうえで、フランス革命の意義は「ブルジョワ社会の編成原理に立脚する新しい国家統合の創造」（二三〇）であり、その過程で民衆運動が重要な役割をはたしながらも、最終的にはブルジョワジーが主導権を握り、その編成原理が浸透するなかで民衆の世界は解体に向かうとの見方がとられる。締めくくりの部分では、比較史の観点からフランス革命と戦前日本とのあいだでは民衆世界の解体の仕方に差異がみられること、また世界体制の観点から、フランス革命はイギリス産業革命と並んで政治体制・国家構造の世界規模の転換の一部であったことが論じられる。

系譜

以上のように、柴田の『フランス革命』はひとつの過程としてみた革命の構造的分析に主眼をおいていた。この構造のなかで主体となるのは、反革命派である貴族、議会内革命派であるブルジョワジー、そして都市や農村の民衆という三勢力である。その配置は、一七八九年五月から一〇月までの時期に定まり、以後の革命はこの配置のなかで展開してゆく。ブルジョワジーは国制の要である議会を掌握しつつ、一方で貴族と対峙し、他方で、民衆とは必要に応じて手を結びつつもやがてはこれを抑え込む。議会では複数のグループが存在し、主導権は立憲王政派からジロンド派を経て山岳派へと移るが、この変遷はたんなる権力闘争の結果ではなく、議会外の貴族および民衆運動と対立もしくは連携するなかで、革命をいかに維持するかという路線の対立の結果であったと柴田はみる（柴田、一九八九：一三四）。

このような柴田のフランス革命理解は、ジョルジュ・ルフェーヴルの複合革命論、すなわちアリストクラシー・ブルジョワジー・都市民衆・農民の四者それぞれが革命を試みたとする理論から強い影響を受けていた。柴田はまた、身近な先達であった高橋幸八郎の比較革命論、すなわち利害関係の異なる複数の社会階層が大きな対抗関係のなかで一時的に連帯したのち分解する現象に注目する比較革命論を、批判的に検討してもいた。こうして練り上げられた柴田の革命論は、日本の戦後歴史学を発展させたものであったといえる。このフランス革命論は、自身がその二〇年前に著していた『バブーフの陰謀』で部分的に示され、『近代世界と民衆運動』でもフランス革命の記述の骨子になっていた。もっとも、『近代世界と民衆運動』はヨーロッパ近代史の趨勢をもとに世界史理解の枠組みを構築しようとする試みであり、個別の史実よりも構図の妥当性を重視する歴史社会学的な著作というべきであった。それに比べれば『フランス革命』は歴史の概説書であり、議会内の党派抗争をはじめ、エタンプ一揆やヴァンデの反乱などパリ以外での動向、祭典や非キリスト教化など、フランス革命を構成する大小さまざまな出来事の叙述が、紙幅の制限はありながらも織り込まれている。

全体として同書は、高度に学術的な革命論を、事件史としての叙述を挟みながらできるだけ平易な言葉で一般の読者に語るものとなっている。また、フランス革命を専門とするフランス史研究者とみなされていた柴田にとって、はじめて著したフランス革命の通史的概説であり、それが革命二〇〇周年の年に公刊されたのであった。

一方、今日のフランス革命研究の関心や到達点からみれば、柴田の『フランス革命』に制約がみられることは否定できない。

近年フランスで刊行された革命史の概説書と比べた場合、女性と植民地についての記述は柴田書では手薄である。女性への言及は、人物としてはマリ＝アントワネット、出来事としては一七八九年の十月事件（ヴェルサイユ行進）にとどまり、女権宣言を起草したオランプ・ド・グージュの名も挙げられていない。付言すれば、女権宣言の前提になっていた人権宣言も、本書では言及はされるものの、その内容や後世への影響についての記述はない。植民地についても記述は少ない。今日の高校世界史教科書では重要事項になっているトゥサン＝ルヴェルチュールもハイチ独立も、『フランス革命』では言及されない。

柴田にとって、フランス革命は世界史上きわめて重要な出来事であったことはまちがいなく、『近代世界と民衆運動』でも世界史の動向との関連でフランス革命を論じた。しかし『フランス革命』では、比較史的な考察が試みられることはあっても、共時的な関係史の観点はほとんどとられていない。

この共時的な関係は、昨今のフランスにおける革命史研究で強調されている視点である。たとえば、パリ第一大学フランス革命史講座に二〇〇八年に就任したピエール・セルナが、二〇二一年に刊行したフランス革命史の概説は、七年戦争（一七五六―六三）以降に大西洋の両岸で起こった一連の蜂起の最後にフランス革命を位置づけている（Serna 2021: 7）。

このような見方の源流のひとつに、一九五〇年代半ばにアメリカ合衆国のロバート・パーマーとフランスのジャック・ゴドショが提唱した大西洋革命論がある。それによれば、アメリカ大陸とヨーロッパは大西洋を挟んで単一の空間を形成しており、そこを人や思想やモノが流通していたが、アメリカ合衆国独立を嚆矢とする革命的現象が北大西洋の両岸に伝播して一連の政治変動が生じ、フランス革命はそのひとつの頂点をなす（Godechot, Palmer, 1955; Palmer, 1959; Godechot, 1965）。

この大西洋革命論は、一国史的な研究枠組みを重んじてきたフランスの歴史学界では浸透するのに長い時間を要した。日本のフランス史研究者もこの論を積極的に活用してこなかった。柴田の『近代世界と民衆運動』は、従属理論や世界システム論など巨視的な歴史理論を柱にしていたものの、パーマーとゴドショの著作を取り上げることはなく、参考文献一覧にも挙げていない。[7] パーマーとゴドショは、政治変動と社会経済的変動を互いにある程度独立した事象とみなしたうえで、前者を重点的に考察しており、柴田の革命理解に取り入れることが困難であったと考えられる。この点で従属理論や世界システム論は、社会経済的な事象を基底とし、かつ民衆運動を主眼としていなかったため、柴田にとっては取り入れやすい理論であった。もっとも、ウォーラーステインにしたがえばフランス革命は「中道自由主義の勝利」をもたらしたのであるが（ウォーラーステイン、二〇一三）、柴田が『近代世界と民衆運動』を刊行した一九八三年の時点では『世界システム論』はいまだ第二巻、時代としては一七五〇年までの部分しか出版されていなかった（ウォーラーステイン、一九八一：ウォーラーステイン、一九九三)。

柴田書で革命を担う主体的存在と想定されていたブルジョワジーや民衆もしくはサン＝キュロットは、現在は論点としての重要性を低下させている。先に紹介したセルナの概説には、これらの社会集団は目次には現れていない。オーストラリアのフランス史研究者ピーター・マクフィーが編集し二〇一三年に出版したフランス革命史研究の手引書をみると、全二九章のなかには「フランスと大西洋世界」「ジェンダー・セクシュアリティ・政治文化」「フランス革命の国際的反響」「奴隷と植民地」「革命的な地中海」などの章が設けられている反面、ブルジョワジーやサン＝キュロットをテーマとする章はない(McPhee, 2013)。フランス革命についての研究上の関心はこの四半世紀から三〇年で大幅に入れ替わった。

柴田の『フランス革命』が抱える制約は、このような考察の対象だけでなく、視角に関してもみられる。

日本の戦後歴史学が一七世紀のイギリス革命や一八世紀の産業革命・フランス革命を重要な対象としたのは、日本との比較が念頭にあったからである。柴田にとっても、比較史は歴史研究の根底をなす視座であり、『フランス革命』も比較史の考察に始まりそれにより締めくくられていることは、先に確認したとおりである。しかし今日の歴史研究の動向には、このような比較史の受容を難しくしている部分がある。

一般に、比較史は抽象化を前提とし、事象が持つ個別性の多くはそぎ落とされてしまう。フランス革命に即して述べれば、固有名詞を持つ革命家や数多くの民衆が登場するものの、それらはどこかで社会集団に紐付けられた存在になる。結果として、構造的分析の明確さは確保されるものの、個々人の特殊性や思考は見えにくくなってしまう。

近年の歴史学では、感情が研究対象となり、個人が遺したエゴ・ドキュメントが史料として積極的に活用されている。そのような研究に親しんだ今日の読者には、柴田『フランス革命』は理論的な社会科学の著作に映るかもしれない。

四　祝祭の片隅で

柴田がみたフランス革命

柴田は革命二〇〇周年のなかで、日本の市民や読者だけでなく世界の研究者に向けてもみずからのフランス革命理解を述べる機会を得た。一九八九年七月のソルボンヌでの世界学会で遅塚忠躬とともにおこなった報告「日本の歴史学におけるフランス革命像」で柴田は、日本資本主義論争以降のフランス革命研究の変遷を紹介したが、そこには彼の革命理解がはっきりと示されている。

報告では、高橋幸八郎の資本主義成立論や革命論が詳細に紹介され、つづいて当時の世界情勢や社会の変動を踏まえ、フランス革命像について二つの観点から考察が加えられる。

ひとつは世界史の全体的動向のなかにフランス革命を位置づける作業であり、そのなかでフランス革命は「相対的に後れをとった国におけるブルジョワ革命」(柴田／遅塚、二〇一九：一九四)と評価される。フランス革命の「後進国」的な性格は『近代世界と民衆運動』でも基本的認識をなしており、

「ブルジョワ革命」との評価も従来の柴田の革命理解と大枠で合致する。

もうひとつは政治文化の観点の導入であり、そこからフランスと日本の対照性が強調される。比較は戦後歴史学の基本的枠組みであるが、これをフランス革命について政治文化の観点からおこなったことに、この報告の特徴があった。フランス革命は「言葉の最も広い意味における「文化革命」として、政治的諸関係だけでなく、すべての社会集団の習俗や心性をも変革したのに対して、明治維新は、その種の革命ではなかった」（柴田／遅塚、二〇一九：一九七）と評価される。その説明は次のようである。

社会の構成員を国民国家に統合する方式に関していえば、フランス革命は、旧体制と決別するために、新たな革命のシンボルや新たな革命祭典を創出することができた。それに対して明治の新政府は、旧来の文化的象徴を動員して、それらを改変し、一般化したのであった。〔…〕。そして今日においてなお、日本の労働者や社員たちは、会社に対して忠実でなければならないとされ、天皇は、日本人のネイションへの統合の象徴として存在し続けている。一九八九年初めの昭和天皇葬儀の際に、それは端的に示された。このような日本の政治文化の現状を前にしてみると、フランス革命像とは「文化革命」として、それも、市民であることとの原理として「自由、平等、友愛」を創出した「文化革命」であった、という革命像として立ち現れるのである（柴田／遅塚、二〇一九：一九八）。

日本社会についての認識が妥当かどうかは議論の余地があろうが、フランス革命に関しては断絶の相が強調されている。ただ、この見方は当時の歴史研究の知見に照らして適切であったとはいいがたい。

政治文化研究は日本の歴史学界でも重要な領域になりつつあった。リン・ハントの著作『フランス革命の政治文化』は柴田の教え子である松浦義弘により邦訳され（ハント、一九八九）、ハント自身、先述のように柴田が責任者を務める国際シンポジウム「フランス革命と世界の近代化」に招かれていた。日本人研究者のなかでは立川孝一（一九四八―二〇二二）の存在も重要であった。一九七〇年代に長くフランスに留学し、ミシェル・ヴォヴェルの指導のもとプロヴァンス地方の革命祭典を主題とした博士論文を書き上げていた立川は、帰国後いくつかの論考を公表した後、一九八八年に『フランス革命と祭り』を上梓し、マルセイユ、エクス、アルルという三都市の事例をもとに、革命祭典の様相を活写した（立川、一九八八）。立川が古文書から掘り起こしたのは、革命祭典における象徴体系や儀礼が伝統的な民衆文化を基層として構築され実践されていたという事実である。政治文化研究の意義は、まさにフランス革命が単純な断絶や連続では語れないことを示した点にあった。

祭典はあくまで政治文化の場や手段であって、その内実は革命により創出されたのだとみることもできる。世界学会での報告は、創出されたのは「市民であることの原理として〔の〕「自由、平等、友愛」」と簡潔に説明しており、この見方に沿っている。また、世界学会での共同報告を邦訳した福井憲彦は、収録書の「あとがき」のなかで、多様なシンボルを生み出した文化革命のなかで意識されていたのは「近代社会の普遍原理としての個人の自由、人としての尊厳」であったと述べている（三浦／福井、二〇一九：二二八）。しかしそうした原理は、柴田の革命論ではかならずしも枢要な位置を占めてはいなかった。『フランス革命』のなかで柴田は、一七八九年八月四日の封建的特権廃止について歴史的背景も含めて四頁以上をあてて述べているが、人権宣言については「国民議会はついで八月二六日に人権宣言を採択します。これは来るべき憲法の前文となるものです」(二〇〇)と書いたにとどまっている。

柴田の比較革命論には、フランス革命だけでなく現在の認識の部分でも難点があった。先の引用にも明白であるように、柴田・遅塚報告はフランス革命と比べたときの明治維新の連続性や復古的性格を強調し、それが以後の日本社会を大きく規定していると主張する。

日本は今や、その経済の「近代化」を成し遂げたが、政治はといえば依然として伝統的なままにとどまっているように見える。むしろ、すでに述べたように、現在の経済的成功は、日本においては「伝統的な」政治文化の存続と深く結びついているのである。

実際のところ、こうした経済と政治の隔たり、ないし矛盾は、第二次世界大戦後に始まったものではない。そこにこそ、明治維新以来の日本近代社会特有の現象があるのである(柴田/遅塚、二〇一九:一九六)。

ここでの「政治」は、報告の原文では le politique と男性形になっており、広義の「政治的なるもの」が想定されていた。また「伝統的な」とは、文脈からすれば明治維新さらにはそれ以前との連続性を意味すると読める。日本についての考察は措くとして、それに対置されるフランスが、革命の理念や成果をつねに実現、実践してきた社会でなかったことはまちがいない。そのことを柴田も遅塚もよく知っていたはずである。

もっとも顕著なのは女性が置かれていた立場である。フランスで女性参政権が実現したのは第二次世界大戦末、妻の就労や銀行口座開設に夫の許可は不要とされたのが一九六五年、避妊を抑制する法的措置が撤廃されるのが一九六七年、人工妊娠中絶が法的に認められるのは一九七五年である。人びとの関係も、学校にはじまり職場や家庭に至るまで「六八年五月」を経て劇的に変わったといわれる。フランスは、日本の明治維新からちょうど百年後に、一七八九年に劣らない文化革命を経験したといっても過言ではない。柴田のフランス滞在は先に述べたように一九六二―六四年、遅塚は一九五九―六一年（松浦／山﨑、二〇二一：八）であり、二人とも「六八年五月」以前のフランス社会を近くから観察する機会に恵まれていた。それにもかかわらず、柴田と遅塚が明治維新以降の日本と革命以降のフランスのそれぞれの歩みや現状を対照的なものと想定したことは、講座派から戦後歴史学に受け継がれた理論にもとづいていたためなのであろうが、日仏比較を非歴史的にしたといわざるをえない。

ところで、一九八九年七月にソルボンヌで開かれた世界学会には、明治維新との対比においてフランス革命を考察した日本人研究者が、もう一人いた。西川長夫（一九三四―二〇一三）である。

西川長夫のまなざし

西川は、柴田・遅塚と同じ分科会で二人の直後に登壇し、「日本におけるフランス革命研究についての考察―国民国家とそのイデオロギー」と題した報告をおこなった（Nishikawa, 1989; Nishikawa, 1990）。西川はまた、同年秋に日本で開催された国際シンポジウム「フランス革命と世界の近代化」で、直前に来日が不可能になった中国人研究者に代わり「フランス革命と国民統合―比較史の観点から」と題した報告をおこなっている。[8]

西川の論は、フランス革命と明治維新をいずれも国民国家形成の過程で生じた出来事とみなし、この観点から両者の共通性を検討するものであった。柴田と遅塚が"Restauration"（復古）と訳した明治維新を、西川は"Revolution"（革命）と訳し、国民統合にともない日本に生じた変化は「革命」と形容するにふさわしい急激で大きな変化であったとする（Nishikawa, 1989: 7; Nishikawa, 1990: 1269; 西川、一九九〇b：一一九）。

報告で西川は、フランス革命がさまざまな解放を成し遂げた、あるいはその可能性を秘めていた反面、そこから排除された存在があったことをも指摘し、その最たるものとして外国人と女性を挙げている（Nishikawa, 1989: 11）。外国人に関しては、ノワリエル『フランスという坩堝』が一九八八年に刊行されたばかりであり（ノワリエル、二〇一五）、研究は学界ではいまだ周縁的な地位にとどまっていた。女性については、このときすでに重要な研究テーマになりつつあり、フランス革命二〇〇周年の枠内でも、一九八九年四月にトゥルーズで「女性とフランス革命」と題したシンポジウムが開催されていた（Brive, 1989-1991）。どちらも今日の革命史研究では重要なテーマをなしていることは先に述べたとおりである。

二〇〇周年の時にフランス革命を鋭敏なまなざしで捉えていた西川は、一九九〇年代から二〇〇〇年前後にかけて、ヨーロッパ統合が進展する陰で地域紛争が頻発する世界情勢のなか、国民国家が持つ排除の側面を批判的に考察する著作を次々と発表し、論壇での影響力を強めてゆく（西川、

一九九二、一九九五、一九九八、一九九九、二〇〇二)。当時の日本における「フランス知」を歴史研究と関連づけて語るとすれば、西川は最重要な存在の一人であったことは間違いない。

思想や著述にはその人の出自や境遇が反映するものであるが、西川においては、それがことのほか強く感じられる。一九三四年、日本統治下の朝鮮半島に生まれた西川は、敗戦後、約一〇カ月の抑留生活を経て帰国、一九五四年、創立後まもない岐阜市立(現・岐阜県立)長良高等学校を卒業し、京都大学文学部ではフランス文学科で学んだ。一九六六年に立命館大学文学部に専任講師として着任し、以後は同大学の教員でありつづけた。[9] 植民地に生まれ、引き揚げ後は地方に新設された公立高校に進み、大学入学以降も歴史研究の制度や学派に属することなく、一貫して地方の私立大学に勤めたその経歴は、先に述べた柴田とは、あるいは東京に生まれ日比谷高校を経て東大西洋史学科で学んだ遅塚忠躬とも、対照的である。

西川の最初の在外研究は一九六七―六九年のパリ留学であり、この間に「六八年五月」を目の当たりにしている(西川、二〇一一)。その後、一九七五―七七年にはパリ第三大学の講師、一九八三―八五年にはカナダのモントリオール大学で客員教授を務めた。歴史研究において、西川はスタンダールを通じてボナパルティズムに関心を抱き、『フランスの近代とボナパルティズム』(岩波書店、一九八四年)をものした。ルイ＝ナポレオン・ボナパルトを研究対象に据えたことは、革命の発生や共和政の成立を「歴史の必然」と感じる研究者が日仏双方で多かった当時にあっては異例のことであった。フランスの歴史学がボナパルティズムを重要な研究対象とみなして本格的に取り組むようになったのは二〇世紀末以降であり、[10] この点での先駆性も西川が制度的な歴史学とは距離があったことと無関係ではないであろう。
ところで、世界学会での西川の報告には、ミシュレが『フランス革命史』のなかで語った、一七九〇年七月一四日の連盟祭をめぐるエピソードが引用されている。

国民議会が貴族制度の廃止を可決したその同じ日に、人類の代議士と称する奇妙な代表団がやってきた。ラインのドイツ人、アナカルシス・クローツにひきいられた二〇人あまりのいろんな国の男どもが、思い思いのお国の服装で議場にあらわれたのである。ヨーロッパ人もいればアジア人もいる。クローツは彼らを代表して、シャン＝ド＝マルスの連盟祭に彼らが参加しうるよう要請した。「諸国民の名において、すなわち、諸国王によっていたるところ抑圧されている正統な主権者の名において」要請したのである（西川、一九九〇a：一五）。

プロイセン出身のクローツは、フランス革命の理念に共鳴し国民公会にも選出されたが、「世界共和国」を主張していたことで、外国人を「革命の敵」として警戒するようになっていたロベスピエールと対立し、一七九三年末、外国人であることを理由に議会から追放され、のちに処刑された。クローツの名を挙げた西川長夫は、フランス革命が国民国家の形成を進めるなかでいくつもの存在を抑圧、排除したことを批判する。ミシュレが描いた連盟祭は革命がそのような動きを強める以前の出来事であり、西川はそこに革命が秘めていた可能性、融和や解放の可能性をみていたのである。
それは、二〇〇周年の祝祭を組織したフランス共和国が革命の現在的意義とみなしていたことでもあった。一九八九年七月一四日夜にシャン＝ゼリゼでおこなわれたパレードが「人びとの間の友愛」をテーマにした「地球上の諸部族の祭典」として企画・実行されたことは、先に述べたとおりである。このパレードには、ソルボンヌで開催された世界学会の参加者の全員がミッテラン大統領の名で招待されていた。柴田と遅塚はこのパレードを観覧したのだろうか。西川は招待席にいて、「全体的に見れば世界各国から参加した民族的仮装行列といった趣が強く〔…〕、最初はあきれて見ていた」との感想を記している（西川、二〇一一：四一四）。それでも、祝祭の根底に流れていた理念が、西川がフランス革命にみていた可能性と同じ方向を指していたことはまちがいない。

二〇〇周年以後のフランス革命研究は、大きくみれば西川の問題提起に答えるかたちで進展して今日に至っている。いっぽうブルジョワ革命論という認識枠組みや民衆運動という対象設定は、フランスだけでなく日本のフランス革命研究においても、かつてのような影響力を持っていない。それは、抑圧・排除されていた人びとへの一般的な関心が低下したからではなく、戦後歴史学の枠組みが歴史理論としての有効性と社会にむけた訴求力とを失ったからにほかならない。

私自身について述べれば、柴田『フランス革命』はすぐに入手し、以来、フランス革命についてあやふやであった知識を整えるのに役立ててきた。教壇に立つようになってからも同様である。しかし白状すれば、二〇〇周年に際して日本で刊行された一群の図書のなかで繰り返し読んできたのは、立川孝一の『フランス革命と祭り』であった。若き大学院生として南仏のエクスに暮らした立川は、文書館に眠っていた史料を読み解きながら、祭典のなかに息づく伝統や革命に込めた人びとの思いをみずからの言葉で読者に語り伝えようとする。同書の魅力をなしているのは、革命祭典というテーマそのものに加え、現代のプロヴァンス地方における祭典に立川みずからが足を運び観察していることにもある。「今、ここ」を自分自身で確かめながら過去と対話しようとする歴史家の姿が、そこにある。

責務と模索

柴田三千雄が研究の現在性を重んじた歴史家であることは、彼の著作一つ一つに明らかである。しかし彼は、学会組織から歴史理論に至るまであまりにも多くのことに責任を負い、また引き継いでゆく立場にあった。柴田自身もその立場を意識したうえで研究の進展と刷新に努めていた。『近代世界と民衆運動』も『フランス革命』も、その観点から読むことができる。

『フランス革命』の第一章で、柴田は高橋幸八郎の業績を紹介しているが、その際に自身の心境を次のように語っている。

私はこの戦後歴史学の風土のなかで歴史の勉強をはじめた次の世代に属する者ですが、今のあたらしい時代状況のなかで、どのように戦後歴史学の伝統を継承し発展させてゆくことができるのか、これを今日でも、いつも考えずにはいられません。それは、そのなかに日本の歴史学、さらにいえば社会科学の最良のものがあると思うからです。その環境のなかに育ったからこう思うのかもしれませんが、ともかくそう考えています（柴田、一九八九：一九）。

当時、戦後歴史学に対する批判は強まり、フランス革命研究でもブルジョワ革命論に正面から疑問が投げかけられるようになっていた。柴田にとって歴史研究者の営みとは、個々の研究を積み重ねることに加えて、受け継いできた問題意識と方法とを発展させることでもあった。多くの研究者は、たとえ無意識にではあっても、次元の異なるこの二つの作業に取り組んでいる。しかし柴田にとって後者がたいへんに重いものであったことを、右の引用は示している。

「すべての歴史は現代史である」という警句は、柴田の『フランス革命』にもあてはまる。そのことを確認したうえで、先の引用、なかでも最後の一文からは、柴田が自身の学問的背景やおかれていた状況をつとめて客観的にみようとしていたことが伝わってくる。

もし、柴田がみずからの責務から自由になれていたとすれば、はたしてどのようなフランス革命史を私たちに遺したであろうか。

文献

Brive, Marie-France, dir, 1989-1991, *Les femmes et la Révolution française*, 3 vols., Toulouse, Presses universitaire du Mirail.

Garcia, Patrick, 2000, *Le Bicentenaire de la Révolution française: pratiques sociales d'une commémoration*, Paris, CNRS Éditions.

Godechot, Jacques, and Palmer, Robert, 1955, « Le Problème de l'Atlantique du XVIIIe au XXe siècle », *Relazioni del X Congresso internazionale di scienze storiche*, 5 (Storia contemporanea), Firenze, Sansoni, pp. 175-239.

Godechot, Jacques, 1965, *Les Révolutions (1770-1799)*, Paris, PUF.

Kaplan, Steven, 1993, *Adieu 89*, Paris, Fayard.
McPhee, Peter, ed., 2013, *A Companion to the French Revolution*, Malden (MA), Blackwell.
Nishikawa, Nagao, 1989, « Quelques réflexions sur l'historiographie japonaise de la Révolution française : l'État-Nation et son idéologie »,『立命館国際研究』第二巻第三号、七一一二頁。
Nishikawa, Nagao, 1990, « Quelques réflexions sur l'historiographie japonaise de la Révolution française: l'État-nation et son idéologie », in Michel Vovelle, dir., *L'image de la Révolution française: communications présentées lors du Congrès mondial pour le bicentenaire de la Révolution, Sorbonne, Paris, 6-12 juillet 1989*, 4 vols., Paris, Pergamon Press, tome 2, pp. 1268-1272.（注：タイトルはNishikawa 1989と同じで、どちらも一九八九年七月の世界学会での報告であるが、1989は学会当日に口頭でおこなった報告の原稿、1990は報告集用の論考で、構成に一定の違いがある）
Palmer, Robert R., 1959, *The Age of the Democratic Revolution: A Political History of Europe and America, 1760-1800*, 2 vols., Princeton, Princeton University Press.
Serna, Pierre, 2021, *La Révolution française*, Paris, CNRS Éditions.
Shibata, Michio, 1967, « Sur le personnel ci-devant sectionnaire sous le Directoire », *Annales historiques de la Révolution française*, no. 189, pp. 381-384.
Shibata Michio, Chizuka Tadami, 1990, «Image de la Révolution française dans l'historiographie japonaise», in Michel Vovelle, dir., *L'image de la Révolution française: communications présentées lors du Congrès mondial pour le bicentenaire de la Révolution, Sorbonne, Paris, 6-12 juillet 1989*, 4 vols., Paris, Pergamon Press, tome 2, pp. 1260-1267.
岩井淳／山﨑耕一編、二〇二二、『比較革命史の新地平――イギリス革命・フランス革命・明治維新』山川出版社。
ウォーラーステイン、イマニュエル、一九八一、『近代世界システム』川北稔訳、岩波書店（原著一九七四年）。
ウォーラーステイン、イマニュエル、一九九三、『近代世界システム　一六〇〇―一七五〇――重商主義と「ヨーロッパ世界経済」の凝集』川北稔訳、名古屋大学出版会（原著一九八〇年）。

ウォーラーステイン、イマニュエル、一九九七、『近代世界システム 一七三〇―一八四〇年代――大西洋革命の時代』川北稔訳、名古屋大学出版会（原著一九八九年）。

ウォーラーステイン、イマニュエル、二〇一三、『近代世界システム　中道自由主義の勝利　一七八九―一九一四年』川北稔訳、名古屋大学出版会（原著二〇一一年）。

桑原武夫編、一九五九、『フランス革命の研究』岩波書店。

近藤和彦、二〇一一、「柴田三千雄先生をしのぶ」『史学雑誌』第一二〇編第七号、一二八六―一二八八頁。

柴田三千雄、一九六〇、『フランス絶対王政論』お茶の水書房。

柴田三千雄、一九六八、『バブーフの陰謀』岩波書店。

柴田三千雄、一九七三、『パリ・コミューン』中央公論社。

柴田三千雄、一九八三、『近代世界と民衆運動』岩波書店。

柴田三千雄、一九八八、『パリのフランス革命』東京大学出版会。

柴田三千雄、一九八九、『フランス革命』岩波書店。

柴田三千雄、二〇〇六、『フランス史十講』岩波書店。

柴田三千雄、二〇一二、『フランス革命はなぜ起こったか――革命史再考』福井憲彦／近藤和彦編、山川出版社。

柴田三千雄／遅塚忠躬、二〇一九、「日本の歴史学におけるフランス革命像――フランス革命二百周年記念国際大会報告」三浦信孝／福井憲彦編『フランス革命と明治維新』白水社、一八一―一九九頁。（Shibata, Chizuka, 1990 の邦訳）

セルナ、ピエール、二〇一〇、「二百周年以降のフランス革命研究の状況」『専修人文論集』山﨑耕一訳、第八六号、二五九―三〇八頁。

竹中幸史、二〇一四、「過ぎ去ろうとしない革命――フランス革命二〇〇周年以後の日本における革命史研究」『歴史評論』第七六五号、七七―九五頁。

立川孝一、一九八八、『フランス革命と祭り』筑摩書房。

立川孝一、一九八九、『フランス革命――祭典の図像学』中央公論社。

遅塚忠躬、一九九七、『フランス革命――歴史における劇薬』岩波書店。

長井伸仁、二〇〇七、『歴史がつくった偉人たち――近代フランスとパンテオン』山川出版社。

中川久定、一九八九、「革命二〇〇周年のパリ――世界学会、三つの芝居、そしてピクピュスの墓地」『世界』第五三三号、一八八―二〇〇頁。

西川長夫、一九九〇a、「フランス革命の変容」『立命館言語文化研究』第一巻第二号、一―二四頁。

西川長夫、一九九〇b、「フランス革命と国民統合――比較史の観点から」『思想』第七八九号、一一九―一二九頁。

西川長夫、一九九二、『国境の越え方――比較文化論序説』筑摩書房。

西川長夫、一九九五、『地球時代の民族=文化理論――脱「国民文化」のために』新曜社。

西川長夫、一九九八、『国民国家論の射程――あるいは〈国民〉という怪物について』柏書房。

西川長夫、一九九九、『フランスの解体?――もうひとつの国民国家論』人文書院。

西川長夫、二〇〇二、『戦争の世紀を超えて――グローバル化時代の国家・歴史・民族』平凡社。

西川長夫、二〇一一、『パリ五月革命私論――転換点としての68年』平凡社。

二宮宏之、『二宮宏之著作集』岩波書店。

ノラ、ピエール、編、二〇〇二―二〇〇三、『記憶の場――フランス国民意識の文化=社会史』谷川稔監訳、全三巻、岩波書店(原著一九八四―一九九二年)。

ノワリエル、ジェラール、二〇一五、『フランスという坩堝』大中一彌/川﨑亜紀子/太田悠介訳、法政大学出版局、二〇一五年(原著一九八八年)。

ハント、リン、一九八九、『フランス革命の政治文化』松浦義弘訳、平凡社(原著一九八四年)。

松浦義弘、二〇一三、「フランス革命史研究の現状」山﨑耕一/松浦義弘編『フランス革命史の現在』山川出版社、三―二四頁。

松浦義弘/山﨑耕一編、二〇二二、『東アジアから見たフランス革命』風間書房。

三浦信孝/福井憲彦編、二〇一九、『フランス革命と明治維新』白水社。

ミシュレ、ジュール、一九六八、『フランス革命史』桑原武夫/多田道太郎/樋口謹一訳、中央公論社(原著一八四七―一八五三年)。

山﨑耕一、二〇一七、「フランス革命史の現在」『歴史評論』第八一〇号、六八—七六頁。

山﨑耕一、二〇一八、『フランス革命——「共和国」の誕生』刀水書房。

山﨑耕一／松浦義弘編、二〇一三、『フランス革命史の現在』山川出版社。

註

（1）関西フランス史研究会において一九七〇・八〇年代におこなわれたフランス革命関連の研究報告としては、以下が挙げられる。岡本明「史学史におけるジャコバン主義」（一九七一年七月）、前川貞次郎「フランス革命像の形成——「神話」から「歴史」へ」（一九七四年七月）、服部春彦「フランス革命とフランス経済構造の転換」（一九七四年一〇月）、植田俊郎「「エベール派」と民衆運動」（一九七四年一二月）、岡本明「フランス革命期のパリ・コミューン」（一九七五年九月）、岡本明「王政改革期における代表制度の問題」（一九七六年一〇月）、柴田三千雄「フランス革命とブルジョワジー——最近の論争によせて」（一九七六年一〇月）、遅塚忠躬「ルアン大司教領における領主と農民——一四世紀から革命まで」（一九七七年一〇月）、前川貞次郎「ある革命家の一生——A・マティエと人間関係」（一九八五年七月）、立川孝一「革命祭典——フランス革命のサンボリスム」（一九八六年一月）、天野知恵子「フランス革命期の言語政策とアルザス」（一九八六年七月）、河野健二「フランス革命二〇〇年」（一九八六年一〇月）、西川長夫「フランス革命と戦後歴史学」（一九八七年七月）、安藤隆穂「コンドルセとフランス革命」（一九八八年一月）、西川祐子「パロディの力——人間宣言（一七八九年）と女権宣言（一七九一年）」（一九八八年一〇月）、石井三記「フランス革命と「古代」の想起」（一九八九年七月）。革命の政治過程、社会変動、文化変容などを取り上げた報告の多くは、関西以外の大学に籍を置く研究者によりおこなわれていたことがうかがえる。以上は、関西フランス史研究会の二〇〇四年一〇月例会で配付された、谷川稔による例会・大会記録にもとづく。

（2）フランス国立映像研究所（ＩＮＡ）のウェブサイトで、パレードの模様を報じるテレビニュースをみることができる。« Bi-centenaire de la Révolution: la «Marseillaise» de Jean-Paul Goude » (https://www.ina.fr/ina-eclaire-actu/video/cab89029382/bi-centenaire-de-la-revolution-la-marseillaise-de-jean-paul-goude) 二〇二四年一月二八日アクセス。

（3）補論は「フランス革命と明治変革——比較史の枠組」と題され、初出は『歴史と地理　世界史の研究』第二〇〇号、二〇〇四年、一—一七頁。

（4）日本西洋史学会一九八一年大会、立命館大学。

（5）柴田三千雄「パリ・コミューン——百周年シンポジウムに出席して」『季刊社会思想』第一巻第三号、一九七一年、一六四—一七二頁、一六五頁。

（6）同シンポジウムのプログラムより。

（7）厳密には、イギリス名誉革命体制についての箇所で、文献注のなかにパーマーの *The Age of the Democratic Revolution* が挙げられている。同書二七一頁、注三〇。

（8）同名の論文として『思想』第七八九号、一九九〇年、一一九—一二九頁に収録。

（9）西川の経歴については「西川長夫名誉教授　略歴・著作目録」『立命館言語文化研究』第二〇巻第三号、五頁。

（10）一九九五年にパリで開かれたシンポジウム「なぜ第二帝政を復権させるのか?」には、ジャン・チュラール、モーリス・アギュロン、アラン・プレシ、ベルナール・メナジェら、当時第一線にいた一九世紀史研究者が報告していた。このシンポジウムのタイトルは、それまで第二帝政がどのように認識されていたのかを雄弁に物語る。*Pourquoi réhabiliter le Second Empire ?: Actes du colloque organisé par le Souvenir Napoléonien, Paris, 21 octobre 1995*, Paris, Bernard Giovanangeli, 1998.

第三章　「社会的デモクラシー」の行方

——遅塚忠躬『ロベスピエールとドリヴィエ——フランス革命の世界史的位置』再読

永見瑞木

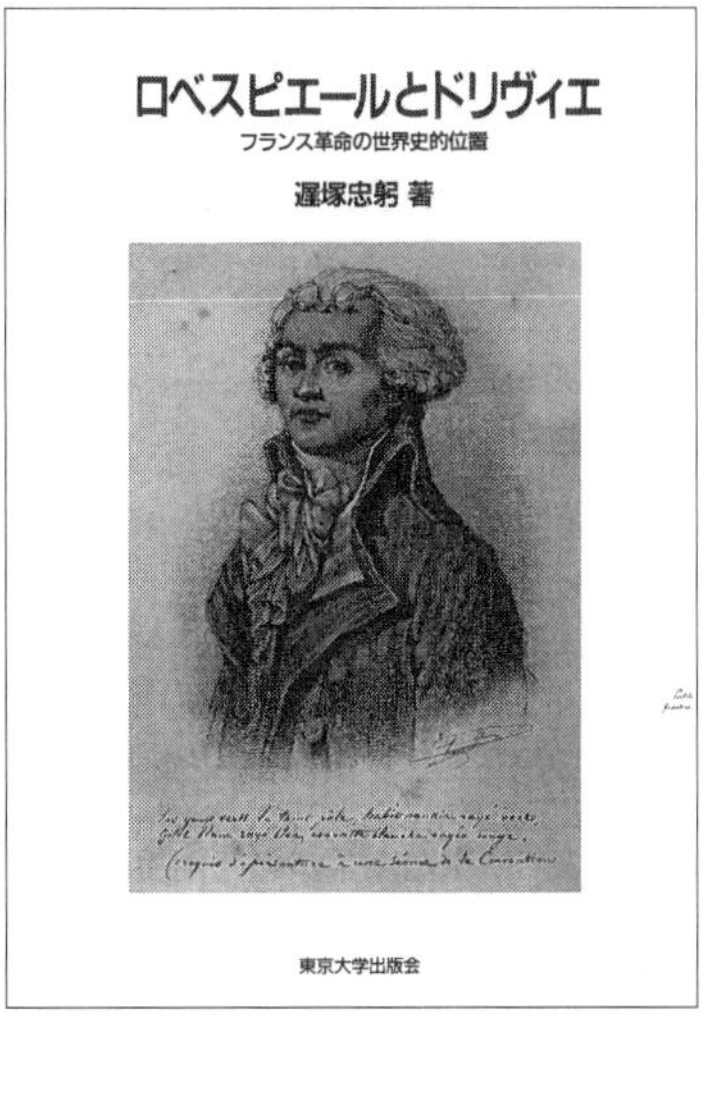

一　はじめに

「鮮明に見える世界の問題は深刻に、不鮮明な世界のそれは軽く見える」。コロナ禍の感染症対策をめぐる医師の尾身茂氏の言葉の端々にどうしても窺える視点の偏りを見事に言い当てた、磯野真穂氏の言葉である。[1] 医療の逼迫や現場の負担という深刻な事態を懸念する医療関係者側の主張に対して、それを否定するのではなく、そうした主張のもとに経済活動を規制することによってもまた命や困窮の問題が生じている事態への、同じような「鮮明さ」を訴えるこの言葉は、解決の糸口が見出せない不条理を前に立ちすくむとき、今一度自分の目を疑ってみるよう促しているように思われてならない。「深刻」な問題を真摯に訴える人には、なおのこと重く受け止められるべき指摘だろう。

今なお記憶に新しいコロナ禍では、典型的には命を守るための感染症対策による行動の自由の規制、とりわけ移動の自由の制限という形で、生存と自由の対立の局面が際立った。しかし人間にとっては行動の自由もまた、生存に勝るとも劣らない価値を持つはずではなかっただろうか。生存の保障を求める声が、しばしば他を寄せ付けない正当性を帯びることがあり、時には自由への介入を正当化する論理へと難なく転化しうることは、歴史を紐解くまでもなく、明らかである。

本章が取り上げる遅塚忠躬『ロベスピエールとドリヴィエ――フランス革命の世界史的位置』では、

フランス革命を解釈するにあたって、まさにこの生存と自由、平等をめぐる葛藤がひとつの焦点に据えられている。その際に本書の特徴としてまず目を引くのが、「社会的デモクラシー」を「真のデモクラシー」として迷いなく掲げる一貫した姿勢である。遅塚がジョルジュ・ルフェーヴルの用語として引き継ぐ「社会的デモクラシー」とは、デモクラシーの理念を社会問題にまで拡大し、とりわけ社会的平等を可能な限り追求することを指すとされる。[2] そしてここにはおそらくリベラル・デモクラシーとの明確な違いも意識されている。本書はこの観点からドリヴィエやロベスピエールの社会思想を分析することで、彼らをフランス革命の構造の中に位置づけ、革命のプロセスを解き明かし、さらにはその世界史的な意義までも論じようとするものである。

デモクラシー（より正確にはリベラル・デモクラシー）をめぐっては議論が尽きないが、近年ではその危機を指摘する議論が注目を集めている。デモクラシー擁護の名の下に言論や対話を重んじ、それらを踏み躙る暴力を断固拒絶する声が高まる場面に多く遭遇したことも、記憶に新しい。社会の分断が言われ、経済的格差の広がりや社会的弱者の困窮がこれだけ注目をされる状況にあっても、革命や暴力を伴う抵抗運動などよりは、理性的な議論や良き秩序、統治を重んじるという論調は、時代の趨勢と言えそうである。とはいえ他方では、資本主義体制に内在する矛盾がさまざまに指摘されるなか、新たな社会主義の可能性に期待する声も耳にする。本章では、こうした今日の問題状況を遠景に意識しつつ、民衆運動や「恐怖政治」の問題とも不可分のフランス革命の意義を「社会的デモクラシー」の観点から見出そうとする本書の再読を通じて見えてくる問題について、考えてみたい。

改めて紹介するまでもないが、遅塚忠躬は講座派マルクス主義の歴史家である高橋幸八郎の弟子にある、戦後日本におけるフランス革命史学を代表する歴史家の一人である。今から四十年ほど前の一九八六年に出版された本書は、それまでの遅塚のフランス革命研究の集大成として位置づけられるものである。遅塚の研究は、高橋史学を基本的には継承しようとするものである一方で、高橋の主張に対しては原史料にもとづいて実証的な批判をおこなったという点で、柴田三千雄とともに「戦後歴史学」内部からの自己変革として位置づけられている。[3] また本書は、ウォーラーステインの議論を取り入れて、フランスを世界システムにおける相対的後進国として位置づけたうえでフランス革命の独自性を論じるなど、一国史的な枠組みを越えた世界システム的視点への広がりも有している。こうした点も含めて、「「戦後歴史学」の問題視角と研究方法を批判的に継承しようとする「戦後歴史学」の自己変革のなかから生み出された最良の成果」であると評される。[4]

あらかじめ述べておくと、本章では、こうした評価は尊重しつつも、日本の戦後歴史学や革命史学における本書の位置づけや意義といった論点を直接検討することは、筆者の能力や関心の範囲を大きく越えることから、目指していない。本書に関しては、刊行当初から現在に至るまで、すでにフランス革命史学や歴史学の専門的視点からの書評（合評を含む）がいくつも出されている。ここではむしろ、デモクラシーのあり方や自由と平等をめぐる根本的な問題について考え続けようとする今日の読者にとって、時代の変化を経ても本書から引き継ぐべき視点があるのかどうか、本書の主題や問題枠組みがどのような意義を、あるいは限界を示しているのかといった点について考えてみたい。とりわけ、本書における遅塚の問題関心を集約している「ロベスピエールの両義性」をめぐる議論に注目してみるとき、そこにはロベスピエールをそのように評する遅塚自身のロベスピエールに対するアンビヴァレントな態度が見えてくるように思われる。本書は明快な論旨と複数の論点を大胆に束ねる強靭な構成力に支えられた研究書だが、だからこそ気になるのが、実証分析にもとづいた緻密な議論が展開される一方で、それとは対照的に、あえて大胆な推測を冒してまでも筋を通すことへの強いこだわりが見られること、そしてまた筆致の端々には遅塚自身の「揺れ」が読み取れることである。端的に言ってしまうと、本書を支える二人の主要人物であるロベスピエールとドリヴィエの間に立って、著者は揺れているように思われるのである。(5)

二　本書の概要

まず簡単に本書の概要を示しておこう。全体は序章と終章を含む六章から構成される。序章「ロベスピエールとドリヴィエの出会い」では、ドリヴィエとロベスピエールの出会いの経緯を辿りながら本書全体の見通しが示される。彼らが登場する歴史的背景として特に注目されるのが、有産者寡頭支配と経済的自由主義によって特徴づけられる一七九一年体制であり、この体制下でのさまざまな矛盾、とりわけ貧農や民衆の食糧をめぐる窮状や穀物価格統制をめぐる問題である。第一章「エタンプ一揆」では、農民運動と民衆運動の共通の特徴を示す代表的な事例のひとつとして、エタンプ一揆について史料にもとづく詳細な分析がなされる。この事件は本書においては主人公二人が出会う重要な契機でもある。続く第二章「ドリヴィエと農民革命」と第三章「ロベスピエールの思想と行動」では、主人公二人に順に焦点が当てられ、それぞれの社会思想について検討される。ここでドリヴィエについては「フランス革命を特徴づけるあの「農民の革命」の化身」、農民革命のイデオローグという位置づけを下敷きにしてその思想が説明される。またロベスピエールについてはドリヴィエの思想との対比によってその思想と行動の特徴が明らかにされる。そして第四章「民衆運動と革命的独裁」では、今度はそのロベスピエールを革命の構造の中に位置づけることを通じて、ロベスピエールの失脚に至るまでの革命のプロセスが論じられる。議論の鍵を握るのは、ロベスピエールを指導者とする革命的独裁体制と民衆運動の間にある緊張関係という見取り図であり、それがまたロベスピエールの没落とも関連づけて論じられる。終章では、さらに視点を大きく広げてフランス革命の世界史における位置づけが検討され、フランス革命はイギリス革命とロシア革命の間に位置づけられ、改めてその意義が示される。

以上からも明らかなように、本書は基本的にマルクス主義の歴史解釈に依拠しており、経済構造の分析枠組みを下敷きとしている。遅塚自身も、後に本書を振り返る中で、本書が経済的決定論の立場を取ることを認めており、本書以降の問題関心の移り変わりを経ても、経済的決定論は歴史解釈のひとつの方法としてその存在意義を有するとしている（遅塚、二〇一二）。本書ではロベスピエールとドリヴィエという革命期を生きた具体的な個人に焦点が当てられ、それぞれの社会思想が検討されてはいるものの、著者自ら明言するように、本書の関心は彼らの思想と行動の全体像を描くことにはない。あくまでそうした個人を革命の「構造の中に位置づける」ことで、革命の「歴史的意味」が追求されるのである。本書全体を通して、こうした問題関心と理論枠組みが先立つような叙述が見受けられる。今日の読者にとっては正直なところ、こうした構造還元主義が繰り返し強調されることには辟易もするし、大きな物語の「意味」の追求にすべてを収斂させていくような叙述には、時代がかったものを感じざるを得ない。

ここでむしろより興味を引かれるのは、そうした確固とした理論枠組みを支えとすることに由来する歯切れ良く迷いのない筆致の一方で、対象への著者の繊細な感情移入がしばしば顔を覗かせることである。それはまるで最後までドリヴィエにはなりきれなかったロベスピエールに対して寄せられる親近感からくる歯痒さ、とでも言えそうである。本書の「はしがき」によれば、遅塚は高校生の時にロベスピエールとドリヴィエの生涯に心惹かれ、学部卒業論文作成中にドリヴィエについて知ったという。ロベスピエールとドリヴィエの関係という主題は、それ以来長らく実証的な土地制度史研究に邁進する傍らで胸に秘めていたというだけに、思い入れも相当なものであることは窺えよう。とはいえ、それが単に個人的な思い入れに尽きるものではなく、革命史研究の主題にまで昇華されたのは、もちろん彼らが背負わされた歴史的課題や、個人の関係を超えたドラマがそこに見出されたからである。

そこで、ロベスピエールとドリヴィエの関係を中心に本書の筋書きを確認してみたい。ロベスピエールがフランス革命の代名詞とも言えるほど後世に名の知られた人物であるのに対して、ドリヴィエはフランス革命の概説書などではほぼ見かけることのない人物である。彼はパリ南方のモーシャン村の司祭であり、先にも触れたが、本書では反資本主義的な農民革命の代弁者でありイデオローグと見なされる。この一見しただけでは接点が明らかではない二人を結びつける決定的な出来事として注目されるのが、一七九二年三月三日に起きたエタンプ一揆である。これは当時、穀物価格の高騰を背景にしばしば起きていた、穀物取引の自由に対して穀物価格の統制を求める民衆による直接行動および暴動事件である。パリ南方のエタンプ市でそうした農民と都市の民衆が合流して市場に殺到したのに対し、取引自由の法令にもとづいて蜂起を弾圧しようとした市長のシモノーが群衆により発砲されて亡くなるという事件も勃発した。そしてこれに対して議会は、「法の殉教者」としてシモノーを顕彰し、「法の祭典」を挙行するまでに至った。

そこで農民の側に立ったドリヴィエは、「飢えない権利（le droit de ne pas jeûner）」を根拠として穀物取引の自由を批判し、穀物価格の統制を求めていった。さらに立法議会に宛てて請願を書き、一七九二年五月一日に議会に提出するのだが、この時、彼は議会に請願を提出するに先立ってジャコバン・クラブにも伝達し、演壇に立つことになった。ここで遅塚はドリヴィエが登壇した同夜のジャコバン・クラブには、ロベスピエールも居合わせたはずであると推定し、これがロベスピエールとドリヴィエの決定的な出会いになったと考える。

この「出会い」が実際に果たされたのかどうかについては、直接に裏付ける史料を欠くため、状況証拠にもとづいた慎重な推定が重ねられている。そのうえで、遅塚はこのただ一度の出会いという可能性をもとに、ドリヴィエとの出会いがいかにロベスピエールを思想面で成長させることになったかを論じていく。ロベスピエールの思想への影響ということを考えた場合、ルソーは言うまでもなく、一八世紀のもろもろの思想潮流やそれ以前に遡る思想史からの直接間接の影響が当然に思い浮かぶものだが、そうした側面はルソーへの若干の言及を除いてほぼ言及されることはない。つまり、遅塚の関心のひとつは、農民革命のイデオローグであるドリヴィエの思想がロベスピエールに与えた影響を明確にすることにあったと言えるだろう。そして本書において肝心なことは、彼らの「出会い」だけでなく、やがては「別離」が訪れるという点である。すなわち一旦はドリヴィエの影響を受けたものの、結局のところロベスピエールはドリヴィエにはなり得なかった、という具合に両者の共通点だけでなく相違点が強調されることになる。そしてこうした態度のうちにロベスピエールの思想と行動の「両義性」が見出されるのである。

三　ロベスピエールの「両義性」

「政治的デモクラット」から「社会的デモクラット」へ

では、ドリヴィエと出会う以前のロベスピエールとはどのような人物だったのか。遅塚によれば、ロベスピエールは社会的弱者に対する同情と彼らの権利の擁護への使命感に燃える青年であった。特にロベスピエールの「思想の原点」を示すものとして注目されるのが、一七八三年のデトゥフ事件である。これは、故郷アラスで弁護士業を始めた二〇代のロベスピエールが、無実の罪を着せられた人物の弁護を受け持った事件であり、その過程でロベスピエールは、「恵まれぬ者やゆえなくして虐げられた者の権利を守ることこそが自分の使命であると感じるようになった」（遅塚、一九八六、一九五、強調著者）という。さらにこうした弁護士活動を通じて、ロベスピエールは強者に対する弱者の擁護のみならず、旧体制下の特権者批判や、法の下における万人の平等を主張するに至った。そして革命期に入ると、人民の自由と権利の擁護者としてのロベスピエールは、「最も傑出したデモクラットの一人」として名声を高めていったとされる。

他方で、政治とは区別された「社会問題」の観点から見るとき、そしてこれこそ本書が最も重視する観点なのだが、遅塚のロベスピエールに対する見方は異なってくる。すなわち、ロベスピエールは弱者への同情心から社会問題に対して一定の関心を寄せてはいたものの、「社会問題を政治的観点のみから見たために、経済的利害の対立を認識するには至らなかった」と指摘される。このように、ドリヴィエと出会う以前のロベスピエールについて強調されるのは、依然として彼が経済的利害対立の認識を欠いた「政治的デモクラシーの使徒」であって、民衆運動や農民運動の目的を理解し得ない、いわば未熟な段階にあったという点である。

とはいえ、若きロベスピエールの中には後の思想的成長の萌芽もまた見出されるのであり、そうしたところには遅塚のロベスピエールにも富裕者と人民という社会集団の対立を見抜くなど、「社会的デモクラット」への期待が滲んでいる。ロベスピエールにも「社会的デモクラット」に成長しうる「素地」はあったのだという。そして相続法をめぐる討論では、富の「過度の不平等」に対して批判するまでに至るなど、「社会的デモクラシーの理念まであと一歩」のところだったと評価される（遅塚、一九八六、二〇八）。

こうしてまさに機が熟した頃、一七九二年四月二七日のジャコバン・クラブでの生涯でただ一度の出会いが訪れ、ロベスピエールの「認識の深化」にとっての決定的な契機として注目されることになる。この出会いはロベスピエールにとって、「政治的対立の背後にひそむ社会諸階層の経済的利害の対立を認識する決定的な契機になった」という（遅塚、一九八六、二一三）。

このように、第三章前半で描かれるのは、ロベスピエールの「政治的デモクラット」から「社会的デモクラット」への思想的成長である。とはいえここまでは肝心の物語の前半であり、これ以降はむしろロベスピエールとドリヴィエの間の埋めがたい溝、「出会い」を経た「別離」の方に焦点は移っていく。

「生存権の優位」

一七九二年四月のドリヴィエとの出会いのおかげで「社会問題に開眼」したとされるロベスピエールの「社会思想の中核」に遅塚が見出すのが、「生存権の優位」という思想である。ロベスピエールの思想としては一七九三年四月の人権宣言私案に表明された所有権の制限が注目されることがあるが、遅塚の主張によれば、所有権の制限はむしろ「生存権の優位」から導かれる派生物にすぎない。ロベスピエールをはじめとするフランス革命期の論争における生存権的権利の主張については、割と知られるところであり、その実現の困難も含めて、二〇世紀になって社会権として新たに生存権が憲法によって規定されるようになる前の先駆的な議論として注目されている。ところが読者の予想とは異なり、本書の関心はそうした文脈においてロベスピエールの議論を再評価することには向かわない。農民革命のイデオローグたるドリヴィエの思想、あるいは「社会的デモクラシー」の理念を評価の軸とするとき、生存権をめぐるロベスピエールの思想と行動に対する評価は、むしろネガティブで限定的なものとなる。[6]

ドリヴィエの思想に依拠してロベスピエールの社会思想の特徴を浮き彫りにする際、遅塚が注目するのは「有産者エゴイズムの批判」、「生存権の優位」、「所有権の制限」の三点である。このうちロベスピエールが「生存権の優位」の思想をはじめて表明したとされるのは、一七九二年一二月の食糧問題に関する演説である。ここでロベスピエールが穀物取引の自由の制限を主張する際に根拠とするのが、所有権に対する生存権の優位である。その論理としては、まず、「生存する権利（droit d'exister）」が人間の諸権利の筆頭に位置づけられたうえで、所有権はそれに従属するものとされる。そこから、土地生産物のうち、全成員の生存に必要な部分とそれ以上の超過部分に分けられ、前者を社会全体の共有部分とし、後者は私的所有とするという提案が導かれる。

遅塚はこのようなロベスピエールの「生存権の優位」の思想にドリヴィエの影響を読み取り、両者の共通点に注目するのだが、その一方で、ドリヴィエの所有権制限の根拠がロベスピエールのそれとは異なる点も強調される。すなわち、「飢えない権利」の視点から取引自由の制限を主張するドリヴィエの場合は、あらゆる土地および土地生産物に対して上級所有権を有している国民が、個人の私的所有権を全面的に規制しうるとされ、したがって所有の平等を実現することも可能とされる。このような「平等主義の原理」に立つドリヴィエに対して、ロベスピエールの場合は、超過部分については取引の自由に委ねられている点で、絶対的平等を主張するものではない。つまり、ロベスピエールの生存権をめぐる主張は、富の過度の不平等を問題視するという点で平等志向ではあるとしても、ドリヴィエのような平等主義ではなく、自由と平等の両立を図る主張であることが分かる。ロベスピエールにとって、財産の平等などは「空想的」なのである。だがこうした立場に対して本書では、「万人に生活質料が確保されている限り、少数者の手中に生産手段が集中されるのを阻止する意図は持たず、所詮、ブルジョワ社会の枠内で社会保障の実現を求めるにとどまらざるをえない」、「ロベスピエールにおける社会的権利の内容は、生存権の優位ということに尽きる」といった消極的な評価が下されることになる（遅塚、一九八六、二二七）。ちなみに革命史学の伝統に照らせば、こうした解釈は、ロベスピエールを社会主義の先駆と捉えるマティエの解釈への批判ともなっている。(7)

以上のような理解にもとづいたとき、遅塚の言う「ロベスピエールの両義性」とは、ロベスピエールにおいて理念や心情と具体的プログラムが齟齬をきたしている点をまずは指している。すなわち理念や心情レベルでは、貧民に同情を寄せ、独立した小所有者の社会を理想とするものの、具体策においてはブルジョワジーに対する徹底した批判をおこなわず、「常に部分的な批判にとどまっている」と指摘される（遅塚、一九八六、二三九）。ロベスピエールのこうした態度は、ブルジョワジーと民衆の利害のそれぞれの要求を一部認める「折衷的な態度」であり、それはのちのちブルジョワジーと民衆諸階層との「同盟」（およびそれにもとづく革命の徹底路線）を可能にするものでもあった。

理想やエートスと主張の具体的内容は区別すべきだとする遅塚が、ロベスピエールを評価する際に重視するのは後者である。遅塚によると、これらの混同こそがソブールをはじめとする従来の通説の「混乱」を招いたのであり、ここではロベスピエールと民衆諸階層との距離が強調される。すなわち、ロベスピエールは結局のところ、私的所有と取引の自由というブルジョワジーの利害を尊重し、民衆のための具体的なプログラムとしては、「社会保障の実現を求めるにとどまった」のである。その反面で、ロベスピエールが貧民こそは有徳の市民であるという理念を振りかざすのは、「バランスの不均衡を修正する」、つまりは貧民大衆に対するいわばリップサービスにすぎないとの見方が示される。「彼（ロベスピエール）のモラリスムは、彼の思想の両義性にいちおうの統一を与える外被なのであり、それゆえ、その両義性の矛盾が深まるにつれて、彼はますます声を大にして「徳《ヴェルチュ》」を高唱しなければならなくなるであろう」（遅塚、一九八六、二四六）。

実はこうしたドリヴィエの思想からの乖離を予想させる要素についてはすでに本書の前半から指摘があり、物語の伏線となっている。ドリヴィエは議会に提出した請願をジャコバン・クラブでの演説などと合わせて刊行しており、ロベスピエールはそれを自身の定期刊行物『憲法の擁護者』に再録していた。ところがこの時、遅塚が特に注目するドリヴィエの請願中の「階級意識」にもとづいた議論と土地所有論が展開された註をロベスピエールは巧妙にも削除していたのである。遅塚の解釈によれば、ドリヴィエは「勤労者階級の立場」から私的所有権の絶対性を告発し、すべての私的所有の国民による統制を要求したのであり、この議論は「階級なき社会（普遍的正義の実現）への展望」を有しているとされる。しかし、「ロベスピエールは請願をそのようなものとして読んではくれなかったのである」（！）（遅塚、一九八六、一五八）。具体的な社会層の立場に立つことを拒否したとされるロベスピエールは、「抽象的・理念的人民観を完全に脱却することができなかった」（遅塚、一九八六、二四四）。そしてブルジョワジーと民衆に二股をかけるような折衷的な態度こそは、ロベスピエールの思想と行動の両義性であると結論づけられる。

このように解釈されたロベスピエールの「両義性」は、一七九三年六月の山岳派独裁体制から一七九四年のテルミドールのクーデタによるロベスピエールの失脚までのフランス革命の推移を説明するうえでの鍵となる。遅塚の図式によると、ロベスピエールの「両義性」こそは、国内外の反革命への対抗という情勢の中で山岳派と民衆諸階層との同盟を可能とし、彼を山岳派独裁の指導者へと押し上げた。しかし間もなく民衆運動がさらに激化する中で民衆諸階層とロベスピエールとの亀裂は深まっていき、他方で山岳派主流（こちらは「一義的にブルジョワ的」）とロベスピエールとの間にもまた「一定の距離」があるため、結局は革命政府に対する不満の高まりからテルミドールの反動に至った。すなわち、「両義性のゆえに革命政府の指導者となったロベスピエールは、またその両義性のゆえに両面の敵と戦わねばならない」状況にあった（遅塚、一九八六、三〇〇）。

ドリヴィエの思想に共感したロベスピエールに想いを馳せる遅塚にとって、ロベスピエールの選んだ道はどう映ったのだろうか。両者の間で引き裂かれる想いをねじ伏せるかのように、次のような結論が導かれる。「ドリヴィエとロベスピエールが出会い、そして別れて行った軌跡は、そのまま、社会的デモクラシーへの指向と、民衆運動と革命的独裁との間の緊張関係の出現という、二つの点でのフランス革命の世界史的意義を象徴しているといえよう」（遅塚、一九八六、三〇八）。

ロベスピエールは「両義的」なのか?

以上の解釈を辿りなおしてみて明らかなのは、山岳派と民衆諸階層の同盟論という構図の蝶番的位置にロベスピエールを位置づけるという大枠のもとに、ドリヴィエとロベスピエールの思想が読み込まれていることである。ブルジョワジーと民衆の階級的利害対立という構造を解釈の基底に据えることが、フランス革命の「世界史的な意味を問う」という本書の問題関心にとっては有意義な方法であったとしても、個々の思想の読解・解釈という点では、それが本書の関心から外れることは承知のうえで、そうした枠組みに囚われ過ぎることの弊害の方が、全体からは感じ取れると言わざるを得ない。とりわけ第三章第三節「ロベスピエールの両義性」の議論は、ロベスピエールが前提としていないはずの認識枠組みでその思想を解釈しようとするところにかなりの無理が生じており、読んでいて非常に窮屈な議論となっている。あらかじめ前提とする枠組みにとっての夾雑物を極力削ぎ落とす解釈と叙述は、ともすると思想が含みもつ可能性を見失わせ、不自然な二者択一的図式のさらなる先鋭化を招きかねない。そもそも理念と行動とをそう厳格に区別し対比できるものだろうか。生存権と所有をめぐる議論の基底にある自由と平等の関係についても、本書では絶対的平等か取引の自由かという二者択一的な構図が重視されるため、ロベスピエールの思想における取引の自由以外の政治的な自由をめぐる議論にはほとんど触れられることがない。そのため自由と平等を対置する思考から、自由と平等の両立の可能性への視界が開かれない。結局のところ、ロベスピエールは階級的利害にもとづく対立という枠組みには収まりきらない個性を持つ存在なのだろう。そのことにおそらく遅塚自身気づきながらも、この枠組みによって山岳派独裁の成立と解体を説明するという方法をやや強引にも貫いたがために、ロベスピエールの思想を「両義性」という言葉で評せざるを得なかったのではないだろうか。さらにいえば、多用される「両義性」という表現こそ、本書におけるロベスピエールの思想と行動に対する遅塚の共感と失望を表しているように思われてならない。

こうした「両義性」をめぐる違和感については、すでに柴田三千雄が本書の書評において適切にも指摘するところである。「彼（ロベスピエール）の「思想」は一貫していると私は考える。それは、現実の社会問題に対する彼の基本的姿勢のあり方にかかわるものであり、遅塚氏が随所に指摘しているように、「正義」とか「生存権」とかの観念が示す現実へのモラリスト的アプローチの仕方が、ロベスピエールの思想の真髄であった。それは現実の階級的経済利害に密着するものではなく、ときに小ブルジョワ的利害と重なる様相を帯びようとも、その現実をつきぬけたものであった。この思想の故にこそ、独自の革命論を構築することができ、また独自の政治性を発揮できたのである。したがって、彼の「両義性」とは、その思想そのものの特徴ではなく、思想と現実状況とのぶつかり合いから生まれた革命路線のそれではなかろうか(8)」。

本書は構造へのオブセッションという言葉が浮かぶほどに、特定の議論の構図の中に個々の思想を当てはめて解釈する方法が貫かれており、それゆえにさまざまな無理も感じられる点については指摘した通りである。だが、そうした本書の限界については遅塚自身もすでに本書の執筆時から常に自覚的であって、あえて読み込みすぎも辞さずに本書の姿勢を貫いたのであろうことは、文章の端々から伝わってくる。何よりも本書には、「農民革命」のイデオローグであり絶対的平等主義を表明するドリヴィエの側に、社会的弱者への思いやりに根ざしていたはずのロベスピエールにはもう少し寄り添ってほしかったという著者の切実な思いが表れている。

ところで近年のロベスピエールの政治思想研究では、遅塚がロベスピエールの思想の「両義性」と捉えた部分にこそ、むしろ積極的な可能性が見出されているようである。ボスクによれば、二〇世紀の歴史家はフランス革命史の中に「近代」の徴標であるはずの排他的な私的所有か、もしくは国有財産しか探し求めなかったが、こうした二者択一的な視点こそが、長らくロベスピエールの思想を理解し難いものとしてきたという(9)。すなわち、ロベスピエールは私的所有それ自体には敵対しないという点でリベラルとされるか、もしくは中央集権的なジャコバン主義の名における国家主義者とされてきた。これに対して例えば一八世紀社会において広く実践されていた住民の共有財産の管理に注目し、そうした歴史的文脈においてロベスピエールの議論も捉え直すことで、個人と国家の二項対立的視点への再考を促そうとする視点が示されている。そしてこうした観点からは、政治的存在としての権利と物質的な享受の権利をともに視野に入れた、「民主的で社会的な共和国」の構想の可能性が見出されることになる。

四　おわりに——社会的デモクラシーの行方

本書刊行以降の世界情勢の変化を前にした遅塚の問題関心の移り変わりについて、最後に触れておきたい。本書が出された一九八六年といえば、すぐに想起されるように、旧ソ連社会主義体制の崩壊直前の時期にあたる。一九九七年の論文「フランス革命における国王処刑の意味」の冒頭では、旧ソ連や東欧の社会主義の崩壊によってロシア革命の意味が問われるならば、同じく独裁とテロルを伴ったフランス革命の評価が著しく揺らぐのも当然であるとしたうえで、遅塚は次のように述べている。「この情況を前にして、私は、革命にともなう独裁とテロルの問題をフランス革命についても正面から検討しなければならないと考えた」。もっとも、フランス革命における独裁や暴力の問題については、本書『ロベスピエールとドリヴィエ』では主題化されてはいないものの、すでに一九八八年には東京大学文学部で「フランス革命におけるデモクラシーと独裁」と題する特殊講義をおこなったとあるように、常に意識はされていたのかもしれない（遅塚、二〇一一、はしがき）。

こうして九〇年代以降の論文では、フランス革命における民主主義と暴力という主題が前景化していく。「ジャコバン主義」論文では、ジャコバン主義の中心問題を「国家の権力と個人の権利（人権）との間の緊張関係の問題」であると見定め、世界史的な意義を有するとされた「社会的デモクラシー」の理念が、反面では独裁やテロルと表裏一体の関係にあったという論理が、ルソーの一般意志論を援用しながら説かれる。すなわち、所有のあり方を変える社会革命であるフランス革命では、個別的利害を超越した一般的利害を国家が代表するという国家主義的な観念のもとに、国家権力を掌握した党派が反対派を圧倒する独裁とテロルが論理的な必然であるという。「社会的デモクラシーの理念と独裁およびテロルとは、一つのメダルの表と裏に他ならず、ジャコバン主義というそのメダルそのものを一言で表現しようとするならば、社会的デモクラシーを実現するための独裁と言うか、あるいはかつてタルモンが名づけたように、「全体主義的デモクラシー」と言うほかないであろう。換言すれば、およそ社会革命は、それが社会革命である限り、リベラルな革命ではありえないのである」（遅塚、一九九一、一〇八、強調著者）。ここではアレントの『革命について』までが引用され、社会革命が独裁とテロルに帰結するという指摘に同意が示される。

このような「社会的デモクラシー」の可能性を引き出せそうもない硬直化した図式をなぞることには、もはやあまり興味をそそられない。こうしてみると、構造還元主義的な視点が強いとはいえ、むしろ本書において著者自身の葛藤が重なり合うようにして描かれた「社会的デモクラシー」の理念、あるいはロベスピエールとドリヴィエの関係の中には、もしかしたら今日の資本主義やリベラル・デモクラシーの別のあり様を考える、思考を刺激するヒントが含まれているようにも感じられよう。これまで多様な構想を提示してきたデモクラシーをめぐる議論だが、昨今ではどうもナショナルな自由民主主義に「収斂」する傾向があるのではないかと指摘され、多様な民主主義の構想に向けた想像力の枯渇を危惧する見方もある。(10) そうした状況に照らしてみるとき、本書が一途に追求する「社会的デモクラシー」の理念が忘れてはならないひとつの視点を示していることは確かであろう。冒頭に引いた言葉を思い返せば、自分にとって「鮮明に見える世界」を疑う視点も当然ながら、そうした想像力には不可欠となるだろう。

文献

Yannick Bosc, 2019. *Le peuple souverain et la démocratie. Politique de Robespierre*, Éditions critiques.

遅塚忠躬、一九七七、「ドリヴィエとロベスピエール」柴田・成瀬編『近代史における政治と思想』山川出版社。

遅塚忠躬、一九八六、『ロベスピエールとドリヴィエ――フランス革命の世界史的位置』東京大学出版会。

遅塚忠躬、一九九一、「ジャコバン主義」『国家と革命』（シリーズ「世界史への問い」第一〇巻）岩波書店。

遅塚忠躬、一九九六、「フランス革命における国王処刑の意味」遅塚忠躬・松本彰・立石博高編著『フランス革命とヨーロッパ近代』同文舘。

遅塚忠躬、一九九七、『フランス革命――歴史における劇薬』岩波書店。

遅塚忠躬、二〇一一、『フランス革命を生きた「テロリスト」――ルカルパンティエの生涯』ＮＨＫ出版。

柴田三千雄、一九八八、「書評 遅塚忠躬著『ロベスピエールとドリヴィエ―フランス革命の世界史的位置―』」『史学雑誌』第九七編第二号、二三五―二四九頁。

松浦義弘、二〇二一、「戦後日本におけるフランス革命史研究」松浦義弘・山﨑耕一編『東アジアから見たフランス革命』風間書房。

山崎望、二〇二三、「民主主義の危機と可能性——宇野重規『民主主義とは何か』をめぐって」『法と哲学』第八号、二〇二三年六月、二五三—二九四頁。

ジョルジュ・ルフェーヴル、一九五六、『フランス革命と農民』柴田三千雄訳、未来社。

註

（1）朝日新聞「書評」『きしむ政治と科学——コロナ禍、尾身茂氏との対話』（評者・磯野真穂）、二〇二三年九月九日。
（2）本書ではこの用語についてのまとまった説明は見られないため、次を参照。遅塚忠躬「フランス革命における国王処刑の意味」遅塚忠躬・松本彰・立石博高編著『フランス革命とヨーロッパ近代』同文舘、一九九六年、九七頁。
（3）高橋幸八郎の学問に対する遅塚の視点を知るには次が参考になる。この中で遅塚は、高橋の学説や概念などのかなりの部分はすでに破綻しているとしつつも、自らの主体的な問題設定にもとづいた歴史像の主体的構築に関する高橋の姿勢を継承すべき遺産であるとする。遅塚忠躬「高橋幸八郎」『二〇世紀の歴史家（1）』刀水書房、一九九七年。
（4）松浦義弘「戦後日本におけるフランス革命史研究」松浦義弘・山﨑耕一編『東アジアから見たフランス革命』風間書房、二〇二一年。
（5）遅塚はすでにこの二人を対比させた論考を本書の刊行以前に出している（遅塚忠躬「ドリヴィエとロベスピエール」柴田・成瀬編『近代史における政治と思想』山川出版社、一九七七年）。本書に収める段階で、先行研究に対する異議をより積極的に表明するなど、内容の改定がなされたことは本書でも言及があるが、二人の名前の順序が本書の段階では逆転された点にも注目できる。
（6）この点、若い一般読者向けに書かれた遅塚忠躬『フランス革命——歴史における劇薬』（岩波書店、一九九七年）ではややトーンが異なり、ロベスピエールの提唱した「生存権の優位」の原理が、二〇世紀の世界人権宣言や日本国憲法にも継承されたことをフランス革命の「血まみれの手からの贈り物」として紹介している。

(7) この点、「ロベスピエールが社会主義者であったなどと考えるとすれば、それは誤りである」とは、すでにルフェーヴルが指摘している。ジョルジュ・ルフェーヴル「ロベスピエールの政治思想について」『フランス革命と農民』柴田三千雄訳、未来社、一九五六年。

(8) 「書評」遅塚忠躬著『ロベスピエールとドリヴィエ―フランス革命の世界史的位置―』(評者・柴田三千雄)『史学雑誌』九七(二)、二三五‐二四九頁、一九八八年。

(9) Yannick Bosc, *Le peuple souverain et la démocratie. Politique de Robespierre*, Éditions critiques, 2019. ロベスピエールの生存権をめぐる議論については、同書第五章 "L'économie politique populaire : la démocratie pour contrôler le marché" でのロベスピエールのエコノミー・ポリティック論を参照。

(10) 例えば、今日の民主主義をめぐる議論の特徴として、「ナショナルな自由民主主義」の「復権」を説く議論の多さを指摘するのは、山崎望「民主主義の危機と可能性」『法と哲学』第八号、二〇二二年六月。

なかがき

髙山裕二

工藤庸子さんの解説に誘われて、講談社文芸文庫に入った『凡庸な芸術家の肖像――マクシム・デュ・カン論（上・下）』（二〇一五年）を読んでみた。著者である蓮實重彥の仕事はこれまでほとんど素通りしてきたから、通読したのは今回がほとんど初めての経験となる。

私が大学の学生生活の大半を過ごしたのは二〇〇〇年代で、周囲で蓮實の著作を読んでいる学生は珍しかった。フランスの現代思想や映画に関心がある学生は少なからずいて、そういう人たちの会話では、その名がひとつの記号として飛び交ってはいた。ただ、私自身は政治学専攻で、フランス現代思想にはほぼ全く関心がなかった（おまけに「二外」はドイツ語だった）。

学部一年の時は月曜一、二限に憲法学の先生の講義を受講し、ジョン・ロックやJ・S・ミルらの著作を読むことから大学生活（学術面）がスタートした。その後に指導を受けたのも、近代政治思想史の先生方だった。つまり、「モダン」の教育を受けたことになる。ほかにホッブズやモンテスキューなどは自分で読み進めても、「ポストモダン」と呼ばれる現代思想にはほとんど縁がなかった。

一九八〇年代の流行の残影はまだあったが、難解という印象もあってか、敬遠さえしていたのである。しかし文庫化されたのを機に四半世紀近く経て手にした現代思想の作品は、「ポストモダン」のイメージとは異なるものだった。「現代思想」と言えば、現実政治を軽蔑して論じるのを巧妙に避け、その周辺をただ軽快に論じるという印象（偏見？）があった。だが、『凡庸な芸術家の肖像』は政治権力について、繊細にではあるが確実にその中心に迫っている。それは端的に言って、人びとが政治指導者に対して軽蔑ないし嘲笑した態度をとりながらも体制に消極的であれ同調してしまうような「権力の奇妙な柔構造」を剔抉する。今こそリアリティを持つ省察ではないか。

いや、一九八〇年代末に刊行された当時から、そのような論評があったのかもしれない。ただ、その省察が今日新たな光沢を放っているとすれば、それは著者の蓮實がモダンの「後」という意味での「ポストモダン」の言語をただ弄んでいるのではなく、最初から「モダン」そのものと対峙し、「その限界と可能性をも含めて視界に捉えうること」をめざしていたからかもしれない（柄谷行人氏との対談本『闘争のエチカ』河出書房新社、一九八八年）。

本書『フランス知と戦後日本』では、「ポピュリズム」の時代にあって、いわゆるモダンな思想家や作家に焦点が当てられ、現代思想が扱われなかったのにはそれなりの理由がある。この時代に反「知性」主義が言われる場合、「知性」とは基本的にフランス啓蒙主義に由来する近代知であって、本書はその知の意味を問い直そうとしているからだ。現代思想が批判しえた近代知が岩盤のように存在したのは今は昔。「モダン」はそのまま再生されえない。「近代というもの」の可能性は今、その限界とともに初めて捉えられるのではないか。

本書では、戦後日本の現代思想そのものは論じていないが、各論者は近代のフランス知をそのまま手放しで紹介するのとは程遠く、深い敬意を払いながらも、その限界を論じることを通じてその可能性を浮かび上がらせようとする。この点で、「現代思想」の知の巨人との接点も案外あるのかもしれないと、集まった各論を眺めているると思えてくる。

もうひとつ、戦後日本のフランス知を論じるうえで逸することができないのは、京都大学人文科学研究所（京大人文研）の存在である。編者鼎談でも指摘した通り、その礎を築いた桑原武夫は「フランス学」を提唱し、それは〈綜合の学〉でなければならないと説いた。つまり専門分化する時代に抗して、政治や経済はもとより「ファッション、音楽、美術、文学など」文化を幅広く論じるものでなければならない。これこそ「学者」が避ける風潮があるが、避けてはならないものだという（『フランス学序説』講談社学術文庫、一九七六年）。

実際、戦後日本でフランス知が独特なオーラを纏ってきたのは、一般読者の中に〈仏蘭西〉文化への憧れにも似たイメージが流布していたからという面があるのは否定できない。この面で、特に「仏文」の分野で重要な貢献をされた方々は多いが、現在進行形でその仕事を牽引し続ける「学者」として鹿島茂氏の名前を逸することはできないだろう。ここで、『馬車が買いたい！』（白水社、一九九〇年）に始まる多方面に及ぶ仕事を紹介することなどできないが、一般読者にフランス文学・文化の魅力を語りながら学術世界との橋渡しをした功績は計り知れない。

この側面も扱えていないことから考えると、本書はどうやら〈綜合の学〉には達していないと言わざるをえない。特定の知識人や植民地主義の問題、ジェンダー論など、落ちた「ピース」も少なくない。が、それはもともと一冊で実現できるようなことでもない。本書を起点に「フランス学」再生に向けた知の交流が広がることを念じている。

II

「戦後」知識人の肖像

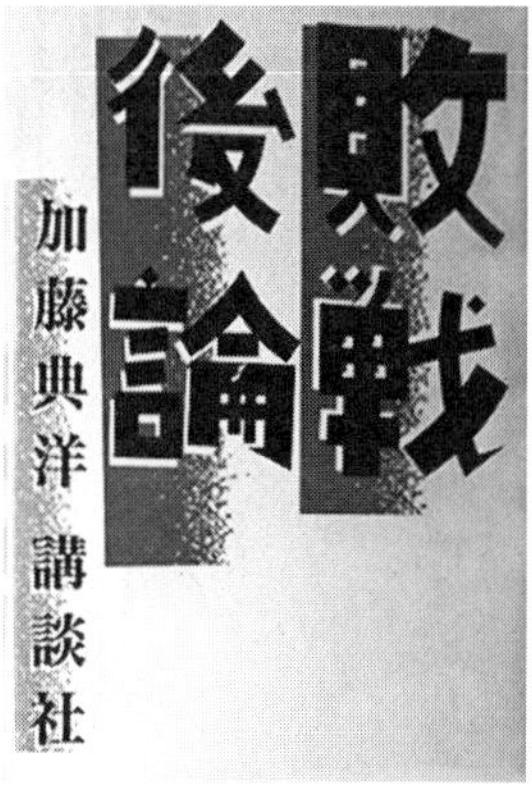

第四章　加藤周一とフランス――『羊の歌』を導きの糸として

片岡大右

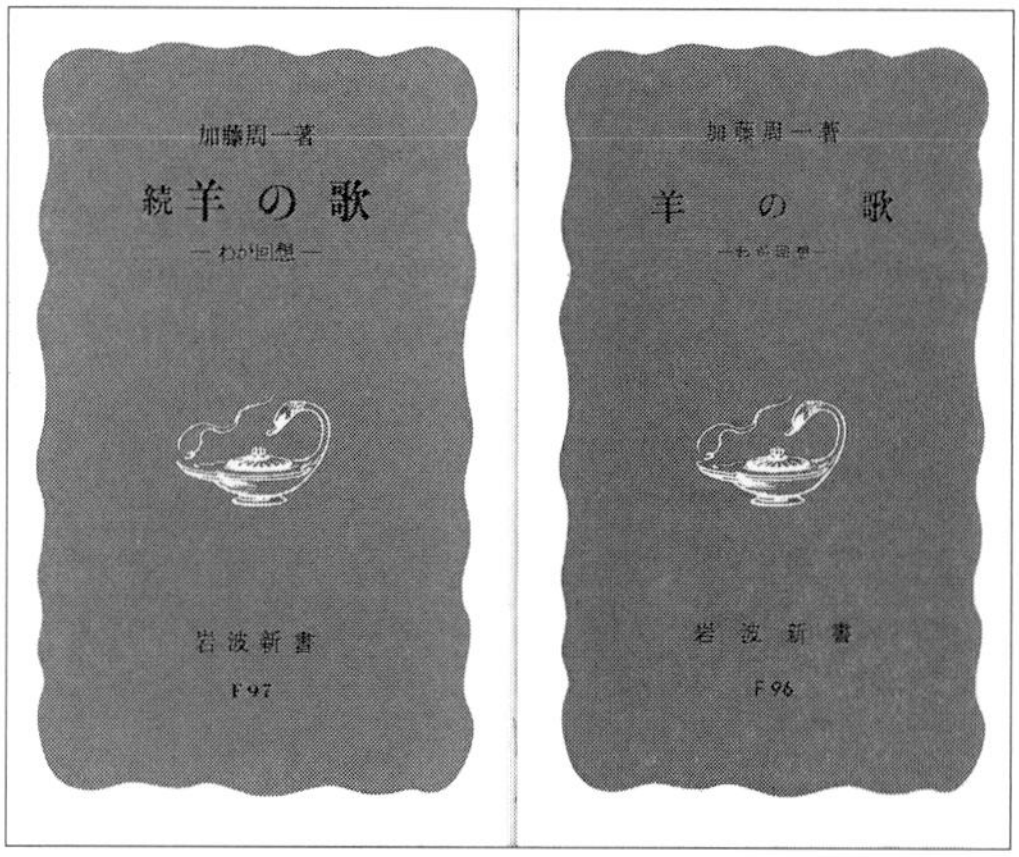

一　はじめに

関東大震災ですべてを失ったのち再建を果たした白水社だったが、一九四五年の戦災で再び社屋が壊滅するのを見る。しかし「文化国家」の機運のなかで事業を再開し、四四年一一・一二月合併号以来休刊していた『ふらんす』誌も四六年五月号をもって復刊される。編集後記はいう。「面目を一新してと申したいのですが、戦争の痛手は白水社そのものの焼失を別としても、資材の面からくる制約も急には除かれず、寄稿者の方々との連絡も容易につき難く、この号も半ば前から持越しの原稿を利用した次第です」。いずれにせよ、鈴木信太郎のヴィヨン註解と渡辺一夫のラブレー論以下、目次を占めるのは時局と直接の関係を持たない語学ないし文学的古典に関わるものばかりだ。

そんななか、唯一の例外としてフランスの最新情報を伝えたのが加藤周一である。その寄稿「仏蘭西には何が起ったか」によって彼は何より、フランス書の輸入が禁じられていた当時の状況下、米国メディアを介して発見されたサルトルと実存主義への関心をかき立てようとしている。「一九四六年二月の雑誌 “Time” は、戦後 Sartre の existenzialism〔ママ〕の流行は、第一次大戦当時の Dada 以上であると報じている。混んだ地下鉄道の中で、或る労働者が自分を押した相手に、“Speicies of existentialist!”「てめえは実存主義者だな」と叫ぶや否や、実存と云う言葉を聞いた二〇〇〇人の群衆は、一斉にその方へ向きなおり、婦人たちが気絶したと云う、事程左様に、実存とSartreとは巴里を風靡しているそうである」。

ニュース雑誌からこうした逸話を引くことで読者の関心を誘いながら、加藤は同時に、一方では別の米誌に寄りつつフランスにおけるもうひとつの流行としてアメリカ小説の人気を取り上げ、それがとりわけフォークナーのドストエフスキー的ペシミズムにおいて実存主義と交わることを指摘し、他方ではサルトル哲学の背景としてキルケゴールとハイデガーの存在に言及することで、フランスの出来事がヨーロッパ規模の、さらには大西洋横断的な広がりを持つ現象であることを示唆するとともに、それが「文明の国の流行に敏感な我国」にとっても「消閑に適する読物の種」に終わることなく、真摯に受け止められることを願っている。

新生『ふらんす』は、編集長に三宅徳嘉を迎えていた（主幹は四四年以来の草野貞之）。東大仏文科時代のその肖像を、医学部生ながら本郷の仏文研究室に自由に出入りしていた加藤は、『羊の歌』（正・続、岩波新書、一九六八年）において以下のように描き出している。「身体が小さく、痩せて、顔色がわるく、決して大声を出さず、また決して興奮せず、酒に途方もなく強くて、優しい少女のような心をもち、あらゆる事に関心を抱きながら、その知識の正確さと推論の綿密さで抜群の頭脳をもっていた」（「仏文研究室」）。同書が伝説化した神田盾夫のラテン語講読――連合軍のノルマンディ上陸が報じられた日のこの授業で、教授は「さあ、これで、敵も味方も大変だ」とつぶやいたのち、どちらを敵とみなしているのかをそっと打ち明けた（同）――の三人の受講者のひとりでもあった三宅は、四八年にはコンディヤック『感覚論』を加藤と共訳し（創元社、一九四八年）、やがて五〇年代前半にはフランス留学の日々をともにすることになる。

　そんな三宅が、学習院大学ほかの講師業の傍ら編集長を引き受けることとなった『ふらんす』の再始動に際し、二歳年下の友人に協力を――それも雑誌の主要な野心に関連して――求めたのは、いたって自然な事態の推移というべきだろう。すでに引いた復刊号の編集後記には、「ヨォロッパ若しくは世界史において占めるフランスの地位が啻に文化の領野で古典的であるに留まらず、現在および将来の政治・経済・社会の動きと直接に結びついた知性の運命に関わる生きた問題である点、私どもにしても actuel な情勢に強い関心を抱かざるをえません」との一節が見られるが、のちの回想（五五年一月号）によればここにこそ、この号の表紙に刻まれた「« La France » の名で僕が象徴させたいとねがったもの」が要約されているのだという。三宅徳嘉は、フランス文学を「母港」（菅野、二〇一一：五）としつつ盛んに言論活動を展開しようとする友人の医者に最初の発表の舞台のひとつを提供することで、フランスのよりよい理解を通して敗戦国日本の再生に寄与したいという彼自身の野心にかたちを与えようと望んだのである。

　こうして『ふらんす』は、復刊第三号（七月号）においても加藤の貢献を求めることになる。「S. KATO」と署名され「EUROPE : REVUE MENSUELLE」と題されたこの日本語の――ただし多くの仏語（およびラテン語）を訳語を添えることもなく散りばめた――エッセイは、月刊誌『ウロープ』（四六年一月に復刊）の三九年秋の休刊までの活動を、その後に始まる対独レジスタンスの闘争ともども、熱を帯びた筆致で伝えるものだ。「嘗て catholique 教会がその基礎を置き、Erasmus と Renaissance とが継承し、Marx と Lénine とが現実的に結論した人間性の一致の観念」――西洋思想の冒険を当時の彼なりの仕方で要約するこうした表現のうちには、その妥当性の如何を越えて、最晩年にマルクス主義と自らの両義的な関係に立ち返り、死の間際にカトリックの洗礼を受けた懐疑的精神にとっての、一種の思想的原風景を認めることができよう。

四七年夏、「愚な鎖国を強いられ、外国語を蔑視せざるを得なかった若い人々はすべてスタートから出直さなければならない苦境にある」ことに鑑み、『ふらんす』の「編集方針を一変フランス語初学者のための研究誌とする」旨の決定が下される（八月号編集後記）。三宅徳嘉は、廃止される「TEXTE CLASSIQUE」欄に自らデカルト『方法叙説』の註解を残して編集長を辞す（七月号）。ほぼ半世紀のちに加藤周一は、老境の友がこの哲学書の新訳を世に問うたのを喜び、その平明な訳文のうちに「あらためての西洋哲学事始」を予感してみせるだろう（『夕陽妄語』九五・一〇・二三）。ともあれ、三宅の去ったのちの『ふらんす』が、加藤を主要執筆者とすることはなかった。以後の寄稿としては、五八年五月号の「教科書の問題」――語学教育において学問やジャーナリズムの文章を重視すべきことを説く短文――を数えるばかりだ。(1)

こうして、フランスの国名そのものを名乗る一雑誌との戦後間もなくの関わりに注目するだけでも、加藤周一がフランスと――この国において、その言語によって展開されてきた「知」のありようと――ひとかたならぬ結びつきを保っていたことは了解される。実際、加藤周一を第二次大戦後の日本における「フランス知」の体現者のひとりとみなすことは正しい。けれども、彼のその側面を代表する一冊を選ぶとなると、これはなかなかの難題であると言える。

加藤が戦後間もなく評論家として華々しい活動を開始したとき、その活動の中心をなしたのが同時代およびその前史をなす近現代のフランス文学と思想の研究と紹介だったのは事実だ。しかしこの時期の一連のフランス文学論、『現代フランス文学論Ⅰ』（銀杏書房、一九四八年）や『現代フランス文学』（河出書房、一九五一年）といった著作をもって、彼の「フランス知」との関わりを代表させるわけにはいかないだろう。レジスタンス文学に焦点を絞った『抵抗の文学』[2]（岩波新書、一九五一年）を含め、それらはいずれも一九五一年一一月から五五年一月までの三年ほどに及ぶフランス留学体験に先立つものであって、彼が当地で見聞し思索することとなるすべてと関わりを持たないし、さらにのち、レジスタンスの英雄ド・ゴールによる第五共和政の樹立（一九五八年）や、そのド・ゴールの体制と対峙して高揚した〈六八年五月〉の運動をどのように捉えたかも、そこからはうかがい知ることができないからだ。

とはいえ、帰国後の加藤は、五〇年代には『現代ヨーロッパの精神』（岩波書店、一九五九年、のち岩波現代文庫、二〇一〇年）にまとめられた仕事のような、フランスを含むヨーロッパの思想潮流の本格的な紹介の企てを残しているものの、おおむねフランス研究を主体とする批評活動からは撤退してしまう。そして同書に収められたシモーヌ・ヴェイユ論やサルトル論、また一九八四年に講談社の叢書『人類の知的遺産』の一冊として刊行された『サルトル』（のち「サルトル私見」として『加藤周一著作集』平凡社、一六巻、一九九六年、および『加藤周一自選集』岩波書店、七巻、二〇一〇年に収録）のような例外的試みは、彼と「フランス知」の関わりを要約するにふさわしいものとは言えない。日本の知識層への最初の導入役を担ったとはいえ、加藤がヴェイユに寄せた関心は一時的かつ限定的なものにとどまったように思われるし、より重要であったことは間違いないサルトルにしたところで、後述するように、彼はそのすべての見解に従っていたわけではなく、彼の「フランス知」との関わりをサルトル紹介の仕事によって代表させるわけにはいかないからだ。

本章では、さしあたり『羊の歌』を導きの糸としたい。この有名な自伝的著作はもちろん、ただフランスのことのみを語っているのではない。しかしそれだけにかえって、同書では自らの思想形成においてフランスの、その「知」のありようの占める位置が見定められていると言うことができる。戦時下の青春期から一九五〇年代前半のパリ留学時代、そして六〇年代末の刊行時点までのフランス観を多少とも読み取ることができるこの『羊の歌』を改めて紐解きながら、他のテクストをも参照し、加藤周一とフランス的な「知」との関わりをたどることにしよう。

二 「象徴主義的風土」のカトリック的枠組み

『羊の歌』の冒頭でまず証言されているのは、母方の祖父・増田熊六の西洋志向[3]と、それが少年時代の加藤にもたらした影響である。鷲巣力が跡づけているように、フランス語の名前〈BONTON〉、すなわち「上品」を持つ西洋料理店を経営し、西洋人の常連客や交際する西洋人女性とフランス語やイタリア語で会話し、時折フランス映画を含む映画を見に連れて行ってくれたこの祖父のおかげで、加藤は東京にいながらにしてヨーロッパ的生活への最初の導入を果たすことができた（鷲巣、二〇一八：一九）。海老坂（二〇一三：九六）は、『続　羊の歌』においてフランス留学体験を振り返った加藤が、「フランスに来て目についたのは、日本との相違ではなく類似だった。フランスは私の行き着いたところではなく、戻ってきたところだった」と述べているとと記憶にもとづく引用をおこないつつ、これは「そのほぼ十年後にやはり留学生としてフランスの土地を踏んだ私の眼からみると実に驚くべき言葉」だと指摘している。海老坂自身には、「すべて日本と違って見えた」からだという。この指摘かららうかがえるのは、加藤にとって彼我の相違がそれほど気にならなかったとしたら、その原因の少なくとも半ばは、世代的な問題ではなく、彼自身の例外的ないし特権的な少年時代の経験によるものだったろうということだ。(4)

しかしこうした環境に支えられながらも、加藤は自ら熱心におこなった読書によって、フランスとの関わりを深めていくことになる。『羊の歌』では読者周知のこととして言及されていないが、加藤にとってとりわけ決定的だったのは、ポール・ヴァレリーとの出会いだった。(5)別の場所での回想によるなら、芥川龍之介への心酔ゆえに、彼に影響を与えたアナトール・フランスの読書へと進んだ加藤は、やがて「十九世紀の小説と二十世紀文学の一部」を「手当たり次第に読」むようになり、「中島・佐藤訳の『ヴァリエテ』に出会った」。「私はそこに、思考の厳密さと感覚の洗練との比類のない重なり、抽象的概念と具体的な「イマージュ」との微妙な統合、つまるところ私にとっての文学の定義に近いものを、見出した――あるいは少なくとも、見出したと思った」。(6)大学に入りフランス語を学んだ加藤にとっても、ヴァレリーは最も愛好する文学者であり続けた。

第二次大戦後間もなく盛んな執筆活動を開始した加藤は、ヴァレリーをはじめ、アンドレ・ジード、マルセル・プルースト、そして当時その劇作の日本語訳がなかったポール・クローデルを論じた「象徴主義的風土」によって、一般の読書人はもとより当時の東京大学でフランス文学を専攻する大学院生たちに真のインパクトをもたらし、ある世代のフランス文学研究の動向に紛れもない影響を及ぼした。新潮社の『現代世界文学講座　フランス編』（一九四九年）に収められて広く読まれたこの論文の初出は雑誌『花』の一九四七年一一月号であるが、『著作集』の「追記」によれば「戦時中の読書の感想を整理」したもので、同じ追記ではまた、詩人の片山敏彦（駒場の第一高等学校のドイツ語教師でもあった）の影響が証言されている。しかし彼はまた、海老坂（二〇一三：四五―四八）が推察するように[7]、「仏文研究室」において仏文科以外で影響を受けた教師として名前を挙げている倫理学科所属のカトリック哲学者・吉満義彦や、その師である岩下壮一神父の読書を通して、この論文に枠組みを提供しているカトリック神学の色濃い歴史理解を培ったのだろう。

　この論文の神学的枠組みを、簡単に要約してみよう。加藤によれば、一九世紀前半を支配したロマン主義は、プロテスタント的な主観主義によって現実を押し流してしまった。世紀後半の高踏派と自然主義は、自由神学と実証主義の精神にもとづき現実を回復させたが、そこには超越的なものの認識が失われたままだ。「浪漫主義には魂があって現実認識がなく、自然主義には現実認識があって魂がない」。そこに象徴主義の先駆者として現れたのが「カトリック詩人」ボードレールであって、『悪の華』の詩人は「魂の現実主義」によって一九世紀全体の乗り越えを企てたのだという。「カトリシスムは甦る……いや、その前に象徴派が来るであろう」。要するに、二〇世紀とはカトリック的なものであり、それを芸術の領域において準備したのが象徴主義にほかならない、というわけだ。

　「象徴主義的風土」は後続の研究者世代に深い影響を与えたとはいえ、彼らはそこで論じられた文学者たちの読書と研究へと強く促された一方で、こうした神学的枠組みを共有したようには思われない。実際、加藤の没後、この伝説的論文の名は追悼の言葉のなかで盛んに取り沙汰されたものの、こうした神学的側面についてはまったく言及がなかった。その意味で、たしかな影響力を発揮したにもかかわらず、この論文を執筆した加藤の問題意識の核心部分は、広く理解されずに終わったといえるかもしれない。

加藤自身、この論文の神学的枠組みそのものを、以後に保持することはなかった。けれども、フランス的なものの本質をカトリックに引き寄せて理解する傾向は、良かれ悪しかれ、フランス留学を経たのちの加藤にも引き継がれていく。

三　ロマン主義的風土の一時的探求と「人間性への信仰」

しかしその点を見る前に、ここでは留学直前の時期に模索された、象徴主義よりもロマン主義を重視した文学史・思想史再構築の企てについて一瞥しておきたい。[8] 筑摩書房刊行の『文学講座Ⅳ　文学運動』(一九五一年二月)に掲載された「浪漫主義の文学運動」は、「象徴主義的風土」と対照的に、まったくその評判を聞かれることのない論考だ。しかし、誰かに強い影響を与えた形跡のないこの仕事を、加藤自身は『羊の歌』に回想される東大仏文研究室の面々、少なくともそのうち二人との深い関係において執筆した。一九三九年一月、加藤の本郷進学(一九四〇年四月)に先立って、東大仏文科の渡辺一夫助教授と中島健蔵講師は、『ロマンチスムの誕生/ロマンチックについて』(青木書店)を刊行する。「ロマンチスムの誕生」はテオフィル・ゴーチエの回顧録の渡辺による翻訳であり、「ロマンチックについて」は中島によるロマン主義論だ。第二次大戦後、前者は『青春の回想——ロマンチスム群像』として改訳が出され（角川書店、一九四七年）、後者は中島の単著として再刊される（『ロマンチックについて』高柳書院、一九四八年）。さらにまた、渡辺は、『青春の回想』の訳者解説で参照したジャン・ゲーノ「モンテーニュからジョレースまで」、両大戦間期に雑誌『ウロープ』の編集長を務めやがて対独レジスタンスに身を投じることになった著者により書かれたこのロマン主義重視のフランス文学史を、加藤の既発表のゲーノ論を解説として併録しつつ、一九五一年に刊行する（ジャン・ゲーノ『フランスの青春—モンテーニュからジョレースまで—』みすず書房）。

こうした一連の出版物との関係のなかで書かれた「浪漫主義の文学運動」では、数年前の「象徴主義的風土」とは打って変わって、近代文学全体がロマン主義の展開として定義される。すべてがルソーから始まるのは同じでも、ここでのルソーは、そしてロマン主義それ自体も、もはやプロテスタントという特定の宗派と結びつけられるのではない。そもそもこの論考では、キリスト教諸宗派への言及は退けられている。『新エロイーズ』と『告白』の著者でありながら同時に『社会契約論』の著者でもあったルソーに始まり、やがてバイロンによっていっそう激烈に生きられることとなるロマン主義の精神を、加藤は自由で平等な諸個人の結びつきからなる新しい社会の展望と、社会的現実と相容れない孤独な魂の夢想との緊張によって構成されるものとして捉える。フランス革命後の文学者たちは、時には新たな集団的秩序の創造に期待を寄せ、時には幻滅と孤立により「文学王国」の建設に向かうという振幅を示してきた。しかし一見すると相反するように見える両傾向は、ロマン主義的近代の二つの側面にほかならないというわけだ。したがって、この一九五一年の論考における加藤は、同年刊行の岩波新書の主題をなすレジスタンス詩人たちをも、ロマン主義の大きな流れの一部、そのミシュレ的一面に属するものとして理解している。「ドレフュス事件のゾラ Zola、第一次対戦のペギー Péguy、戦後のロマン・ロラン Romain Rolland や第二次大戦と抵抗のアラゴン Aragon、また彼らと共にあった多くの文学者に、ミシュレーの浪漫主義は、甦った」。

こうして加藤周一は、旧来の精神的秩序が解体するなかでの個と集合性との緊張によって、近代の精神的冒険の全体を捉えようと企てた。そこからは、特定の宗教によるのではない新たな信仰や精神性への要請が帰結する。こうした問題意識は、「象徴主義的風土」と同じ一九四七年に発表された別の論考、「信仰の世紀と七人の先駆者」の論旨に通じるものがある。ここで二〇世紀が「信仰の世紀」とされているとしても、それは「象徴主義的風土」におけるのと異なり、決してカトリックの世紀であることを意味せず、特定のいかなる宗教の世紀であることも意味していない。先駆者たち――ヴァレリー、クローデル、プルースト、ジード、ペギー、アラン、ロマン・ロラン――は信仰上の多様性を考慮して選ばれている。そもそも、「信仰」という言葉自体が不適切かもしれないと加藤は断っている。「私が、信仰の語を用いたのは、必ずしも宗教的意味に於いてではない。濫用された信念の語を嫌って、fides なるラテン語に、その他の適当な訳語を求め得なかったからである」。問題となるのは、「開かれた社会」（ベルクソン）を前提とした、特定の宗教に専有されることのないある一般的なものへの、いわば「人間性への信仰」であるという。

加藤は『著作集』第一巻への再録に際してこの若書きを振り返り、「追記」において、戦時中の「知的鎖国」に起因する情報不足に加え、「フランスを通して二〇世紀思想に接近しようとしたこと自身の限界」を語っている。ドイツにおける戦争責任問題や、英米における論理実証主義の隆盛が考慮に入れられていないというのだ。しかしそれゆえにかえって、ここには加藤がフランス的な知のありようから受け取ったものがあらわに示されているということもできる。実際、この論考から「浪漫主義の文学運動」に至る思考の道筋においてこそ、加藤周一は近現代の「フランス知」の核心的な部分に最も接近していたように思われなくもない。非宗教的な、あるいは少なくとも特定の宗教を特権化することのない集合的秩序の探求を近現代のフランスにおける主要な知的課題と考えるなら、そのようにみなすこともできるだろう。(9)

四　中世の再発見

しかし、加藤は「浪漫主義の文学運動」を残してフランスに渡り、一九五五年の帰国後にこの試みを新たに取り上げることはなかった。すでに述べたように、そもそもフランス文学や思想の研究・紹介を主たる取り組みとはしなくなったという事情はある。しかしヨーロッパの思潮を論じる際にも、のちの彼はロマン主義を全欧的な規模で考えるのではなく、北方とりわけドイツに固有の精神的風土に結びつけるのを好むようになった。例えば、堀田善衛との対談を収めた『ヨーロッパ・二つの窓』(リブロポート、一九八六年、のち朝日文芸文庫、一九九七年)を見てみよう。第一の対話「ヨーロッパの北と南」では、「ロマンティックというのは、南にはない」と断じられている。地中海世界という「目に見えるものの世界」に対して、「ドイツの森は暗くて、見えないものがたくさん中に棲んでて、お化けも出るし、変なものもたくさんいる」。ロマン主義は、視覚的秩序を通しては表しえない何かを示唆するものであって（それゆえヴァーグナーの音楽が、「ロマンティックの一種の結論のようなもの」となる）、南方には無縁であるという。それでは、パリを含む北フランスはどうなるのか。加藤はここで、「僕はフランスに愛国心があるわけじゃないけど」と断りつつ、「イール・ド・フランスというのは非常に不思議なところ」だとして、その不思議さを、いわば北方と南方の一種の総合として示している。そこには「イタリアをはじめとする南の感覚性じゃなくて、抽象的、知的」なものがある、「しかしより北の世界とも違って、やっぱり理性的」だと言うのだけれど、そこで彼が意味しているのは、精神的なものを重んじながらも、それを「幾何学的秩序」のようなかたちで外在化するすべを心得ている、といったことのように思われる。「北と南の接点」としてのイル・ド・フランス。その「非常に不思議」な精神を体現するのは、中世のゴシック建築だという。

すでに見たカトリック神学への関心を通し、加藤は戦時下においても中世の重要性を認めていた。例えば一九四一年のノートには、カトリック哲学者エティエンヌ・ジルソンやジャック・マリタンに拠りつつ、「ヒューマニズムがルネッサンスにはじまったと云う説は真赤な嘘」であり、「カトリシズムは、従来人の云うごとく、ヒューマニズムを拒否するものではなかったし、又ない」ことが確認されている。[10] しかし中世がフランスの歴史において持つ決定的な性格を加藤が確信するのは、留学生活のなかでのことだ。『続　羊の歌』は一章を設けて、近代都市の諸要素については日本との相違よりも相似が目に付いたという彼にとり、真の驚きとなったものについて振り返っている。「「中世」は私をおどろかせた。これだけは東京で予想しなかったものである。どうせ雲にそびえているだろうと思っていたエッフェル塔は、果たして雲にそびえていた。しかしノートル・ダムの寺院と中世の様式が、パリの景観の全体にとって、まさかそれほど決定的な要素であろうとは、その街を自分の眼でみるまで、想像もしていなかった」(「中世」)。

ここでは単に景観の感覚的な快さが語られているのではない。同じ章では、加藤を中世ゴシック建築の世界へと導いたひとりであるフランス在住の彫刻家・高田博厚が説いてやまなかった主張が、以下のように要約されている。「文化とは「形」であり、「形」とは外在化された精神であって、精神は自己を外在化することにより、またそのことのみによって、自己を実現できるのだということ」。高田のこの主張がやがて加藤自身のものとなったことは、留学後の仕事のすべてを通して理解されることだ。菅野昭正の回想によれば(二〇一一：一三—一四)、加藤は帰国後、一九五七年に明治大学の非常勤講師として出講した際、アンリ・フォシヨン『形の生命』を教科書としてフランス語で講義をおこなっていた。しかし菅野もそこで指摘しているように、目に見える形からその内的生命に遡る方法を、加藤はフォシヨンから学んだというわけではないだろう。加藤自身、一九六四年に新聞に寄せたエッセイで、中世美術のうちに「形になった精神の世界を見た」という経験を振り返りながら、「アンリ・フォシヨン Henri Focillon を読んだから、そういう経験を得たのではなく、そういう経験を得たから、アンリ・フォシヨンを読んだのである」と断っている(「読書の思い出」『著作集』一五巻・『自選集』三巻)。先ほど参照した堀田善衛との対談では、「「パリの精髄はサント・シャペルにあり」の系譜」として、「ロマン・ロラン――片山敏彦――高田博厚――加藤周一――それから森有正――堀田善衛」という流れが回想されている。読書にもまして、こうした個人的推奨の連鎖のなかで、加藤は中世ゴシック建築の価値をめぐる信念をたしかなものにしていったのだろう。

五　フランス文化は「純粋種」か？――「雑種文化」論の曖昧さ

ジルソンらの読書に培われ、留学時のゴシック建築体験によって決定づけられた加藤のこうした中世理解には、フランスの歴史家ジャック・ル・ゴフが唱えた「長い中世」の主張[11]――合理主義や人間主義の発展を見出してルネサンスとの連続性を証明し、その終わりを十八世紀半ばにまで引き伸ばして、さらにはそこに近代ヨーロッパの遠い起源を確認する――に通じる諸要素を見出すことができなくもない。しかしそのうえで言うなら、こうした中世観とそれに支えられたフランス文化観は、加藤の議論を時にかなり保守的なものに見せることにもなった。そのことはとりわけ、彼の「雑種文化」論との関係で指摘することができる。

一九五〇年代半ば、留学から帰った加藤は、「日本文化の雑種性」（『思想』一九五五年六月号）を皮切りに一連の考察を発表した。日本文化は本質的に雑種であるという主張を通して、彼は一方では純粋な西洋化、他方では純粋な伝統回帰という二重の幻想を退け、現に進行中の文化的混交を引き受けたその先に「小さな希望」を見出そうと説いたのだった。問題は、そこで日本文化と対比して、英国およびフランスの文化が「純粋種」であるとされたことだ。このような捉え方が良識あるフランス人をいかに不安にさせるかは、日本文学・比較文学研究者ジュリー・ブロックと加藤の二〇〇三年の対話から察することができる。

ブロック　この論文のなかでは、「純粋性」によって特徴づけられる文化が存在するということが前提とされており、あなたはそうした文化を雑種的性格を持つ日本文化と対比しています。文化的純粋性をめぐるあなたの視点は、三六歳でこの論文を書いた頃から変化しましたか？

加　藤　実のところ、いくつかの訂正を行いたい気持ちはあります。この論文を書いたときに言いたかったのは、英語でもフランス語でも、非常に古い時代に出来上がった概念が存在しているということです。もともとは、そうした概念は別の文化からもたらされたものであっても、あまり昔のことなので、ほとんど自生的な概念となってしまったのです。[12]

例えば「権利」を意味するフランス語（droit）や英語（right）は当初は外国由来だとしても、古くから根付いているので誰もそのようには感じない。日本語ではそうはいかないのであって、この点で日本は、今なお英国やフランスと異なった状況にあると思う。そのように答える加藤に、ブロックはなお問いかける。

ブロック　しつこく尋ねることになって申し訳ないのですけれども、わたしには重要な問題のように思われるので——あなたにとって、あらゆる文化は異種交配の産物だということで間違いないでしょうか？

加藤　もちろん、十分に時間を遡るのであれば、それは普遍的に認められる事柄です。しかしこの論文を書いた頃、わたしは三六歳でした。わたしの失敗は、歴史的経緯を十分考慮に入れなかったことです。〔…〕わたしが英国とフランスの文化を「純粋」だと書いたのは、英語とフランス語の言語体系についてです。わたしには日本語の体系よりも自律的なもののように思われたからです。とはいえ、純粋性という言い方があまりよくなかったことは認めます。もしも可能なら、この言葉は消したいところです。いずれにせよ、今だったらもうこういう言い方はしないでしょう。むしろ自律性という言葉を使うと思います。どう思いますか？

ブロック　わたしの理解が正しければ、あなたが雑種化と呼んでいるのは、ある文化が何らかの歴史的時点において、他の文化によって侵入を受けることですね。この生殖の時期が終わり、時間が経つにつれ、伝統のようなものが形成されていく。こうして成立した伝統が異質な要素を取り入れ、その要素が自生的文化と見分けがつかないほどになるなら、その時あなたは文化が自生的になったと考えるわけですね。

加藤　その通りです。[13]

フランス文化の純粋性の主張は、それによって異質な要素の排斥を根拠づけるような政治的立場を想像させずにはいない。日本文化の未来を慮って打ち出された彼の「雑種文化」論は、フランスや英国の文化の正確な把握を目指して構想されていたのではないと考えることはできるかもしれない。しかし果たしてほんとうにそうだろうか。「雑種文化」論を構成する一連の論考に限らず、加藤のフランス文化観は結局のところ、異質な文化のもとで育った誰かがかの地に赴き、当地の文化を多少とも我がものとすると同時に出身地の文化のいくばくかを伝えることで、フランスの文化をわずかなりとも変容させるといった可能性を、きっぱりと閉ざしているように感じられなくもない。これはおそらく、留学前の一時期に模索された非宗教的な新たな精神性の探求を棚上げにして、古くからの宗教伝統の存続を率直に受け入れたことの帰結であろう。そのことが彼のフランス文化理解の現代性を、多少とも損ねているように思う。

例えば前出の『ヨーロッパ・二つの窓』の対談で、堀田善衛は森有正に連れられてパリのサント・シャペルを見た時のことをこのように振り返っている。「僕の第一印象はね、これがヨーロッパかと。もしそうならトルコの影響下にあるじゃないか、ということだったよ。それは森有正に言わなかったけどもね」。サント・シャペルにこそ「フランスの魂がある、全フランスの芸術があそこに集中されている」というロマン・ロランの片山敏彦への推奨から始まった系譜は、堀田によってその雑種性を指摘されて終わった。加藤の応答はこうだ。「フランス・ゴシックの中に近東の影響が非常にたくさん入ってくるというのは、最近の研究の方向だな。だから非常に新しいのよ、あなたの考えは」。加藤はたしかに、堀田の発想の妥当性を認めてはいる。けれどもここに、彼自身は基本的に旧時代の発想に従ってきたという事実の是認を読み取ることもできるだろう。

とはいえ、加藤の「雑種文化」論は、彼の当初の思惑や時代的制約を超えたところで、自由な読み直しに開かれている。それをフランス社会に適用してみることだってできるかもしれない。加藤は米国の議論を参考に、彼がイメージする「雑種文化」を「サラダボウル」ではなく「メルティング・ポット」として提示していた。サラダであれば嫌いな素材を取り除けて捨て去ることができるが、溶けて混ざり合ってしまえばそういうわけにもいかない。米国では、均質な同化を想像させる後者に代えて、多様性の維持の観点から前者が好まれるようになったという経緯を思えば、興味深い説明である。フランスでは、歴史家ジェラール・ノワリエルが一九八八年に『フランスという坩堝』(大中一彌ほか訳、法政大学出版局、二〇一五年)を著し、マグレブ系移民の統合可能性をめぐる議論を脱ドラマ化しようと試みた。規範的な理想としてではなく、中立的な記述の観点から統合の「共和主義モデル」を用いているにもかかわらず、ノワリエルの立場はしばしばアングロサクソン流の「多文化主義」に親和的な立場とのあいだに緊張を生じさせてきた(片岡、二〇二三:二二九)。こうした文脈のなかで、加藤の「雑種文化」論はどのように読まれることになるだろうか。

いずれにせよ、『羊の歌』正・続編で素描される加藤とフランスとの関わりは、上記に尽きるものではない。そこでは、インドシナ戦争やアルジェリア戦争が、マンデス・フランスやド・ゴールの対応ともども話題に上り、フランス共産党の社会的プレゼンスが示唆され、日仏の政治家や労働運動家の比較が試みられている。そしてまた、六〇年代後半に雑誌連載され一九六八年という年に刊行されたこの本の著者が、フランスの〈六八年五月〉にどのような眼差しを注いでいたかというのは興味深い論点だろう。以下では、こうした論点やその他の論点と関わって、加藤が同時代のフランスをどのように受け止め、フランスの状況に目を向けることで自らの思索をいかに展開していたかを、シャル

ル・ド・ゴール、ジャン＝ポール・サルトル、ジョルジュ・クレマンソーの三人の形象に即して見ることにしたい。(14)

六　現実主義と理想主義の共存——ド・ゴールについて

一九五八年九月四日、第五共和国憲法の批准を問う国民投票を月末二八日に控え、シャルル・ド・ゴールはレピュブリック広場で演説会をおこなう。招待状を持つ者たちの喝采の輪の外では、十万人近い群衆——その多くは共産党の呼びかけに応えた労働者たち——が新憲法反対の声を上げ、警官隊の暴力にさらされながら「ファシズム打倒」を叫ぶ。サルトルは間もなく「侮蔑の憲法」を『エクスプレス』誌（一九五八・九・一一）に寄稿、暴力から生まれる「シャルル十一世」の治世は暴力によってしか維持されないだろうとして、「ゴーリスムの君主政」に反対すべきことを説いた（サルトル、一九六五：八三）。哲学者は、同誌への次なる寄稿「王さまをほしがる蛙たち」（九・二五）で明言されるように、ド・ゴール自身をファシストとみなしていたのではない。しかし新体制発足は結局のところ、ファシストを利することとしかできないのだ——「おお、ド・ゴール支持の共和主義者たちよ、獣の水準までも器量をおとすことが必要なのか」（同：一一五）。

その頃加藤周一は、アジア・アフリカ作家会議のための国際準備委員会の一員として、ウズベク・ソビエト社会主義共和国の首都タシュケントにいた。「新憲法に対する反対は全国にもりあがっている」と報じる仏共産党機関紙——現地で手に入る唯一の仏語紙——を読む彼は、「フランスの情勢を客観的に知りたい」という欲求が満たされないことに苛立つ。「なぜなら『ユマニテ』の記事からはやがて国民投票でドゥ・ゴール将軍が圧倒的勝利を占めるだろう可能性を推定しようがないからである」(『ウズベック・クロアチア・ケララ紀行』岩波新書、一九五九年)。二年前のハンガリー動乱を機に仏共産党と絶縁したばかりのサルトルが、再び党により主導される運動と同じ陣営に身を置くことも辞さずに盛んに発言していたそのときに、加藤はむしろ観察者の身振りを選び、ド・ゴールの来るべき勝利を平静に受け入れていたように見える。第五共和政発足当初のこの感覚のちがいは、以後六〇年代から七〇年代にかけても維持されるだろう。

「ドゥ・ゴール体制とは何か」と題する一九六三年の論考で、加藤はその主要特徴を「官僚主義(議会民主主義の後退)」、「ナショナリズム」、「経済的繁栄」の三つにまとめたうえで、それらの内的連関の説明を試みている。第四共和政においてすでに、官僚制度の発展と議会政治の役割低下が見られた。その意味で第五共和政は、「以前に存在した社会的現実の制度化にほかならない」。そして官僚組織のもとで進展する計画経済の成功がもたらした「繁栄」が、一方では耐久消費財普及とマスメディア発展による政治的関心のさらなる低下を招き、他方では、マーシャル・プランの意義を減退させることで、外交ナショナリズムの展開を可能にする。加藤はこのように述べ、上記の三要素はフランスのみを特徴づけるものではないとして、ド・ゴール体制を、当時の先進工業国の状況に適切に対応するためのひとつのやり方として提示するのである――「私はそれが一般に望ましい解決の一つだというのではない。好むと好まざるとにかかわらず、それが単なる過去のよみがえりではなく、未来を示唆する体制の一つだろうというのである」。

サルトルは一九六八年十一月に「良きド・ゴール主義は存在しない」を著し、「ド・ゴール体制がその本性からして、われわれがそれに対して闘っている支配階級の表現である」ことを説いた（サルトル、一九七四：一六四）。おそらく加藤はこの診断に同意できたはずだ。しかし彼にとって何より重要だったのは、ド・ゴールの体制がまさに善悪の評価に先立って、まぎれもない現実として存在しているという事実そのものだった。しかもそれは、「イデオロギーの死」を刻印された当時の西側先進国の一般的環境――「うち破ることのできない現体制の安定、〔…〕管理社会の発達、そして殊に、大衆の政治からの逃避と政治への犬儒主義」――の一部をなしている以上は（「ヴェトナム・戦争と平和」一九七二年『著作集』八巻）、なおさら乗り越えがたいものと思われたのである。すでに六三年の論考は、それが「歴史的な必然」にもとづく「合理的な構造」を備えていることを強調しつつ、以下のように断じていた――「ある程度の経済的繁栄をともなう「福祉国家」体制の中では、〔…〕富の再配分を要求する大衆運動を通じて、社会の構造を根本的に変える可能性はほとんどない。社会主義政党が社会主義政党であることをやめないで、大衆に訴える道を発見するには、よほどの工夫が必要なのである」。

二一世紀に入ると、加藤はゴーリスムの現実主義のみを前景化するのをやめ、その両面性を強調するようになる。『夕陽妄語』は――ド・ゴールにおける「愛国的理想主義」と「冷静で鋭い現実主義」の二面の「絡み合い」を指摘し、その先駆者としてのクレマンソーの肖像を描き出したのち（二〇〇三・五・二〇）――サルコジ大統領誕生を機に「「ゴーリズム」とは何か」と題して、「徹底した現実主義」を貫きつつも「偉大な共和国を望む理想主義者」であった将軍の治政を振り返っている（二〇〇七・五・二二）。もっともこの積極的な二面性は、ド・ゴールの政策枠組みを「現実的であり、合理的であり、ながい見透しにささえられているように思われる」と評した「ドゥ・ゴール体制とは何か」の時点でも示唆されていたともいえる。そして一九六三年にも二〇〇七年にも彼の独自核政策の合理性が認められている事実は、加藤の平和主義の正確な理解に際しては、是非とも踏まえられなければならない。

「私は彼に敬意などまるで感じたことがなかった」――将軍の死に際し、サルトルはこう語ったという。加藤周一はおそらく、哲学者のこの言葉をわがものにすることはなかった。

七　人間の一般的条件と状況――サルトルについて

ここまで見てきたことからして、一九六六年、来日したサルトルと初めて言葉を交わす機会を得た加藤が、〈将軍〉の政治について哲学者と意気投合できたとは思えない。そのことは、二年後の〈五月〉を受けての両者の見解を比較しても明らかだろう。サルトルにとって、「《進歩的》といわれるド・ゴールの外交政策は、実際のところ、表向きだけ」のものでしかなかった（サルトル、一九七四：一五五）。しかし加藤は、「フランスでは、ドゥ・ゴール将軍の政策が、少なくとも外交政策の面で、左翼の要求を先取りしていた」のだとして、同じ政策に実質的な意義を認めている（「世なおし事はじめ」一九六八年、『著作集』八巻・『自選集』四巻）。

なるほど、日本や西独の政治家が持たないド・ゴールの「政治的才能」が強調されているとはいえ、そこでの加藤は彼のこうした動きを六〇年代の西側先進国――「自民党永久政権」の支配する日本を含めた――の政治的安定性の一環として取り上げているのだし、また主題をなすのは、この安定性とそれゆえの閉塞を覆すかのように各国で同時多発的に沸き起こった学生たちの運動への一定の共感である。しかし数年後には、これら諸国の共通の運命としての閉塞状況と「理想」の死が再確認されることで、一連の異議申し立ての意義は明確に相対化されてしまう（前掲「ヴェトナム・戦争と平和」）。七九年には、ベルリン自由大学の学生たちとの不幸な出会いが、「大衆組織と係りのない〔…〕革命談義」の非妥協性と過激性に辟易した経験としてつづられる（「『羊の歌』あとがき」、『著作集』一四巻）。

興味深いのは、同じ文章のなかで、「いわゆる「五月革命」の嵐の過ぎ去ったラテン区」でサルトルと交わした会話が引かれていることだ。「最初の一週間には革命の可能性もあった」――彼が口にしたというこの言葉は、九七年の別の文章では、「しかしその後にはなかった」と補われる（「『羊の歌』その後」『著作集』二三巻）。こうして加藤は、急進的な学生たちとの同志的関係に踏み込むことで七〇年代を生きた当の哲学者に、「左翼主義」の運動の限界の、また当時の西側先進国の政治的安定性の、証言者の役割を担わせるのである。

加藤周一はそれゆえ、サルトルの時局的判断のあれこれにつねに従っていたのではない。第五共和政の理解に関しては、彼は当時の『エスプリ』誌の論調に近かったといえる。実際、前掲の「ドゥ・ゴール体制とは何か」はその末尾において、「キリスト教左翼のある雑誌の編集長」――ムーニエとベガンの跡を継いだジャン゠マリ・ドムナックであろう――が、彼の見解に「おおよそ賛成した」ことを書きつけている。そもそも、フランスを中心とするヨーロッパ思想の紹介者として振る舞っていた五〇年代半ばまでの彼にとって、サルトルと実存主義はより広範な思想潮流の一部をなすものとして理解されていたことを忘れてはならない。本章の冒頭で触れた一九四六年の『ふらんす』復刊号の記事は、キェルケゴールからカール・バルトへ、そしてハイデガーを経てこのフランス哲学者へと至る「実存」の歩みを素描していたし、翌年の「サルトル及び実存主義は何処にあるか」は、同じ「精神的風土（クリマ・スピリテュエル）」をジャック・マリタンの新トマス主義を含めつつ強調し、実存主義をこうした「人間探究の実存的態度」のひとつの現れとして捉えて、その日本における体現を森有正のパスカル論のうちに認めている（『文化ウイクリー』一九四七・三・三）。『現代フランス文学論』（河出書房、一九五一年）は、ヴァレリー、マルロー、サルトル他を扱う作家論と並べて「戦後のカトリシスム」にも一章を割き、そこでは『エスプリ』誌の創設者エマニュエル・ムーニエが、「人間とその自由とをあらたな基礎の上に築こうと努力した」点でサルトルと「まったく同じみちをとおっている」と論じられる。

以後の加藤にとっても、サルトルはまず、この一般的環境の代表者であった。「すべての人間は、ヘーゲル的空間のなかにおかれたキェルケゴール的存在である」（「サルトルのために」『著作集』一六巻）――八〇年の追悼文で定式化されるこの問題は、新世紀を目前に控えた二〇〇〇年にも、「次の世紀が、もしかしたら一番関心を持つ問題かもしれません」（『私にとっての二〇世紀』岩波現代文庫、二〇〇九年）として評価され続ける。だが――「命短し」――誰しもこの問題を特定の時代の中でしか生きえない。サルトルの時代は、加藤の時代と同じく、「ある意味で巨大なソ連帝国ができてそれが崩れるまでの、ほとんど全体にわたる経過」（同）として定義しうる二〇世紀にほかならなかった。こうして『現代ヨーロッパの精神』（一九五九年）では、強制収容所をめぐるカミュとの論争が、またスターリニズムを社会主義の「偏向」ではなく状況に強いられた「廻り道」とする五六年の論文「スターリンの亡霊」が、共感を込めて紹介される。五二年に〈党〉の「同伴者」となり、ハンガリー動乱とともに批判者の立場に戻りつつも現存社会主義の「非スターリン化」を展望したサルトルのうちに、加藤は「理想の国」でも「悪魔の帝国」でもないものとしてソ連を捉える「冷静」な「理論的立場」を認め続けた(『私にとっての二〇世紀』)。サルトル流のスターリニズム理解は、経済的環境に規定された必然的性格の強調によって民主主義への制約を説明するという点で、加藤自身のド・ゴール体制理解に通じるところがあることを確認しておこう。冷戦時代の両陣営にこのような眼差しを注いでいた者にとって、サルトルの現存社会主義に対する評価を一面的に告発する身振りは、つねに「軽薄」なものと映っていたのにちがいない。「サルトル私見」(一九八四年)の著者はそれを、「易しいことを行うのに熱心な態度」として定義したのだった。

八　平和主義の困難と戦争の必要性——クレマンソーについて

加藤周一がサルトルのうちにとりわけ見定めようとしたのは、自由を求める一精神が、与えられた状況のなかでその制限を受け入れる地点だったといってよい。例を挙げるなら、加藤は『汚れた手』を論じて、地下活動を強いられている革命政党にあっては、組織内部の反対者を抹殺する「政治的殺人は、必ずしも誤りとして排除できない」のだと述べている(「サルトル私見」)。彼はこのような主張を、政治的反体制派への一定の共感によってのみおこなったのではない。すでに見たように、ド・ゴール体制確立による民主主義抑制を一種の歴史的必然として論じたのも、同様の姿勢の表れである。ある追悼記事においてその生涯を「リベラル貫く」（『朝日新聞』朝刊二〇〇八・一二・八）と要約された評論家は、自由と民主主義を貫きえないように思われる種々の状況から目を逸らすことがなかった。

戦争と平和についても同じことがいえる。「平和憲法」擁護の運動に身を投じた晩年の加藤は折に触れ、戦争を一般的に否定しえないことを強調してきた。こうして、「九条の会」発足に合わせて「また九条」（『夕陽妄語』〇四・六・一七）を発表した三カ月後、彼は「アインシュタインの靴屋」（同〇四・九・二二）を著して、この物理学者が「絶対平和主義者ではなかった」こと、「ほとんどすべての戦争（第一次世界大戦やパレスチナ戦争など）を否定するが、例外（たとえばヒトラー征伐）を容認したこと」を確認する。

より大胆な挑発として読みうるのが、前年の「クレマンソー余聞」（同〇三・五・二〇）である。正月の『夕陽妄語』（一・二三）を「平和を望めば平和を準備せよ」と締めくくった著者は、その数カ月後には著名な反戦運動弾圧者の肖像を、紛れもない共感を込めて描き出す。クレマンソーといえば――加藤が一九八〇年代に編纂に当たった『世界大百科事典』を参照するなら――、ドレフュス派としての人権擁護の闘いののちに「かつての急進主義者の面影」を失い、「労働運動弾圧にのみ終始した」と評しうる最初の首相時代（一九〇六～〇八年）を経て、第一次大戦末期に「余は戦う」の宣言とともに再び首相となってフランスを勝利に導きつつ、パリ講和会議では「ウィルソンの理想主義」に対立する「強硬な対独懲罰主義者」として振る舞った人物といったところが一般的な認識で（石原司「クレマンソー」、義井博「第一次世界大戦」、三宅正樹「ベルサイユ体制」）、事情はフランスにおいてもさほど変わらない。「多元的左派」政権（九七―〇二年）を率いた社会党の政治家リオネル・ジョスパンは、それゆえマルクス主義から距離を取りつつも左派の伝統の継承を強調するに際して、「私はクレマンソー主義者ではなく、ジョレス主義者なのだ」と述べたのである。

しかし二〇〇三年の加藤は、この「左派から嫌悪されてきた左派の人間」（Winock, 2013 : 9）の経歴を転換ないし変節の相のもとにではなく、二重の「原理」に導かれた連続の相のもとに示す。その一方は、「彼が理解した「正義」に忠実な態度」である。ドレフュス事件の際には「フランスを擁護するのではなく、正義を擁護するのだ」と断じた彼は、この「「正義」がフランスにあると考える」ことができたために第一次大戦の継続を唱え、「あらゆる反戦主義者を弾圧し、厭戦の気分を一掃し、猛虎の如く〔…〕戦いに向かった」のだと加藤はいう。そしてもう一方は「正確な現実認識、与えられた条件の下で可能なことを見定める能力」だ。加藤はJ・B・デュロゼルの浩瀚な伝記（一九八八年）を紐解きつつ、講和会議でのフランス首相が対独強硬路線を崩さない大統領ポワンカレおよび参謀総長フォッシュと対立し、国際連盟樹立を目指すウィルソンに譲歩した事実を強調する。

もちろんクレマンソーは結局のところ、莫大な賠償金をドイツに課すことで次なる大戦の遠因をつくるのに寄与したのだし、加藤が触れずに済ませている労働運動弾圧についていえば、「共和主義的左派」としての彼の再評価を説く歴史家ヴィノックでさえ、「長い首相任期のあいだ、改革精神を実地に示すよりも秩序維持に多くの時間を割いたことで、クレマンソーを非難することもできよう」と認めている（Winock, 2013 : 9）。なお、社会党政権の首相として二〇一六年の「エル・コムリ法」反対デモを過酷に弾圧したマニュエル・ヴァルスは、内相時代の執務室にこの「フランス第一の警官」の肖像を掲げていた。ごく自然なものと思われるこの種の復権の身振りに比べるなら、加藤によるクレマンソー評価にはひとを戸惑わせるものがある。

しかし彼には平和主義者ジョレスではなく、「虎」とあだ名された戦争指導者こそが必要だったのだ。先ほど引いた二〇〇四年九月の『夕陽妄語』は第二次大戦前夜のトーマス・マンに触れ、各国の「熱病的な戦争準備」を前にしたこのナチス・ドイツからの亡命者が、「しかし私は戦争を願っていることを（自分自身に）隠さない」と日記に書きつけたことを紹介する。同趣旨の言及は一九四八年の『現代フランス文学論Ⅰ』にも読みうる――「マンが云っている、民主主義はその敵に対して武装しなければならないと。〔…〕Si vis pacem, para bellum. 平和を欲するならば、戦闘を準備せよと既にリープクネヒトも云った」。二〇〇三年の正月にこのラテン語の格言を意義深く修正して見せた加藤は、しかしその直後にクレマンソー再評価を提案することで、連合国の戦勝を「解放」として受け止めた経験に根ざした古くからの確信、戦争の準備が平和を実現することも少なくとも例外的にはありうるという確信に立ち返ったのである。そして「その例外の肯定は、今も開かれた問題として残されている」（「アインシュタインの靴屋」）。

九　おわりに

改めて『羊の歌』に立ち返るなら、そこでは一方ではフランス体験の意義が重視されながらも、他方ではとりわけ英国との対比において、フランスがすべてではないこと、そこに見出される原理とは別の原理が支配する社会が存在し、その社会との関係では、むしろ日本とフランスの社会は――少なくとも知識人のありようは――同じカテゴリーに属することが指摘されている（「偽善」、『続』）。留学からの帰国直後に書かれた『運命』でのより鮮やかな記述を引くなら、「英国は、東京とも巴里ともちがう、またもう一つの別の世界であった」のだ。それにまた、留学を終えたのち、加藤が著したのは『現代ヨーロッパの精神』であって『現代フランスの精神』ではなく、そこではフランスの知識人のみならず、ドイツやスイスや英国の知識人が自在に論じられている。巻末に置かれた「E・M・フォースターとヒューマニズム」、「私は信念なるものを信じない」というこの英国作家の言葉をエピグラフに掲げたヒューマニズム論は、「信仰の世紀と七人の先駆者」、すでに引いたように「フランスを通して二〇世紀思想に接近」し、「人間性への信仰」に期待をかけた十年以上前の論考と、どの程度重なり、どの程度異なる議論を展開しているのかというのは興味深い検討課題だろう。ともあれ、留学から帰った加藤は、英国を含むヨーロッパを多様性において理解しようと努める一方、仕事の中心を日本研究へと移していくほか、アジアとりわけ中国の歴史と現在にますます関心を向けるようになった。[15] そうしたいっさいを踏まえたうえで、加藤周一とフランスの関わりは、繰り返し再考されるべきだと思われる。

文献

加藤周一の著作は本文内に組み込んだ。

岩津航、二〇二一、『レトリックの戦場――加藤周一とフランス文学』丸善出版。

海老坂武、二〇一三、『加藤周一――二十世紀を問う』岩波新書。

片岡大右、二〇一五、「一九五〇年前後の加藤周一――ロマン主義的風土の探究と日本的近代の展望（上）」『慶應義塾大学日吉紀要フランス語フランス文学』六一号、二〇一五年十月、七一―九九頁。

片岡大右、二〇一七、「加藤周一とフランス」『ふらんす』白水社、第一回―第五回。

片岡大右、二〇二二、「合評会に寄せて」『『加藤周一を21世紀に引き継ぐために』合評会記録』立命館大学加藤周一現代思想研究センター
片岡大右、二〇二三、『批評と生きること――「十番目のミューズ」の未来』晶文社。

サルトル、一九六五、「侮蔑の憲法」「王さまをほしがる蛙たち」村上光彦訳、『サルトル全集』第三一巻、人文書院、八二―一二七頁。

サルトル、「共産党員は革命を恐れる」「良きド・ゴール主義は存在しない」鈴木道彦訳、『サルトル全集』第三六巻、人文書院、一九七四年、一五一―一六九頁。

菅野昭正、二〇一一、「思い出すままに」菅野昭正編『知の巨匠　加藤周一』岩波書店。

ベルヴァル、一九八一、『パリ一九三〇年代――詩人の回想』矢島翠編訳、岩波新書。

劉争、二〇二二、「加藤周一思想における中国の時間と空間」、『孫文研究』孫文研究会、第七〇号、一九―三六頁。

ル＝ゴフ、二〇一六、『時代区分は本当に必要か？――連続性と不連続性を再考する』菅沼潤訳、藤原書店。

鷲巣力、二〇一八、『加藤周一はいかにして「加藤周一」となったか――『羊の歌』を読みなおす』岩波書店。

鷲巣力／半田侑子編、二〇一九、『加藤周一　青春ノート　一九三七―一九四二』人文書院。

渡辺考／鷲巣力編、二〇一八、『加藤周一　青春と戦争』論創社。

WINOCK, Michel, 2013, *Clemenceau*, Paris, Perrin, collection « Tempus ».

註

（1）ここまでの記述は、以下の既発表原稿に加筆修正を施したもの。片岡（二〇一七：第一回）。

（2）憲法学者の樋口陽一は同書を最初に読んだ加藤の本として言及している（渡辺・鷲巣編、二〇一八：一九九）。なお、ここでは詳述しえないが、『抵抗の文学』は日本共産党が武装闘争路線に舵を切った五〇年代前半を通し、この動きに身を投じた若い党員たちによって、フランス滞在中の著者の思惑とまったく無縁に熱心に読まれた。この点についてはさしあたり、以下を参照。片岡（二〇一七：第五回）、片岡（二〇二二：一八―二二）。

（3）ただしそこでは同時に、イタリア滞在経験を持ち、また「二人の娘をカトリックの女学校に送った」この祖父が、自邸に「英国のヴィクトリア朝様式をまねたつくり」の複数の「洋間」を設けながら、自らはその奥に続く「沢山の和室のいくつか」に暮らしていたこと、冠婚葬祭には神主を呼んでいたのみならず、「庭の片隅に祀られた稲荷」にまったく真剣な祈りを捧げていたことが記されている。

（4）ただしこの引用の前半部はたしかに『続　羊の歌』にもとづいているが（「私の第一印象は、彼我の相違ではなく、相似であった」、「中世」）、後半は『羊の歌』正編の「祖父の家」からのものだ（「私ははじめて見た欧洲に、ながい間忘れていた子供の頃の世界を見出していた。西欧の第一印象は、私にとって遂に行きついたところではなく、長い休暇の後に戻ってきたところであった」）。そして前半の趣旨は、両大戦間期に「洋行」した日本人と異なり、西洋的諸制度や諸機関の定着がより進んだ一九五〇年代の日本からの留学生には、「同じような制度の運営のし方に、いくらかの相違」が認められただけだというものだ。

（5）加藤にとってヴァレリーとの出会いが持った決定的性格については、以下を参照。岩津（二〇二一：第一章）。

（6）加藤周一「序　フランスから遠く、しかし……」、ベルヴァル（一九八一：四）。

（7）ただし海老坂は加藤が「学生時代に吉満義彦や岩下壮一の講義に出ていた」と記しているが、岩下は東京帝大出身だがそこで教えていたわけではない。それに一九九八年の回想によれば、加藤は駒場の一高時代に「後日国際的に知られた核物理学者となった垣花秀武」から、「理路整然たるカトリック神学の、殊に岩下壮一神父の著作の理論的魅力と倫理的な深み」を教わったとのことで、本郷に進学する一九四〇年の冬に死去したこのカトリック司祭の謦咳に接する機会はなかったように思われる（「中村真一郎、白井健三郎、そして駒場——思い出すままに」、『加藤周一著作集』一八巻・『自選集』九巻）。

（8）加藤のロマン主義評価の試みとその文脈について、より詳しくは（片岡、二〇一五）を参照。

（9）加藤自身は、やや別の観点から、六〇歳を目前にした時期に書かれた「追記」においてこの初期論考の狙いを要約し、それは「第一に、現代の思想的問題が、歴史に超越的な経験と、歴史的社会のなかでの要請という二つの出発点（あるいはそこから出発しての二つの座標軸）を含んでいて、それを統合するのは不可能だろう、ということ」、「第二に、それにも拘らず一般的な懐疑主義は自滅的な立場であるから、問題の解答は何らかの信条の上に築かれるほかなかろう、ということ」だったと述べたうえで、「私は今でもそう考える」と付け加えている。

（10）「絶望的なヨーロッパの話、ヒューマニズムの運命に就いて」、鷲巣／半田編（二〇一九：二七五）。

（11）例えば簡明には（ル＝ゴフ、二〇一六）を参照。

（12）Shûichi Katô, « Entretien. Katô Shûichi par Julie Brock », *Daruma. Revue d'études japonaises*, nº 12/13, Automne 2002/Printemps 2003, p. 322.

（13）*Ibid.*, p. 323.

（14）以下六—八節は（片岡、二〇一七：第二回—第四回）を若干修正しつつ再録したもの。

（15）加藤がこの点で、中国を絶えず念頭に置きながらフランスを中心とする西洋文化に向き合っていた桑原武夫の姿勢に影響を受けていたことを追記しておきたい。また、（劉、二〇二二）が説くように、加藤は超越神を必要としない社会秩序の可能性を東北アジア社会のうちに認め、それをこの地域の文化が現代世界にもたらすことのできる「希望」として語っていたが、私見では、こうした問題意識はかなりの程度、近現代の「フランス知」のそれと重なるように思う。

第五章　ある「転向」知識人との対話
――清水幾太郎『オーギュスト・コント』の戦略

杉本隆司

一　はじめに

オーギュスト・コント（一七九八―一八五七）と清水幾太郎（一九〇七―一九八八）――この二人の名は、戦後の西欧思想史や社会学史を多少とも知る者なら、すぐに結びつく馴染みの取り合わせといえよう。『オーギュスト・コント――社会学とは何か』（以下『コント』）は、そうしたイメージの形成に寄与した清水の代表的な著作のひとつである。

だがそのイメージの形成には、本書の出版から半世紀を経てもなお、日本語で読める数少ないコントのモノグラフィー研究でありつづけてきたという、その後の外的な要因も指摘できよう。もともとこの書は岩波新書の一冊として一九七八年に刊行されたが、一九九五年に「岩波新書評伝選」の一冊としてハードカバー版が、そして二〇一四年には文庫版が「ちくま学芸文庫」の一冊としてそれぞれ復刊された。『清水幾太郎著作集』（第一八巻、一九九三年）に収められたものを含めれば、計四つの版が八〇年代から途切れることなくその読者層を獲得しつづけ、日本におけるコント像の形成に長らく寄与してきた。[1] さらにその翻訳についても、拙訳が二〇一三年に出版されるまで、清水が監修を務めた『世界の名著　コント／スペンサー』（一九七〇年）が（戦前の抄訳を除けば）日本語でアクセスできる唯一のテキストであった。こうした事情を顧みても、現在までの清水によるいわば〝コント業界の寡占状態〟は、良くも悪くも彼のコント研究に一定の重みを与え、戦後日本におけるフランス思想の一翼を担う知識人の一人というイメージを植え付けてきた。

しかし、コントを媒介としたフランスと清水のこうした強い結びつきがある反面、改めてこの戦後の啓蒙知識人の軌跡とフランス知との関係を見直すと、やや意外に映るのは、六〇年代の数編のサルトル論を除けば、清水が本格的に格闘したといえるフランスの思想家は実はコントしかいないという点である。むしろ清水は、中・高時代に身につけたドイツ語を武器にジンメルやウェーバーなどドイツ社会学に精通した優れた読み手にして翻訳者、あるいはデューイなどのアメリカ社会学の日本への紹介者の印象のほうが強く、〝ゲルマニスト〟や〝プラグマティスト〟の肩書を持つことはあっても、フランスの〝エスプリ〟的知識人として語られることは実はあまりなかったといえる。デュルケムやタルド、アロンなどフランスの社会学者への言及は各著作に認められるものの、それらが彼自身の思想形成に食い込むほどの影響を持ったとは言えない。『世界の名著』の訳業についても、厳密にいえばそれは清水によるものではなく（もちろん監修者の意向も反映されているとはいえ）、その生涯を通じた三十冊を超える清水の名訳のリストのなかに実はコントは一冊も入っていないのである。

このようにフランス知との関係でいえば、実はかなり限定されているにもかかわらず、清水はコントだけには強いこだわりを見せ続けた。「コントに始まりコントに終わる」（鈴木、一九九〇：六八）と評されるように、確かに清水は、戦前のデビュー作『社会学批判序説』（一九三三年）から戦後の『社会学講義』（一九四八年）を経て最後の著作『コント』まで生涯コントに付き合い続けてきた。だがコントに対する清水の接し方はこれらの著作で大きく異なっており、彼がコントに見出した「本当の恩師の姿」（清水、一九七〇：一〇）と呼べるほどの知的・精神的な師弟関係を常に保ってきたわけではない。それまでマルクス主義の立場から批判的に接してきたコントに清水が本格的に入れ込むのは、『世界の名著』の監修を手掛け、『コント』に結実する論評を精力的に公けにし始めた一九七〇年前後の時期からである。周知の通りこの時代の清水は、自らがオピニオン・リーダーとして大衆運動を牽引した六〇年の安保闘争の敗北後、六〇年代後半から彼の思想が次第に右傾化し、「市民主義から国家主義へ」（篠原、二〇〇四：一九二）と評される転向期とちょうど重なっているとすれば、清水のコント思想への傾倒は、彼自身の保守化と連動しているとみるのが自然であろう。

この小論では、この連動の仕方とその内実に改めて光を当てる。ただし、保守主義に転じた清水が同じく保守的なコントの有機体的社会学の再評価に向かったという話だけであれば、これまでも多少なりとも語られてはきた。この場合、清水とコントを分離させず、両者の思想が表裏一体の関係にあることが暗黙の前提とされることが多いのだが、果たして本当にそうなのかというのがこの小論の問いである。つまり、清水とコントは決して一枚岩ではなく、本来距離があるにもかかわらず、清水の思想のほうがそのコント解釈に影響を与えている、もう少し率直に言えば、コントの社会学が戦略的に清水自身の保守思想の喧伝（ないし過去の自己への批判的弁明）の材料に利用されているのではないかという疑いである。

とはいえ文章の達人としても知られる清水の文体は、例えるならヨモギと餅が混ざり合った草餅のごとく両者の思想の腑分けが難しく、それを解きほぐすには、清水の主張をコント自身のテキストと丹念に突き合わせるオーソドックスな方法以外に途はないであろう。以下では、コント研究内部のややテクニカルな作業に読者を付き合わせる憾みをあらかじめ断りつつ、『コント』以前の仕事にも目配せしながら、清水のコント解釈に見られるある種の「イメージ戦略」を描き出すことにしたい。生前の清水とも交流のあった社会学者・鈴木廣は「コントの魂が清水に乗り移って、まるで溶け合っている」(鈴木、一九九〇:七一)と清水のコント研究を評しているが、やや単純化して言えばむしろ〝清水の魂がコントに乗り移っている〟姿を明らかにしたいというのが、本章の狙いである。

二 最初の仕掛け——伝記編

「転向」物語

まずは清水のコント解釈に大きな変化が見られた一九七〇年前後の彼の執筆活動を簡単に振り返っておこう。戦後の清水は、内灘闘争から六〇年の安保闘争まで積極的に関与する進歩的知識人の一人として出発するが、安保闘争の敗北後は政治運動から身を引き研究生活に退いていくなかで次々にコント論を発表していく。学習院大学最終講義「オーギュスト・コント」(一九六九年)、「コントとスペンサー」(一九七〇年)、「革命と経済学——コントの場合」(一九七四年)といった、のちの『コント』に結実する諸論考がそれにあたる。この時期は、それまで彼が社会学の条件としていた「集団のリベラリズム」[2]を保証する「結社の自由」を否定し、治安維持法を再評価した『戦後を疑う』(一九八〇年)に収められる諸論文(「戦後を疑う」一九七八年、「戦後教育論」一九七四年、「天皇制論」一九七三年)の執筆期とも重なっており、これらの文章の一部が『コント』に流用されている点からしても、転向後の清水がコントの社会学に保守思想（具体的にはメーストルやボナールらの反革命伝統主義）を読み込もうとしていたのは明らかである。

だがこうした読み込みは清水にとってこれが最初ではない。それは、マルクス主義の立場からコント社会学＝ブルジョワ社会学を論証・批判するために、それを反革命伝統主義と手を組んだブルジョワジーの〝妥協の産物〟として特徴づけた戦前の『社会学批判序説』以来のいわばひとつのオブセッションだったからである。コント社会学の伝統主義的側面に最初に清水の目を向かせたのは、実は保守主義ではなく、清水がのちに批判に回るマルクス主義のブルジョワ社会学批判だったというのはひとつの皮肉かもしれない。コントと伝統主義のつながり（「進歩に対する秩序の優位」〔清水、一九九二：一二三―一三四〕）を析出するその読解によって、戦前は社会学のブルジョワ性を撃つために強調されたものが、今度はそのまま反転されるかたちで、実は『コント』における清水の読みを背後で規定することになるからである。

最初に『コント』の構成を挙げておこう。第一章「この天才との縁」、第二章「フランス革命の廃墟に立って」、第三章「王政復古のパリに学ぶ」、第四章「啓蒙思想よ、さらば」、第五章「幼く美しい処女作――三段階の法則」、第六章「社会学の完成と狂気と」、第七章「女神と人類教への道」である。内容は、前半の第一章から第四章までが郷里モンペリエの幼少期からリセの生活、パリでの理工科学校の顚末を経て師サン＝シモンとの出会いと別れまでがポスト革命期の混乱するフランスの社会状況および彼の家族関係と重ね合わされながら描かれていく。そして後半の第五章からは、コントのデビュー作「プラン」論文を中心にこれまで蓄積してきた清水の理論研究、特にコントの形而上学批判をさらに展開させると同時に、後期コントの主著『実証政治学体系』と人類教へ至るコントの軌跡を辿りながら社会学の倫理学への昇華が語られる。そして第七章を最後に、特に「結論」めいた文章もなくやや唐突な印象を与えながら本書は締められる。ここでは本書の前半をコントの伝記編、後半を理論編に分け、それぞれのトピックに絞って清水の戦略を洗い出していこう。

前半の伝記編で清水が若きコントの経歴のなかでひとつの大きな山場に設定している出来事が、一八世紀の啓蒙思想に心酔していたコントが反革命伝統主義に「転向」したという物語である。それは、よくある思想家伝の一エピソードのようにも聞こえるが、前半の各章の表題からも推測されるように、本書全体の一貫したトーンは、日本の戦後民主主義を擬態させたフランス革命の理念や啓蒙思想に対する批判に終始貫かれており、この「転向」物語――それは清水自身の転向の姿でもある――は、本書全体のコント解釈の構造を規定するいわば最初の仕掛けの役割を果たしている。正確にいえば、清水はコントが反革命主義者や保守主義者に転じたとは実は一言も述べていないのだが、本書を読む者は、清水の巧みな筆さばきと周辺の状況証拠の積み上げによって、それ以外の選択肢が事実上塞がれてしまうのである。清水のテキストには大小含めてそうした仕掛けが無尽に張り巡らされているため、彼がコントの原典にどのような操作をおこなっているのか、積み上げられた証拠の一つひとつをいわば棚から降ろして検討することがどうしても必要になるゆえんである。

ではコントの「転向」問題の文脈をざっとさらっておこう。一八〇六年、熱心な王党派の両親に育てられたコントは南仏のモンペリエのリセに入学し、そこでヴォルテール主義の薫陶を受け、カトリックの信仰を捨てて共和主義に目覚める。その後、王政復古で王立になったパリの理工科学校に入学するも、学内で騒擾を起こした共和派学生のリーダーの一人として退学処分を受け、学校自体も共和主義を一掃するために閉鎖される。この時代のコントの思想を伝える史料として、放校後に彼が書いた初の政治エッセイ「省察録」（一八一六年）というものがある。そのなかでコントは王党派が南仏でおこなった白色テロへの嫌悪、復古王政が専制であることの民衆の無理解、そして——清水は触れていないが——恐怖政治の責任をマラーやロベスピエールら過激派に還元し、その非難から革命の遺産を守ることを共和主義の立場から主張した（Comte, 1970: 417-419）。清水によれば、この小論はコントが「カトリックの信仰を捨て、共和主義を奉じるようになってからの思想的発展が生んだ一つの果実」ではあるが、「しかしその後の発展はこの小さな青い果実を捨てることを通じて可能になる。即ち翌一八一七年における転向によって可能になる(3)」と主張されるのである。

『書簡』の解釈

清水がその証拠として断片的に積み上げていくのが、コントが郷里の親友ピエール・ヴァラに宛てた複数の書簡である。

（一）一八一七年二月の書簡：「モンジュやラグランジュを読み、コンドルセやモンテスキューの勉強をやっています〔…〕」。この手紙から二週間後にも「二人の偉大な人物」であるヴォルテールとルソーの著作の購入をヴァラに勧めている。だがこの手紙以降、ヴァラへの手紙は途絶え、前便から一四カ月後に来るのが、以前とは「事情が大きく変わった」とコントが語る、サン＝シモンにはじめて言及する次の有名な書簡である。

（二）一八一八年四月の書簡：「私はサン＝シモンという卓越した人物と一緒に働いている。〔…〕彼のために経済学の勉強をしている」。コントが新たな「父」と呼ぶサン＝シモンへの言及とともに清水がこの書簡で着目するのが、コントの政治思想の変化である。放校後、コントはツテを辿ってアメリカ版の理工科学校新設に伴う教員採用の内諾を得るが、その新設自体が白紙になってしまう。新天地への希望を失ったコントは「政治的自由はアメリカにあるが、市民的自由はパリのほうがある」と自分を慰めるのだが、その発言を捕えて清水は次のように解釈する。「リセの生徒であった時から彼が求めてきた自由は無論政治的自由であったのだが、どうもその重量が少し減ってきたような感じがする。しかし、その流れはアメリカが遠くなるだけでなく、前便で友人に勧めたルソーやヴォルテールも遠くなるのではないか」（六七―六八）。

このように転向へのひとつの助走として、啓蒙思想に対するコントの違和感が何気ない一文でほのめかされる。確かにコントはもはや素朴な共和主義者とは言えないが、ここでむしろ注目すべきは、ルソー流の政治的自由（古代的自由）から市民的自由（近代的自由）を区別し、恐怖政治への非難から革命の遺産を守ろうとしたコンスタンら啓蒙主義を引き継ぐ当時のリベロー（自由主義者）らの有名な弁別論に[4]、すでにコントが通じていたという事実のほうであろう。清水は触れていなかったが、この主張は少なくとも「省察録」以来のコントの信念のひとつであった。ここだけでなく『コント』に頻出する「～ではないのか」、「～ということであろう」といった語尾が積み上げられると、コントは実は別の文脈で語っているのに、読者は気づかないうちに啓蒙批判の文脈へと誘導されてゆくのである。王政復古期の自由主義その他に対する視線が一貫して清水の議論に欠落している点については後ほど改めて触れることにしよう。

(三)一八一八年五月の書簡:サン=シモンは「自由の理想を固く信じて、いかなる党派にも仕えませんでした。彼には革命の罪が全くありません(これは今日の大自由主義者全体の中でまったく珍しいことです)」。ここではコント自身がはっきりサン=シモンを「自由主義者」と呼んでいるのに、なぜか清水はそれをエンゲルス批判へと敷衍していく。「エンゲルスの『空想より科学へ』などを読むとサン=シモンは社会主義革命の先駆者のように仕立て上げられているが、〔…〕彼は革命というものに心の底から懲りた人間であった。『ジュネーヴ住民への手紙』は、どうしたらフランス革命のような災禍を他の諸国民が避けられるか、それを説いた文書である」(七一―七二)。

なるほどサン=シモンは、革命後、自らの出自である貴族の称号を捨て、革命政府からスパイ疑惑で断頭台の寸前までいったことを考えれば、革命に懲りた人物、革命の犠牲者であるのは間違いない。だが逆にいえば、この世代で一般的に革命の辛酸を少しも嘗めなかった人などいるのだろうか。彼の生涯を詳しく見れば、その革命政府が売り出した教会財産を転売し、その資金を元手にパリで立ち上げた数々の商社で巨万の富を儲け、学問に転じてからは革命批判のバークに反論し、晩年には新宗教を構想して教皇を異端と罵る実際の姿は、清水が印象づけたい素朴な革命の犠牲者像とはやはり距離がある。『ジュネーヴ住民への手紙』も、清水の思惑とは違い、むしろ有産階級がニュートン基金に寄付を拒めば、無産階級が再び暴動を起こすと予言していた(Saint-Simon, 2012 : t.1, 112-113)。このように、誰も否定できない一般論(革命の災厄・辛酸)を盾に、各論(細部の事実)をねじ伏せていく印象操作が発揮されるのはここだけではない。

清水の「転向」物語の最大の論拠がこの手紙の後半部である。清水がコントの著作から引用する際は、文脈を離れて概念だけを抜き出すことが多いのだが、書簡のこの箇所だけは一ページ以上にわたってその発言を引き写している。

「君はまだ誤った政治方針を信じているのです。この方針は僕も一年前まで君と同じように信じていたもので、それを捨ててからまだ一年にしかなりません。君の政治学は人権の理論、『社会契約論』の思想、前世紀の啓蒙思想家の体系を基礎としているものである。こういう思想は今日では虚偽になっている。すなわち、すべての人間の知識は世紀から世紀へと発展していくものであるということ、ある国民の各時代の政治制度や政治思想はその時代のその国民の知識の状態に相対的たらざるを得ないということです。もし君がこの主張を歴史的知識に照らしてまじめに検討すればすぐ受け入れてくれよう。ある世紀の政治学は前世紀のそれではありえず、したがって、一八世紀の政治学は一八世紀にふさわしいものであったがゆえに、もはや現代にはふさわしい政治学ではないという結論が出てくるということです。君のすべての一般思想は絶対者の思想に感染しているのです。この世界に絶対的なものは一つもなく、すべては相対的なのです。誤った政治思想の方針を脱却するにはまずすべての科学と同じように、政治学においてもすべては観察された事実を基礎とすべきものであると考えることです。次にルソーの『社会契約論』のような本はあまり読まずに、ヒュームの『イングランド史』、ロバートソンの『カール五世史』のような歴史書を読むべきです。それから経済学の勉強、すなわちスミスやセイの著書の勉強を始めることです」（七二―七四、強調筆者）。

手紙の内容を要約すると、第一に人間の知識は歴史相対的に変化すること（ヒュームやロバートソンの歴史書の推奨）、第二にしたがって政治学の知識も変化すること（ルソーの政治学は時代不相応）、第三にその変化は、その他の科学と同様に観察された事実にもとづくこと、つまり政治学も科学のひとつだと考えるべきこと（スミスやセイ、つまり経済学の推奨）を指摘したうえで、清水は次のように解釈する。「友人に宛てた手紙は実は、コント自身の転向の告白であった。〔…〕転向はコントにしてみれば、その時も決意はあったであろうが、モンペリエのリセで熱心なカトリックで王党派の両親に背き、それ以来、革命、自由、共和主義を信じてきた自分を捨てることである。それによって自分を支え、友人に向かって購読を進めてきたルソーやヴォルテールなどを新しく敵に見立てることである。〔…〕一八世紀の啓蒙思想全体から自分を解放し、これに自分を対立させることである。コントの転向は〝一八世紀との決別〟であった。一八世紀的な自己との決別であった」（七四―七五）。

確かに清水が述べるように、のちにコントの実証哲学の原則のひとつとなる歴史相対主義がはじめて唱えられ、古い政治学を観察科学（のちの社会学）へと引き上げるアイデアがすでに垣間見える点で、この時期の彼の思想にひとつの変化を認めることができる。しかし、それまでひとつの活字も公にしていない一九歳の青年の意見の変化を劇的な「転向」と呼べるのかという疑問は措くとしても、コントが賞賛するヒュームやロバートソン、スミスもむろん一八世紀の啓蒙思想家であり、素直に読めば「啓蒙思想全体からの解放」ではなく、せいぜい「一八世紀政治学からの解放とその観察科学化＝経済学化」という解釈が穏当なところであろう。

サン＝シモン評価とその難点

以上の指摘は多少の解釈の誤差に見えるかもしれない。だがコント自身が古い政治方針を捨てたと語るこの書簡から「一年前」、つまりちょうどコントと出会った頃のサン＝シモンの『産業』第二巻（一八一七年五月）の内容と、先のコントの書簡を突き合わせれば、コントの発言の意図はおのずと明らかとなる。

「すべては産業によって、すべては産業のために」という有名なスローガンを冒頭に掲げたこのテキストで、サン＝シモンは、一八世紀は破壊しかおこなわなかったが一九世紀はあらゆる富の源泉である産業にもとづいて社会が再建されること、そしてそのためには社会の寄生者たち（貴族、聖職者）を排除して、彼らから自由な生産活動を守らねばならないと主張した。その際に、できるだけ安価な統治原理としてサン＝シモンが依拠したのがセイの『政治経済学概論』（一八〇三年）である。サン＝シモンは、ルソーの政治学への批判を含むこの著作の冒頭をまるまる引用し、「有益な事物の生産」、「政府の不干渉」、「国家自体の工場化」など、そこに含まれる七つの「政治科学の観察された事実」を指摘しながら、経済学に依拠する一九世紀の新たな政治学の特徴を次のように述べている。「当初、経済学は政治学に支えられていたが、今後は政治学が経済学に依拠するであろう。あるいはむしろ、経済学だけが政治学のすべてになるであろう」。逆にいえば、政治学とは「生産の科学、すなわちあらゆる種類の生産にとってもっとも好都合な事物の秩序を対象とする科学となるであろう」（Saint-Simon, 2012: t.2, 1495-1499）。

ここに見られる「経済学への政治学の還元」というサン＝シモンの提言は、コントが書簡で述べた

「一八世紀の政治学からの解放とその観察科学化＝経済学化」という趣旨とほぼ同じものであることがわかる。清水は、「転向」直後のコントが「さてどこに行くのか、何者になるのか、その見当が全くついていない」とさりげなく書いているが、富永健一も指摘するように、コントがサン＝シモンの「産業主義」、ないしは当時の広い意味での「自由主義」[5]に「行った」のは明らかである（富永、二〇〇八：七五；Pickering, 1993 : 175-178）。ルソーのような一八世紀政治学やジャコバン的人民主権論への批判・警戒という点だけで、もしこれを「転向」と呼ぶなら、コントと同時代のギゾーやロワイエ＝コラールなどのドクトリネール、あるいはクザンやトラシーなどのイデオローグ、さらにはすでに触れたコンスタンやスタール夫人らリベローたちさえ、清水の手にかかれば啓蒙主義からの「転向者」に仕立て上げられてしまうだろう（Rosanvallon, 1985 : 20-21）。

清水の読み方の問題点は、彼の視点が一八世紀と一九世紀の間の水平的な視点に限られており、王政復古期の王党派以外の政治勢力（特に自由主義の系譜）を加味した立体的な視点がほぼ欠落していることにある。[6] 七〇年代当時のフランス自由主義研究の立ち遅れを考慮に入れても、そもそも彼が「転向」の根拠としているのは唯一コントの書簡だけであり、サン＝シモンのテキストすら今見たように看過されていた。いやサン＝シモンどころか、清水は「プラン」論文（一八二二年）以前にコントが『産業』、『政治家』、『産業体制論』各誌で、サン＝シモン名で書いた諸論文すら検討していない。[7] 清水はその理由を「貧しいコントが金のために書いたジャーナリスティックなもの」（八九）であるためとしているが、「サン＝シモンのために経済学を勉強している」若きコントが書簡で語った「転向」話には刮目する反面、その「転向」思想が盛られているはずの師との数々の共同論文は「金のため」としてすべて無視するのである。さらに、一八二四年にコントは「プラン」論文の再版を契機にサン＝シモンと訣別するが、その決定的資料である『産業者の教理問答』第三分冊序文すら清水は触れず、その訣別も「三段階の法則」や「諸科学の分類原則」などコントの独創性に対するサン＝シモンの「嫉妬」ですべてが説明される。(8)

サン＝シモンの影響を排除するこうした態度は、清水が「劃期的な業績」（二三二）と絶賛し、何度も参照しているアンリ・グイエの『オーギュスト・コントの青春時代』（全三巻、一九三三―四一）に由来するものとみて間違いないだろう。その第一巻を読むと、伝記編の清水の叙述は大枠でそれをなぞっていることがわかる。グイエによれば、コントはサン＝シモンと出会う前から科学哲学や政治学さえリセの教師や当時一般に流布していた思潮からある程度の知識をすでに手にしていた。それゆえコントはサン＝シモンを経由する必要はなく、コントが学ぶべきオリジナルな思想など持ち合わせていなかったサン＝シモンは「最後までクリエイターというよりアニメーター」（Gouhier, 1970 : t. 3, 1, Cf., t.1, 230-247）にすぎなかったのだ――。「サン＝シモンの書く物はすべてセイの著作からの借り物」（八四）であり、「一九世紀の偉大な問題をただ自らの才気と着想を頼りに、政治的パンフレットの配布、それが生むセンセーションによって解決しようとする人間であった」（九一）と語る清水の文章には、こうしたグイエのサン＝シモン評価がそのまま表れている。

実証主義の歴史からサン＝シモンを「完全追放」（マニュエル）するグイエの目論見は、戦後、フランク・マニュエルのサン＝シモン研究(9)（Manuel, 1956）を嚆矢として覆されていくことだろう。それにしても、なぜグイエは八年間にわたり膨大な博識をつぎ込んで、現在からみてもかなり無理筋な解釈を施そうとしたのだろうか。ある研究者によれば、シャルル・モラスが主催するアクシオン・フランセーズ系の学術雑誌の寄稿者だったグイエにとって、ペタン政権へと向かう当時の時代状況のなかで、保守主義の思想的基盤を見出すために、社会主義の起源のひとつと目されていたサン゠シモン思想の伝統からコントを切り離すことが彼の目的のひとつだったと指摘している（Zsigmond, 1978 : 245-246）。そう考えると、モーデュイ『コントと経済学』（一九二九年）やニスベット『社会学の伝統』（一九六七年）、コント批判が主眼とはいえハイエク『科学による反革命』（一九五五年）など、清水が本書でたびたび口にする研究も、保守主義的なコント解釈で知られる著作に偏っていることがわかる。ここではそれらの研究と清水の解釈を突き合わせる余裕もないので、それらに対する反論のいくつかを挙げることで小括に代えることにしよう。[10]

三　第二の仕掛け――理論編

社会科学論の捨象

『コント』の前半部を使って「コント゠転向者」像を作り上げたのち、清水は第五章からその理論的内容へと入っていく。戦前のデビュー作から戦後の『社会学講義』までコントの社会学理論については何度も論じてきたとはいえ、ここではそれまでとは大きく異なる点が二つある。ひとつは、後期コントの大著『実証政治学体系』と人類教までフォローされている点である。新書とはいえコントのモノグラフィーを描く場合には、実証主義者コントによる新宗教の創設という、その後の弟子たちをも巻き込むいささかエキセントリックなこのテーマを外せないのは当然であろう。そしてもうひとつは、それまで清水が繰り返し論じてきたコントの「合理的予見」の問題や科学者による「論証の力」の議論が一切姿を消し、それに代わって「人間精神の無力（弱さ）」や民衆の「常識」に訴える議論が大きくクローズアップされている点である。さしあたり前者の議論をコントの合理的社会科学論、後者を形而上学的理性批判と呼ぶとすれば、以前の著作に比べて社会科学論の割合が極端に低下していることに気づくのである。

周知の通り、コント社会学の主要な概念のひとつに「三段階の法則」というものがある。コントによれば、人間精神の歴史的変遷は直接には観察不可能だが、その精神が生み出す産物、つまり科学（学問）は観察可能である。天体現象から社会現象まで外界の対象を過去の人間がどのように捉えてきたのか、その世界認識の体系（＝哲学）の流れを観察すれば、神学的哲学、形而上学哲学、実証哲学という三つの哲学に分類できる。しかし、天体現象から社会現象までのあらゆる知識が同時に神学的ないし形而上学的だったわけではなく、例えば数学や天文学は神学段階にあってもすでに実証的な知識に達していた。つまり、数学、天文学、物理学、化学、生物学の順に先行科学を基礎として時間差で形而上学段階を経由してそれぞれ実証状態に達してきた（コントはこれを「諸科学の分類原則」と呼ぶ）[11]。ただし、社会現象を扱う学問だけはいまだ実証状態に達しておらず、それを物語るのが革命後の西欧社会の混乱である。コントによれば、この混乱の原因は究極的には神学的政治学（神権政治論＝カトリック秩序派）と形而上学的政治学（一八世紀の人民主権論＝革命的進歩派）がいまだに覇権争いを続け、大衆の意見の社会的コンセンサスが得られない状態に起因している。それゆえ、この「秩序と進歩」

という人びとの二つの欲求を同時に満たし、従来の古い政治学を実証的な政治学に改編すること、すなわち実証政治学＝社会学の創設がコントの責務となる。

以上がコント実証主義のいわば総論にあたる部分であり、もちろん清水もその論述に紙幅を多く割いている。コントの主眼は、この神学的政治学と形而上学的政治学の両面批判、ないし両者の利点を同時に取り込むことで自らの社会学の正当性を訴えることにあり、清水も『社会学講義』から『社会学入門』（一九五九年）までは、この両者をバランスをとって描いてきた。ところが、『コント』ではもっぱらコントの形而上学的政治学批判と神学的政治学の利点の強調に主軸を移し、かつて清水自身が紹介していた各論部分、つまり社会科学論に関する諸問題がほとんど放擲されることになるのである。

清水が『コント』において「合理的予見」や「論証の力」の議論を一切捨象した要因のひとつは、科学者と大衆をめぐるコントの知識人論がネックにあったように思われる。コントの社会学創設の狙いは、いま見たように大衆の意見の社会的コンセンサスの形成にあった。彼によれば、社会学を含む一切の科学の基準は人間の行動の源泉たるその「合理的予見」にあり、社会学も「三段階の法則」から予見（つまり実証段階）を導くことが科学としての試金石となる。だがそもそもこうした科学的論証を理解できるのは少数の学者だけであり、社会の再組織のためには大衆のコンセンサスを得る必要がある。そこでコントが持ち出すのが科学者の「論証の力」という議論である。

それによれば、フランス革命によって思想信条の自由が認められ、誰もが自由に意見を述べることが可能となった。だが天文学や物理学に対して素人が意見を述べることはできず、科学に関しては、大衆は科学者の論証の能力を当然のように信頼している。ところが、彼らは自然科学者に認めている「論証の力」を、なぜか社会学者には認めようとしない。現在の社会的混乱の原因こそ、社会研究の素人である神学者と形而上学者の政治的意見の対立・混乱（コントの言う知的アナーキー）にあるとすれば、天文学者や物理学者に人びとが認めている「論証の力」を実証的な社会学者にも認めてしかるべきだ、というのがコントの大筋の主張である（杉本、二〇一七：二六四―二六八）。

いかに非合理に見える民衆でも科学による「論証の力」は受け入れるはずだというコントの前提は、かつての『社会学講義』の清水にとっては、科学的論証が独断ではなく学者間のオープンかつ批判的検討に付される点で、科学への市民の信頼の源泉にして民主主義自体の前提をなすものとして理解されていた。「近代の民主主義は、近代科学と根本的に同質的なものである。科学上の方法や技術は政治の領域にその対応物を有しており、両者は同一の空気の中で且つ同一の約束のもとで生きている。〔…〕科学の進歩は、自らの欲求或いは価値の問題に変化を与えるという意味で、コントの所謂〝論証の力〟が信ぜられている」（清水、一九四八：一一九）。それを最も固く信じているのがアメリカであり、科学と価値（民主主義）を峻別するウェーバーに対して、デューイに代表されるアメリカ社会学こそ、近代科学の方法による社会現象の解明を目指した「コントの抱いた社会物理学の思想が実現されつつあるという事実を照らし出すもの」（同前：一三四）として評価されていたのである。

このように『社会学講義』では、アメリカのプラグマティズムや民主主義とのつながりが指摘されていたにもかかわらず、『コント』ではその社会科学論がなぜまるごと捨象されたのか、その理由は明らかであろう。こうした民主的科学論は彼の保守主義的なコント解釈の方向性とは相容れないからである。清水は自分の思想遍歴を振り返りながら、「精神の無力」を重んじるコントの科学論について「私はそれに似た謙虚な考え方をプラグマティズムの認識論の中に見出した」（一二六）と懐述しているが、少なくとも『社会学講義』において彼がそこに見出したのは「精神の無力」というより、むしろ近代科学に対して「公共の理性」が認める「論証の力」だったのではないだろうか。

キラー・ワード（1）「精神の無力」

それでは、清水が啓蒙思想批判のキー概念として着目し、一八世紀の啓蒙思想と訣別した後のコントの著作には必ず出てくるという「精神の無力」とは何か。そもそもこの言葉は、コントが明確に定義した概念ではなく彼のテキストの全体に散在するフレーズであり、清水も例によってコント自身の言葉を引用しておらず、各々の文脈に応じてかなり自在に解釈されるキラー・ワードのひとつになっている。清水がどのような意味を重ねているのか、まずはその概念に清水が最初に言及する『社会学講義』から見ていこう。ここで彼は、社会学が成立する条件として、一九世紀に顕在化する社会問題の発生とその原因であるフランス革命の経験についておおよそ次のように語っている。

フランス革命は理性の名によって旧制度を除去し、新制度を成立させようとしたが、数々の内乱、革命、戦争、貧困を生みだした。コントによれば、人間精神は一挙に真理をつかむような理性ではない。理性は永遠不変の真理ではなく背後に歴史を持っており、〝人間精神の弱さ〟を承認しなければならない。政治的指針は人間本性にあるとされたのに、憲法が何度も書き換えられる事態は、人間本性の道を歩んでもこの道によって目的には到達しえないことを教えている、云々（清水、一九四八：

三六—三七)。

続いてコント社会学の静学(秩序)論の解説に移り、コントの形而上学的政治学への批判と神学的政治学への接近について次のように述べる。

「中世は強い力を以てコントを引き寄せようとする。彼は前方へ進みながら同時に後方へ退いている。彼が〝人間精神の弱さ〟を告白するとき、近代の、特に一八世紀の人々の野望を嗤っているのである。理性の名において神の力を僭稱し、神と教会とを捨て、ひとり自己にのみ頼り、その自己と理性の命ずるままに立法を行おうとした前代の人間〔ルソー〕からコントは自分を区別しているのである」(同前:五四)。

『コント』で散見される言及も含めれば、清水のいう「精神の無力」とは次のようにまとめられよう。(一)社会組織は、永遠不変の真理をつかむ理性によって一挙に実現できないこと、つまり「歴史」のなかで理性は徐々に育まれていく(三段階法則でいう神学精神は一挙には実証段階に達することができない)。(二)人間精神は、その弱さゆえに理論と実践を一挙に引き受けられず、中世以来、精神的権力と世俗的権力に分立する二重権力体制が取られてきたこと。(三)人間精神は、物事の第一原因や目的因の追求に無力であり、せいぜい現象間の法則を観察することにとどまらねばならず、人間がその法則を変えようとするのは傲慢であること。(四)人間精神の弱さは、知性よりも情動のほうが強いとする生物学の大脳理論によってすでに論証済みであること。

これらの指摘から清水のいう「精神の無力」(ないし「知性の弱さ」)とは、主に理性(形而上学)に対する「歴史」の重視を意味していることがわかる。それゆえコントの「進歩」概念も「遠い蒙昧の時代に発する精神の細い流れが、緩やかに動いて少しずつ水量を増しながら現在に至り、未来へ進んでいく、そういう連続的過程」、あるいは「多くの諸時代を通じて行われた〝大いなる帰納〟」（二〇二）として理解される。「歴史の断絶」を前提とするコンドルセとは違い、「歴史の連続性」を重視することうしたコントの進歩史観の理解は、コント自身も伝統主義の歴史観の影響を認めているように[12]（Comte, 1969(a)：146-147）、おおむねコント自身の意図に沿ったものとはいえる。とはいえ、そもそもコントがこうした歴史的過去の観察をなぜ重視するかといえば、それは単に形而上学を非難するためではなく、文明史全体の流れから未来を「予見」し、現在の人間の政治行動（実証的・産業体制）を導く合理的な指針を示すことに主眼が置かれていた（コントが強調する〝過去→未来→現在〟のいわゆる「哲学的順序」〔Comte、二〇一三：一七二〕）。それゆえフランス革命についても、反革命主義者のように単に歴史を断絶させた糾弾の対象ないし偶発事ではなく、コントにとっては、あくまで文明史という連続した流れのなかではじめてその歴史的意味と必然性が了解されるべきものなのである。

「合理的予見」の問題はコントの社会科学論の要諦のひとつであり、実際、すでに触れたように清水自身もデビュー作から『社会学講義』まで常にコントの社会学の中心問題に据えてきた議論であった。ところが『コント』では予見の問題はもちろん、予見から導かれる科学的論証の議論についても不思議なほど一切言及されなくなる。そのため、『コント』の読者には、文明史における革命の必然性や過去を重視するコントの本来の理由が語られないまま、清水が駆使する「精神の無力」という言葉のまえに、〝反革命伝統主義者〟コントによる形而上学＝啓蒙思想批判という印象だけが残るような語りになっているのである。

キラー・ワード（2）「常識」

こうした不作為な印象操作は、同じように清水が文脈を離れて駆使する「常識」という概念にも看取できる。これも啓蒙理性批判の文脈で清水が繰り返し利用するキラー・ワードのひとつである。清水によれば、「デカルト以降の思いあがった〝理性〟」に対して「弱い精神はいかに発達したとはいえ、常識との結びつきを保っている。形而上学的精神とは違って、実証的精神は過去との結合を絶えず確かめるのと同じように、常識との結合を絶えず確かめる。常識とは、民衆の智慧である。日常の平凡な活動から滲み出た民衆の智慧である。〝常識〟について、コントは、raison publique〔公共の理性〕, raison commune〔共通理性〕, notion populaire〔民衆的観念〕, sagesse spontanée〔自然の知恵〕, bon sens vulgaire〔民衆の常識〕などという言葉を用いている。哲学者は民衆の友であり、哲学は常識の延長であり、両者の差は程度の差である」（一〇五）。

こうした「常識」への訴えは、『コント』後半の基調をなすだけでなく『戦後を疑う』でも敷衍される彼の持論のひとつであり（清水、一九八五：五七―五八）、清水の民衆像が伝統主義の称揚する非合理的で素朴な人びとであることは明らかだろう。それを証左するキー概念として「精神の無力」と並び、清水が着目するのが「古くからの民衆のイマジネーション、観念、感情、信仰、智慧、伝統、要するに常識という無名の集団的なもの」（一六三）なのである。だが『コント』と『戦後を疑う』の「常識」論が互いに共鳴していることや、杉山光信も指摘するように「清水にとってさりげなく用いられている〝常識〟は、かれが戦前から社会学研究を進め、ジャーナリズム活動を行ううちに手に入れた重大かつ強力な理論装置」（杉山、一九八三：五二）であるとすれば、実際にはコントに即しているというより、むしろ清水のほうがコントのテキストに外挿しているのではないかとやはり疑ってしかるべき概念なのである。コントが唱える「常識」人とは、本当に清水が言うように理性と対極に位置する非合理的な民衆なのだろうか。

例によってこれについてもコントからの引用はないので、『実証精神論』（一八四四年）の議論に直接当たることにしよう。それによれば常識とは、知識の盛衰を判断できる第一原理にして、神学状態においてさえ数学や天文学を生み出した実証性の母胎であり、それ自体が科学の自然発生的基礎であるとすれば、常識は合理的検討の対象ではない（Comte, 一九七〇：一八二）。それゆえ清水はこうした民衆の常識を合理的検討にかけるようなデカルト的理性を、『コント』をはじめ、数々の著述のなかで繰り返し否定した。「諸科学の綜合としての実証哲学は、所詮、常識を拡大し延長し純化したものである。それは〝専門馬鹿〟には理解できなくても、日頃、地道な生産や生活を営んでいるプロレタリアには容易に理解出来るであろう。〔…〕常識には〝大いなる帰納〟としての、過去の重い蓄積がある。それを冷たく無視したのがデカルトであり、啓蒙思想家であった」（一六二）。

常に清水の言葉には、『実証精神論』を直接読まずとも読者を納得させるだけの重みがある。だがこういう時こそ眉に唾を付けるべきだろう。読者自身でそれを一読すればわかることだが、清水がコントの「常識」論として賞賛している思想は、実は皮肉にも、清水が近代理性の権化として非難するデカルトその人の思想なのである（Cf., Pickering, 1993：112-113）。コント曰く「事実、デカルトとベーコンが正当にも高く評価したこの常識bon sensは、幸いスコラ的教養を持たず、そのため曖昧で詭弁的な習慣を持たない下層階級において純粋な形で力強く存在する」(Comte, 同:二一五)。

『方法序説』の著者によれば、真偽を正しく判断できる「常識bon sens」は書物や習慣から得られるものではなく、万人に公平かつ生来的に備わる一種の「理性」であり、学者は書物を読めば常識から離れられると信じているが、それは単に彼らの虚栄心にすぎない。それゆえ彼らが扱う各学問(科学)も、いかに多様な現象を研究しようとも、すべては相互に依存しあっているため、常にその母胎である常識から離れてはならない。「あらゆる学問は人間の知恵sagesse humaineにほかならず、これはいかに異なった事象に向けられても常に同一であることを失うことはない〔…〕。大多数の人が人間の習俗、植物の特性、星の運動、金属の変質、その他同様な学問の対象を極めて細心に究明するが、他方でほとんど誰も常識、すなわちかの普遍的知恵Sagesse universelleについて考えないということは実に驚くべきことだと私には思われる。というのは知恵以外のすべてのものは、それ自身によってよりもむしろこの知恵に寄与するがゆえに尊ぶべきものだからである」(デカルト、一九七四:九—一〇)。

確かに、清水が繰り返し強調したように、心理学(内観=コギト)や普遍数学の構想(幾何学的方法を全学問に敷衍する試み)、そして道徳的・社会的研究の欠如に対するコントの一様の批判を見れば、デカルトによる諸科学の統一計画が不十分であったことはコント自身も認めるところである。だが彼にとって、デカルトの「常識」概念は、一八四〇年代から社会再組織への協力を学者組織からプロレタリア民衆へと移動させていく転換期にあって、学問の専門化・分散化を押しとどめ、諸科学の統一を再確認させる公共の理性を託されたひとつのモデルとなっていく。それゆえコントは、デカルトをベーコンと並び常に「合理的実証性の最初の決定的発展」の先駆者に位置づけながら、そのうえで社会理論の実証化というデカルトが積み残した課題、すなわち個人的理性を公共の理性まで拡大させる社会的プログラム（哲学者とプロレタリアの同盟）を二月革命以降の中心的な課題に設定していくのである（杉本、二〇二三）。

事実がそうであるとすれば、清水自身が『世界の名著』で監修も務めた『実証精神論』におけるコントのデカルトへの賛辞を一切無視した理由をやはりここでも問わざるを得ないだろう。繰り返しになるが、近代理性＝啓蒙主義批判という自説を展開したい清水にとって、コント自身に懐疑主義者デカルトなどを持ち上げられては、あらかじめ清水の念頭にある伝統主義の定石とやはり齟齬をきたす恐れがあったからではないだろうか。コントがなぜ社会学の完成を「偉大なデカルトの夢の実現」と呼ぶのか、清水が最後まで理解することができなかったのも、コント思想に仮託した自身の半ば強迫観念的ともいえる啓蒙主義批判にその理由の一端があったように思われる。

四　おわりに

清水も触れているように、昔からコント研究にはひとつの伝統的な問いがある。コント曰く「神学主義に対する実証主義の知的優位を特徴づけるために精神が支配した」前期の『実証哲学講義』と、「真の宗教の道徳的優位を表明するために心情が支配する」後期の『実証政治学体系』の間には、果たしてその思想的連続性が保たれているのかという問題である（Comte, 1969(b) : Préface, 3-4、強調筆者）。

コント自身は最後まで両者の連続性を主張したが、弟子や研究者のなかには前期の〝進歩的〟なコントしか認めない者もいれば、逆に後期の〝反動的〟なコントを重視する者もいた。従来、保守主義的なコント解釈といえば、この後者の系譜に属する論者によって受け継がれ、もっぱらコント研究においての「転向」や「回心」といえば、この断絶問題と相場は決まっていた。では清水の場合も後者の系譜に連なるかといえば、実はそうではない。その転換は自然なものであり、なんらドラマティックな転換はそこにはないと彼はいう（一八七）。その独特な解釈は本書に譲るとして、そもそも清水がそこに大きな転換を認めようがないのは、前期の段階ですでに「転向」しているはずのコントがここで再び「回心」するわけにはいかないのは当然であろう。

それゆえ、『コント』の読者は「精神の無力」を説くコントがなぜ『実証哲学講義』を「精神が支配する著作」と呼ぶのか、「知性の弱さ」を説く彼がなぜ女性（感情）に対する男性（知性）の優位を主張するのか、反革命を説く彼がなぜ第三共和政期の公式革命史学の源流のひとつに数えられているのか[13]（前川、一九八八：一七二―一八三）、そして結局のところ清水が示唆する伝統主義と実証主義（社会学）の違いはどこにあるのか、というさまざまな疑問を抱えたままやや唐突に本書は閉じられる。おそらく清水はコント晩年の倫理学を伝統主義と呼びたかったのだろう。だが晩年の思想を青年期の思想にまで読み込むそのアプローチ（あえて言えば〝珍説〟）のせいで、その中間に位置する『講義』の社会科学論を捨象したことも、こうした疑問を招く一因だったように思われる。

なるほどフランス革命・啓蒙思想・経済学・心理学・数学に対するコントの形而上学批判はどんな些細なものでもひとつ残らず拾い上げ、筆一本で美しい文体の書物にまとめ上げる清水の筆力には、むしろ改めて感嘆の念すら覚えざるをえない。本章で指摘してきた解釈の偏りも、そのトピックごとに個別に見るだけであれば、さほど大した誤りには映らないであろう。ところが一つ、二つとボタンの掛け違いが不作為に積み重なるにつれ、ついには容易には否定できぬほどの大きな壁となって読者の前に屹立してくるような効果が生み出されるのである。

『コント』から二年後、清水は日本の核武装を論じてセンセーションを巻き起こした政治的パンフレット(?)『日本よ、国家たれ——核の選択』(一九八〇年)を刊行するが、『コント』の入念に練られた草餅のような文体にも通ずる、その何とも言いようのない違和感を的確に指摘している旧友・福田恆存の論評を引いて、最後の結びに代えることにしよう。

「〔清水の説明は〕いちおう成功してゐるかに見える。といふのは讀み易く書かれてゐるだけに、大方の讀者はその杜撰な理窟づけに抵抗を感ずる事なく押し流されてしまふからである。その點、完全犯罪にも似た緻密な計算が働いていると言へようが、その樣に讀者を押し流し巻き込んでいく才能は、氏も自覺してゐる樣に、遡って頁をめくる事の出來ない演説會會場のアジテイターのそれに過ぎない。しかし、讀者の方で、その流れに乘らず、筆者と緻密な問答(ダイアローグ、ダイアレクティック)を交わしながら讀んで行けば、樣相は忽ち一變し、全體は破綻に滿ちた支離滅裂なものに見えて來るであろう」(福田、二〇〇八:一六)。

文献

Brahami, F., 2016, *La Raison du Peuple Un héritage de la Révolution française (1789-1848)*. Les Belles Lettres

Comte, A., 1969(a), *Cours de philosophie positive, in Œuvres d'Auguste Comte*, Anthropos, t.4

Comte, A., 1969(b), *Système de politique positive, in Œuvres d'Auguste Comte*, Anthropos, t. 7

Comte, A., 1970, « Mes Réflexions », in *Auguste Comte : Écrits de jeunesse, 1816-1828*, Mouton

Comte, A., 一九七〇、「実証精神論」『世界の名著　コント／スペンサー』霧生和夫訳、中央公論社

Comte, A., 二〇一三、「社会再組織のための科学的研究プラン」『ソシオロジーの起源へ』杉本隆司訳、白水社

Gouhier, H., 1970[1933-41], *La jeunesse d'Auguste Comte et la formation du positivisme*, J. Vrin, 2e éd, t. 1-3

Kremer-Marietti, A., 1983, *Le concept de science positive*, Klincksieck

Macherey, P., 1991, « Le positivisme entre la Révolution et la Contre-Révolution : Comte et Maistre » in *Revue de Synthèse*, t. 112

Manuel, F., 1956, *The new world of Henri Saint-Simon*, Harvard University Press（一九七五、『サン・シモンの新世界』森博訳、恒星社恒星閣）

Pickering, M., 1993, *Auguste Comte : An Intellectual Biography, Volume I*, Cambrige University Press

Rosanvallon, P., 1985, *Le moment Guizot*, Gallimard

Saint-Simon, H., 2012, *Œuvres complètes*, PUF, t.1-4（一九八七、『サン-シモン著作集』森博編・訳、全五巻、恒星社厚生閣）

Zsigmond, L., 1978, « Le Sort de l'héritage de Saint-Simon », in *Acta Historica Academiae Scientiarum*, Hungaricae 24

コンスタン、バンジャマン、二〇二〇、『征服の精神と簒奪』堤林剣／恵訳、岩波文庫

篠原敏昭、二〇〇四、「清水幾太郎における市民主義と国家主義の問題」『市民社会とアソシエーション』村上／石塚／篠原編、社会評論社

清水幾太郎、一九四八、『社会学講義』岩波書店

清水幾太郎、一九七〇、「コントとスペンサー」『世界の名著　コント／スペンサー』中央公論社

清水幾太郎、一九七一［一九五九］、『社会学入門』潮文庫
清水幾太郎、一九八五［一九八〇］、『戦後を疑う』講談社文庫
清水幾太郎、一九九二［一九三三］、『社会学批判序説』（『清水幾太郎著作集（一）』講談社、所収）
清水幾太郎、二〇一四［一九七八］、『オーギュスト・コント――社会学とは何か』（『オーギュスト・コント』ちくま学芸文庫、所収）
庄司武史、二〇一五、『清水幾太郎――異彩の学匠の思想と実践』ミネルヴァ書房
杉本隆司、二〇一三、「科学と産業の相剋――コントとサン＝シモン」『科学＝宗教という地平』白水社
杉本隆司、二〇一七、『民衆と司祭の社会学――近代フランス〈異教〉思想史』白水社
杉本隆司、二〇二三、「七月王政期におけるコント思想の変容――〈実証哲学〉から〈実証主義〉へ」『フランス哲学・思想研究』日仏哲学会、第二八号
杉山光信、一九八三、「清水幾太郎の〝常識〟――ある理論の挫折とレトリックの完成について」『戦後啓蒙と社会科学の思想――思想とその装置１』新曜社
鈴木廣、一九九〇、「清水幾太郎私論」『社会学評論』日本社会学会、第一六〇号
デカルト、ルネ、一九七四、『精神指導の規則』野田又夫訳、岩波文庫
デカルト、ルネ、一九九七、『方法序説』谷川多佳子訳、岩波文庫
富永健一、二〇〇八、『思想としての社会学――産業主義から社会システム理論まで』新曜社
福田恆存、二〇〇八［一九八〇］、「近代日本知識人の典型清水幾太郎を論ず」『福田恆存評論集』第一二巻、麗澤大学出版会
前川貞次郎、一九八八、『歴史を考える』ミネルヴァ書房
森博、一九八七、「サン＝シモンの生涯と著作（三）」『サン‐シモン著作集』第三巻、恒星社恒星閣

註

（1）一例を挙げれば、日本語版ウィキペディアの「コント」項目の典拠は、ほぼ清水の著作で占められている（二〇二三年一一月六日アクセス現在）。
（2）清水の社会学におけるこのテーマの位置づけとその後退については、庄司（二〇一五）の第六章および第一二章に詳しい。
（3）清水（二〇一四）、六二頁、強調筆者。以下、『コント』からの引用は本文中に頁数のみを記す。
（4）コンスタン（二〇二〇）、第二部六—七章を参照。
（5）ロザンヴァロンによれば「帝政末期にリベラルであるということは、八九年の革命原則を守るとともに、旧体制・恐怖政治・ナポレオン専制を一律に批判し、この一般的表現が取りうる非常に多様な意味での合理的な政治の時代の到来を訴えることを意味していた」（Cf., P. Rosanvallon, 1985 : 25）。
（6）こうした清水の立体的視点の欠落は、七月王政期から顕在化する労働者の問題を、コントと共有していた社会主義の系譜（プルードン、サン＝シモン主義）の看過にも見て取れる（Cf., Brahami, F., 2016 : 273-285）。
（7）それらの論文での王党派とキリスト教道徳への露骨な批判は、『産業』の読者を不安に陥れ、いわゆる「寄付者の反乱」を招くが、サン＝シモン名論文であったため、コントの責任が問われることはなかった。清水は、コントは自分の才能から「名前を惜しんで」署名しなかったと述べているが、郷里の両親に知られたくないという打算もそこには働いていた。Cf., 森博、一九八七：四八八。
（8）両者の訣別の経緯については、杉本（二〇一三）を参照。
（9）清水も「革命と経済学」のなかでこの書を参照文献のひとつに挙げており、マニュエルのグイエ批判は知っていたはずである。
（10）のちに経済学批判へ転じるコントの背後に伝統主義の影響があったとするモーデュイへの批判は、Kremer-Marietti（1983 : 47-48）を、コントの実証主義をメーストルらの反革命思想（伝統主義）に還元する主張全般に対する批判については、Macherey（1991 : 41-47）を、それぞれ参照。後者も指摘しているように、コントが伝統主義者に言及し始めるのは、サン＝シモンと訣別後（「プラン」論文以降）である。この時期のコントが伝統主義だけでなく、ドイツ哲学、スコットランド哲学、自由主義者、骨相学者などに広く言及することで、自らの思想的先達としてのサン＝シモンの痕跡を抹消・上塗りしようとしていた点については、ピッカリングが詳細に論証している（Pickering, 1993 : Chap. 6)。清水は、訣別後のコントのサン＝シモン非難をそのまま受け取り、特に根拠も挙げずに決裂前のコントの文章に伝統主義の影響を示唆している。

（11）清水は、この原則をコントの弟子ラフィットに倣って常に「科学分類の法則」（九四）と呼び、今ではそれが一般に定着しているが、コント自身は法則ではなく主に原則、規準と呼んでいた。la loi des trois états の訳も、清水以前の研究者たちがおそらくコントの相対主義を念頭に主に「三状態の法則」と訳しているのに対し、そもそも état を「段階」と訳すのにやや難がある清水の訳語は、どうも戦前のマルクス主義時代の発展段階論のイメージをそのまま引き継いでいる感がある。

（12）コントのメーストル批判は次を参照（Comte, 1969(a) : 143-144)。

（13）清水は多くの紙幅を割いて革命批判を展開しているが、注意深く読むとコント自身の革命史観については、実はほとんど触れていない。

第六章　敗北の文学——福田和也『奇妙な廃墟』

川上洋平

一　戦後保守思想と文学

戦後日本の保守思想は、敗戦時の体制転換という断絶の経験のゆえに、戦勝国アメリカとの関係においてひとつの分裂を迫られることになった。すなわちアメリカの軍事的保護の下で経済的繁栄を追求する自由主義体制を新たな日本の伝統として擁護していくか、その反対にむしろ対米従属からの解放を憲法改正によって目指していくのか、という分裂である。このうち、後者の道を模索したのが、保守的な文芸評論家たちであった。すなわち、彼らは同時代の文芸についての分析によって、戦後日本に、従属しつつも自由であるかのように振る舞う欺瞞を見出し、経済的繁栄の名において日本の主体性が損なわれていることを批判的に論じる。そしてそこからの脱却を主として戦後憲法の改正という政治的改革に求めていくのである。その代表的人物が、日本の交戦権の回復によって戦後日本の「成熟」を促した江藤淳である。(1)

こうした態度を戦後日本の文芸的保守思想と呼ぶとすれば、一見してそれを継承しているかに思われるのが、福田和也（一九六〇―）である。福田は、一九八九年に博士論文を上梓して以降、江藤の支持を得て、明治、昭和、平成の日本文学について縦横無尽に論じ、日本の文芸における一定の存在感を占めるにいたった。またそれと並行して、昭和期の歴史についての著作や、保守論壇誌への積極的寄稿によっても、いわゆる日本の保守論客としての名を知らしめている。二〇一〇年代以降は活動量を減らしているものの、全三巻の『福田和也コレクション』の公刊が開始されるなど（福田、二〇二一）、とりわけ保守業界においては、福田の文筆を待ち望む声は今なお小さくはないといえる。

しかしながら、福田には当初よりこの保守的系譜には素直には収まりのつかない部分がある。[2] すなわち、そもそも彼のデビュー作である『奇妙な廃墟』は、フランスの「反近代」思想の中に「対独協力文学（コラボラトゥール）」を位置づける野心的な研究であった。そこには第二次世界大戦に勝利したフランスではなく、その中の敗北した対独協力文学——ときに「ファシズム文学」とも称される——における独自の倫理性（ないし非倫理性）を問うという点で、敗戦後の日本における倫理を論じる江藤に通じるところが多くある。だが、その一方、福田がこの文学者たちに認める「放蕩」というひとつの態度は——それはすぐにも福田自身の自己規定としても盛んに用いられるようになる形容である——、江藤が追求する日本の主体性の肯定とは容易には両立しえない過激さを備えてもいるのである。

本章は、戦後日本におけるフランス受容の一側面として、文芸的保守思想の中でフランス知の果たした役割を福田和也の『奇妙な廃墟』を題材に探求する試みである。その補助線として導入したいのが加藤典洋の言論である。『アメリカの影』、『敗戦後論』といった著作で知られる加藤は、江藤と同じく戦後日本を覆う対米従属の空気を文芸評論を通じて探りながらも、その克服をナショナリズムの再建や交戦権の回復に求める江藤とは異なる道を探る。それはどちらかといえば、福田が対独協力文学の作家（以下、コラボ作家）たちに認めた「放蕩」の精神にも通じる、「ノン・モラル」のモラルであった。ただし加藤があくまでも日本およびアメリカの戦後文学を対象にするのに対して、福田はフランス文学の一系譜に同じものを探り当てている。この同時代的な共通性に注目することで、本章は、戦後日本におけるフランス知受容の知られざる一端を示すことを目指したい[3]。

以下では、次の順序で考察を進める。まず戦後の文芸的保守思想の枠組みとなる戦後の空気への批判を江藤のいくつかの論考に確認する（二）。つぎにそれを引き受けた加藤が、しかし江藤のナショナリズム再建とは異なる、太宰＝サリンジャー的なノン・モラルの思想を志向していることを見る（三）。これらを踏まえて、福田のフランス文学論における江藤および加藤の議論の継承と共鳴を（四）、そしてそのことが戦後日本に対して与える意義とを見ていきたい（五）。

二　廃墟における死者の声——江藤淳

道徳的起点としての廃墟——「〝戦後〟知識人の破産」

江藤淳（一九三二—一九九九）は、安保闘争のおこなわれた一九六〇年の直後、雑誌『諸君！』に寄稿した論考「〝戦後〟知識人の破産」において、丸山眞男および清水幾太郎といういわゆる進歩的文化人に対する厳しい批判を展開している。それは表面的には時局的な議論であるが、しかしそこには政治と道徳との関係性についての江藤のきわめて透徹した理論を見てとることができる。本節で主題とする江藤の「ごっこ」批判の背景をなすものとして、まずこの理論に注目しておきたい（江藤、二〇一五）。

江藤は安保闘争後の論壇の論調に、戦後一五年後における知識人の「思考の型そのもの」の破産を認める。この思考の型とは、一言でいうなら、冷厳なる政治的事実を道徳的に理解してしまう思考様式である。たとえば、丸山眞男は、日本の敗戦による「廃墟」を、「新しい日本の建設」という理想主義の根源としている。江藤によれば、それは、圧倒的な力の差によって敗戦の苦杯を舐めたという政治的事実が、飢えに呻吟する「肉体の悲惨」としてではなく、むしろ理想の未来へと歩み出す出発点という道徳的価値として捉えられていることを意味する（「戦争に負けたおかげで憲法が変わった」）。しかも、丸山は、この廃墟に「正義」を見る立場から、戦後日本の「肥満」つまり理想なき経済成長を不義として断罪し、その破壊をさえ待望してしまっている。江藤にいわせれば、それはあたかも「頭と肉体が救いようもなく分裂したとすれば、首から下を切ってすてればよい」というかのごとくである（一七二）。

江藤は、この丸山の思考に戦後日本の知識人が囚われている「仮構」を確認したうえで、清水幾太郎の安保闘争についての論説（「安保闘争の「不幸な主役」」）に、この仮構の継承およびその「破産」を見出す。清水は、同論説において、国会を取り囲む一七万人のデモ隊を背景にして、反体制側が岸首相の退陣まで座り込みを続ければ、安保を阻止することができたはずであったと述べる。だが、江藤はこの主張について、結局のところ清水は首相の「寛容と道義心」に期待しているにすぎないと見る（一七五）。そこには、国家の圧倒的な力によってデモ隊が蹴散らされるという可能性が、そもそも眼中にさえない。つまり、江藤の考えでは、清水は、政治的な力関係を無視して、道徳的な正義が必ず勝利するという「仮構」に囚われながら、知らずしてみずからその限界を露呈させている。江藤はここに、敗戦時にアメリカの圧倒的な力を眼前にして形成された、肉体的敗北を克服する道徳的勝利という仮構の、最終的な破産を捉えるのである。

そのうえで、江藤は、現実的な力関係から眼を逸らす進歩的文化人のこの理想主義が、いったい何に由来するものであるかを問う。それは、戦争による緊張からの解放によってもたらされた「虚脱」、そしてこの虚脱の根底にある彼らの「傷つけられた「誇り」」であるというのが彼の考えである。

傷つけられた「誇り」は、現実を回避しようとして新しい規範を必死に喚び求める。敗北が決定的であるほど、規範は観念的でなければならない。そして観念が現実をおおいかくしたとき、敗戦はどこかに消えた。しかし、不幸は、一切の動きと相対化を拒んでいる閉ざされた論理のなかに、この不安定な心情が封じ込められた、というところからはじまる（一七九)。

圧倒的な力の差を経験した知識人は、敗戦という事実から目を背け、あたかも敗戦によって平和をみずから勝ち取ったかのようにして自身の虚脱の解消を図る。これは、実のところ政治的な敗北によって傷つけられた彼らの誇りを、道徳的な「勝利」という体裁において取り戻そうとする、いわば代替的な戦争にほかならないのである。

それならば、江藤は、知識人たるもの本来政治に対してどのような態度を取るべきだと考えるのであろうか。それは、つぎの引用にあるような、現実における「権力の動力学」を認めること、より比喩的にいうなら、「時計の針を進め」ることである。

生きようとすれば、時計の針を進めねばならない。それは大小の実際家と歩調をあわせて、眼前の悲惨、国際間の葛藤といったようなものをみとめることであり、「新しい日本」が権力の動力学の外に「建設」されるものではないことを認めることである。〔…〕生きている人間は、みな、知っていようと知るまいと、こういう現実をうけいれながら生きているではないか（一八〇）。

思想と道徳、それらはいずれも、微動だにしない絶対的な価値を求める。しかし政治は本来そういったものではありえない。すなわち、「政治の世界」においては、「絶対」などというものはなく、「相対的に考える」よりほかに生きる方策はないからである（一八二）。むろん、江藤は、思想と道徳を不要とするわけではない。彼はただ、それらが政治と「野合」するとき、つまり思想と道徳とを絶対的な基準として政治が論じられていくとき、思想と道徳そのものが生きた力に欠けた「白々しさ」を呈することに注意を促しているのである。

真の経験としての廃墟――「「ごっこ」の世界が終わったとき」

江藤の代表的な政治評論のひとつである「「ごっこ」の世界が終わったとき」が書かれたのは、それから一〇年ののちである。基本的な論調は同じであるが、しかし本章の観点からして興味深いのは、ここで江藤が、かつて否定的にのみ捉えていた廃墟のイメージ、そしてそれと連動する虚構や誇りの問題に対して、やや異なる見方を提示していることである。この論考の枠組みに沿って見ていこう。

本論考において、江藤は、同時代の日本社会が「「ごっこ」の世界」によく似ていると指摘する。

ごっこというのは、鬼ごっこ、電車ごっこを典型とする子どもの遊戯であるが、それを成立させるのが、仲間内の「黙契」および「共犯関係」である。現実の太郎を鬼として見るイメージ、現実のロープを電車として見るイメージを、暗黙の約束によって互いに共有することで、ごっこが可能となる。そしてそれは、ごっこへの参加者を、現実に存在するさまざまな「禁忌《タブー》」――鬼も電車も、現実には避けるべきものである――から解放し、自由かつ身軽にする。このごっこの世界は、不意に転んでひざから血を流すなどしてわれにかえるまで、終わることがない（二三七）。

日本社会がごっこの世界であるとは、それではどういうことか。江藤が挙げるのは、立場を異にするはずの左右の政治運動がいずれもただのごっこを演じているという事実である。一方の反体制的な学生運動は「革命ごっこ」に、他方の自主防衛論者は「自主防衛ごっこ」に精を出している。なぜなら、このいずれも、米国には到底対抗しえないという現実の禁忌をないかのごとくに、むしろその保護下において自由かつ身軽に振る舞っているにすぎないからである。たとえば、いわゆる自主防衛なるものは、米国の極東戦略を自衛隊が分担するものであって、米国の保護のもとでの自主防衛ごっこで悦に入るばかりなのである（二三九）。

江藤はこうした日本社会のごっこ化の要因を、戦後の日本人の「自己同一性《アイデンティティ》」の混乱に求める。すなわち、日本人は、虚構と現実とのあいだにずれを抱えるがゆえに、現実を意識の隅にかすかに感じながらもその禁忌から目を背けて虚構たるごっこに興じることになる。自分たちを自由な存在と見なしながら、実際には米国の支配下にある日本人のこの混乱が、彼らから「真の経験」を奪っているのである。江藤はこれを端的に「公的なもの」ないしは「生き甲斐」の不在として規定している。

「ごっこ」の世界とは、〔…〕公的なものが存在しない世界、あるいは公的なものを誰かの手にあずけてしまったところに現出される世界、と定義することができるかも知れない。それなら公的なものとはなにか。それは自分たちの運命である。故に公的な価値の自覚とは、自分たちの、つまり共同体の運命の主人公として、滅びるのも栄えるのもすべてそれを自分の意志に由来するものとして引き受けるという覚悟である。それが生き甲斐というものであり、この覚悟がないところに生き甲斐は存在しない。よってわれわれには生き甲斐は存在しないのである（一四四）。

自分たちの運命が米国へと委譲された戦後日本、そこでは体制側も反体制側も、つまり国家そのものが、生き甲斐とは無縁のごっこ遊びにならざるを得ない。

それでは、こうしたごっこによって奪われた生き甲斐を取り戻すことはいかにして可能なのか。先の論考では、理想主義から脱却した現実的立場として、相対的な現実を――いかに誇りに反しようとも――そのままに受け入れることを説いていた。ところがその一〇年後の本論考においては、江藤はこの現実主義には飽きたらず、自己同一性《アイデンティティ》の回復への志向を打ちだすようになる。すなわち、江藤いわく、米国の支配は日本の生存の維持にとっては不可欠かもしれないが、この生存の必要性は、日本人の自己回復を求める心情を鎮めるには至らない。いまや江藤は、かつて傷つけられた誇りの問題として退けていたこの自己回復の心情に寄り添い、それがたんなる感情論であるとしても、決して目を背けるべきものではないとするのである。「人は生存を維持するために、あえて自己同一性《アイデンティティ》を抛棄することもある。しかしまた自己同一性《アイデンティティ》の達成を求めて自己〔の生存〕を破壊することもある。そして現代の政治は、単に人間の理性だけではなく、このような衝動を内に秘めた全体としての人間を相手どる必要に迫られている」(一五二)。

戦後の日本人のこの自己同一性《アイデンティティ》への衝動は、江藤によれば、経済面においては米国と対等になることによって一部満たされてはいる。だが、軍事面では、たんなる自衛隊の軍備拡大によってではなく、「佐世保・横須賀以下の在日米軍基地の移管」を含む新たな同盟関係の構築によって、「日本人の自尊心にささったとげを引きぬく」ことが求められる。そうしてこそ、日本人は、自分たちの運命の主人公として生き甲斐を取り戻すことができるからである。

> そのときわれわれは、自分たちの運命をわが手に握りしめ、滅びるのも栄えるのも、これからはすべて自分の意志で引き受けるのだとつぶやいてみせる。それは生き甲斐のある世界であり、〔…〕真に共同体に由来する価値が復権し、それに対する反逆もまた可能であるような世界である。われわれはそのときはじめてわれにかえる。そして回復された自分と現実とを見つめる。今やはじめて真の経験が可能になったのである(一六〇)。

注目すべきなのは、江藤がこの文脈において、以前には理想主義の起点として否定的に言及していた「廃墟」を、それとは異なる肯定的イメージへと再解釈していることである。彼は右の引用にこう言葉を継ぐ。われわれがみずからの運命を引き受け、ようやくわれにかえって真の経験へと向き合ったならば、その眼前において七〇年代後半の東京の市街が突如として消え去り、敗戦時の「廃墟」があたり一面に広がりゆくであろう。そこでは、「空がにわかに半透明なものたちのおびただしい群れにみたされ、啾々たる声がなにごとかをうったえるのを聴くであろう」（一六二）。そしてわれわれは、自分たちの耳を打つこの声が、「戦争で死んだ三百万人の死者たちの鬼哭」であることにただちに気づくであろう、と。ここに及んで江藤は、敗戦の廃墟を、生き甲斐に満ちた苦難の呻《うめ》きの響く最後の場として捉え直し、そこにわれわれの真の経験の原風景を見出すのである。「ようやく真の経験を回復したわれわれは、いまふたたびそこ〔＝廃墟〕からはじめなければならない」（一六二）。

さて、以上のように江藤は、戦後日本のごっこの世界との対比において、日本人が自分たちの運命をみずから引き受けうるような真の経験の場として廃墟を表出する。六〇年の江藤によれば、丸山のいう廃墟なるものは、所詮は敗戦による肉体の惨めさから切り離された理念としての道徳的「勝利」の徴にすぎないものであった。ところが、その一〇年後の江藤は、この廃墟のイメージを日本の敗北という冷厳なる現実の表象へと読み換えたうえで、改めてそこに、戦後の日本人が立ち戻るべき命懸けの戦いの場としての意味を賦与する。かくして敗戦の廃墟は、江藤において、戦後の日本人に生き甲斐と自尊心を回復させる、自己同一性《アイデンティティ》の原像としての役割を託されることになったのである。

三　「ノン・モラル」のモラル――加藤典洋

分裂と哀悼――「敗戦後論」

一九七〇年代になされた江藤のこの問題提起を九〇年代において引き受けたのが、文芸評論家の加藤典洋（一九四八―二〇一九）であった。加藤は、戦後の日本が、敗戦によってアメリカに課された憲法を肯定するという「ねじれ」の中にあることを指摘し、それが生む自己分裂に日本社会の数々の問題の根源を認める（加藤、二〇一五）。最終的な政治的提言として、交戦権の回復を求める江藤と、九条を「選び直す」ことを提案する加藤とには、立場としては対極的な面があるが、しかし日本人がある種の主体性を回復するべきであるとする点では共通するといってよい。だが、本章の主題である福田和也における戦後を考える場合、この日本人の主体性を支える倫理についての加藤の独自の視点こそ、福田と響き合っているようにも見える。

一九九五年に雑誌『群像』に掲載された「敗戦後論」が問題にするのは、九一年の湾岸戦争に対する文学者の反戦声明である。加藤によれば、この声明においては反戦が日本の戦後憲法を根拠に唱えられているが、そこでは戦争の放棄があたかも日本人がみずから選び抜いたものであるかのように理解されている。だが、実際のところ、この条項を含む戦後憲法はそれ自体としては米国に押しつけられたものにほかならない（二二）。加藤は、ここに戦後の原点としてのねじれを認める。すなわち、武力の行使を否定する内容を持つこの憲法が、まさに武力によって押しつけられたという「汚れ」をわれわれは直視せずに、あたかもみずから勝ち取ったかに振る舞っているからである（「実施的憲法「かちとり」説」）。

この主張は、一見して、江藤による進歩的知識人批判と同型である。江藤もまた、丸山や清水が、力による敗北という政治的事実から目を逸らし、敗戦時の廃墟を道徳的な勝利として規範化したことを論難したのであった。しかし、加藤はこの認識を共有しながらも、このねじれの克服のために自主憲法に基づく交戦権の回復を唱える潮流に対しては、彼らが戦後憲法の恩恵を直視していないとして、断固として否を突きつける。つまり加藤は戦後憲法の内容に対しては肯定的でありながら、それがその内容に反して強制されたものであるという事実によって生まれる分裂を戦後日本の根本的な問題として捉えているのである。

このねじれの問題とは具体的には何か。端的にいうならそれは、改憲派と護憲派、ないしは保守と革新といった対立の背後にある「内的自己」と「外的自己」の分裂（「ジキル氏とハイド氏の分裂」）である。たとえばそれは、日本の侵略戦争を謝罪した細川発言（「外的自己」）の直後に、閣僚による南京大虐殺を「でっちあげ」とする発言（「内的自己」）がなされたことに象徴される。むろん加藤は後者ではなく前者の発言をこそ擁護するが、しかし問題は、この発言があくまでも外的自己によるものでしかなかった、ということである。ここでは、間違った戦争によって命を落としたという事実を受け止め難く感じるような日本人（「内的自己」）は、その存在が無視されている。また、別の例として加藤が挙げるのが、護憲派と改憲派の対立である。加藤は、護憲派が平和憲法の「強制」という事実に目を閉ざしているのみならず、改憲派もまた、米国に究極的には依存したままの内的自己に終始していると江藤淳の名を挙げて批判する。ここで無視されているのは、国際社会へと向けた外的自己である（五四―五七）。

それでは、こうした分裂はいかにして克服されうると加藤は考えるのであろうか。それは二つの自己の一方が日本を代表するのではなく、「対立者を含む形で、自分たちを代表しようという発想」を得ること、つまり「ナショナルなものの回復」ではなく、むしろそれとは別種の「われわれ」を立ち上げることとである（五九）。このような目標の下で提示されるのが、よく知られるつぎの考え方である。すなわち、先の「悪い戦争」によって命を落とした「三百万の自国の死者、特に兵士として逝った死者たち」への「哀悼」というのがそれである。

〔護憲派と改憲派の〕両者に欠けているのは、これらの死者は「汚れている」、しかし、この自分たちの死者を、自分たちは深く弔う、と外に向かっていい、内に向かっていう、これまでにない新しい死者への態度であり、また、その新たな死者の弔い方を編み出さなければ、ここにさしださされている未知の課題には答えられない、ともいうべき、この問いに対する深い自覚にほかならない（六三―六四）。

加藤がここで腐心しているのは、自国の死者を「英霊」として清めるのとは違う、その死の「汚れ」と「無意味」さを引き受けたうえでそれを弔うことであった。加藤によれば、そうしてこそ生まれる「われわれ」による二千万のアジアの死者へと謝罪こそが、それへの反発を誘発するような表向きの謝罪とは異なる、真の謝罪となるのである（六二）。

しかし、この加藤の視点に、ある種のわかりにくさがあるのも事実である。先に見たように、江藤は、われわれが米軍の軍事的な保護を脱し、自分たちの運命をみずからの手に取り戻した（「われにかえる」）ときに聞こえてくるものとして、三百万人の死者の「鬼哭」を語っていた。ここにおいて彼らの死は無意味なものではありえず、むしろ公的なもののために命を捧げることで生き甲斐を得た最後の経験なのであった。これに対して加藤はそのような「ナショナルな国民」という単位とは別の次元の「われわれ」を可能にするためにこそ、三百万の死者を無意味かつ汚れたものとして哀悼することを説く。だが、こうした主張に対しては、ナショナルな共同性と区別された「われわれ」とは結局何なのか、そしてその成立の条件とされる、無意味な死を無意味なままに哀悼するということはいかにして可能なのか、という疑問が生まれざるを得ないであろう。「敗戦後論」にはそれらに対する十分な答えは含まれていない。

そこで加藤は、「敗戦後論」ののちに、「戦後後論」と題された論考を著してそれらの問いに応答している。ここで興味深いのは、加藤はこの作品において、死者と連帯するということの倫理性について、それ自体を文学によって脱臼させるような道を模索していることである。「敗戦後論」は、それをめぐる高橋哲哉との論争に典型的なように、自国の三百万人の死者とアジアの二千万人の死者、自己と他者のいずれを先に弔うべきか、という文脈で論じられることが多い（高橋、二〇〇五）。だが、加藤は、そのような自他の優先順位の問題と並行して、そもそも死に意味を与えずに弔うとはどういうことかについて、文学作品を題材に徹底して考察してもいるのである。福田のフランス文学論を主題とする本章が注目するのは、無意味な死を哀悼することを可能にするものとして加藤の提示するまさにこの文学的視点にほかならない。

「ノン・モラル」としての文学――「戦後後論」

「戦後後論」において中心的に問われるのは、死者の弔いをめぐって、加藤に対して向けられた「汚辱の記憶を保持し、それに恥入り続ける」べきであるという声に対して、ひとはそれを否定するためにではなく、むしろそれをより良く実現するためにこそ、「ノン・モラル」ないしは「アモラル」への権利を擁護するべきという考えである。

ノン・モラルとは、言葉としては、「敗戦後論」には「無責任なノン・モラルの純粋さ」が欠けているという、文芸評論家の川村湊の評言に由来する。しかし加藤はその批判の内実には深入りすることはなく、ノン・モラルなるものは、むしろみずからが擁護しようとしているものを言い当てているとして、この概念の意味それ自体を考察する。加藤においてこの概念は、一言で言うなら、誰から見ても正しい倫理的命令に対して、なおも「そんなこと、知らないよ」と言い放つ態度である（一〇九―一一〇）。

人は、それに関与していない限り、どのような問題にも、オレは関係ない、という権利をもつ。このことがあるため、どのような痛切な経験も、やがては消えて行かざるをえないのだが、しかし、その風化をとどめようと、誰にもそんな権利はない、記憶すべきだ、と言いつのれば、そのとたんに、その人の中で、記憶されるべきものは、記憶されるべき痛切さの内実を、失うのである（一一七）。

加藤によれば、われわれが文学と呼んでいるものの奥底には、このノン・モラルの声――「世界なんて破滅したって、ぼくがいつも茶を飲めれば、それでいいのさ」（ドストエフスキー『地下生活者の手記』）――がある。もちろん、それは、それ自体としては倫理的なものではない。しかし、加藤は、このようなアモラルな態度が許される場においてのみ、倫理が倫理たりうると考えるのである。「この「自分にはそんなことは引き受けられない」という声に権利がなければ、「自分はこれを引き受ける」という行為の白紙性が、逆にわたし達から奪われるのではないだろうか。〔…〕ここに「ノン・モラル」の声があることは、わたし達の〝救い〟でなければならないのである」（一一八）。

こうした発想において、加藤は、このノン・モラルの権利にもとづく死者の弔いの可能性を、太宰治のいくつかの短編小説を題材にして論じていく。ひとつは、一九四七年に発表された「トカトントン」である。八月一五日の玉音放送を兵舎前の広場で聴いた元兵士が、一度は「死ぬのがほんとうだ」と思いながらも、そのすぐあとに「トカトントン」という、釘を打つ音をどこからともなく耳にする。すると彼は、「なんとも白々しい気持」になって、「ミリタリズムの幻影」からも解放されるが、それ以来、何に熱中しようとしても、あの音が遠くから幽かに聴こえてきて、何もかもばからしくなる。こうした経験を彼は、太宰を思わせる小説家への手紙において次のように記す。「いったいあの音は何でしょう。虚無《ニヒル》などと簡単に片づけられそうもないんです。あのトカトントンの幻聴は、虚無《ニヒル》をさえ打ちこわしてしまうのです。〔…〕私はいま、実際、この音のために身動きができなくなっています」（一九八―九九）。

ところが、この手紙を読んだ作家は、それに対してにべもない返事を認《したた》める。

気取った苦悩ですね。〔…〕真の思想は、叡智よりも勇気を必要とするものです。〔…〕マタイ十章、二八、「身を殺して霊魂《たましい》をころし得ぬ者どもを懼るな、身と霊魂とをゲヘナにて滅し得る者をおそれよ。」この場合の「懼る」は、「畏敬」の意にちかいようです。このイエスの言に、霹靂を感ずる事が出来たら、君の幻聴は止む筈です（二〇〇）。

加藤は、この書き手を太宰自身と捉えて、なぜ彼は、若者の虚しさについての声（「身体の倫理」）を理解しようとせず、身と魂を滅ぼすという「より強い倫理」（「大文字のモラル」）を――患者の「発熱と咽喉の痛み」に「強力な抗生物質」を処方する医者のように――対置するのかと問い、一九四四年の短編「散華」にその答えを探る。この作品において、主人公の小説家のもとに、詩を書くきまじめな帝大生である「三田君」が訪ねてきて、時折友人を介して詩を、そして出征後にはハガキを送ってくる。そのいずれにも小説家は感心しないでいたが、アッツ島での玉砕の前に投函された最後のハガキには感銘を受ける。「大いなる文学のために、／死んでください。／自分も死にます、／この戦争のために」（二〇五）。加藤のみるところ、あの幻聴に悩む若者を太宰が一喝するのは、彼がこの死者の声に責め立てられているからである。[4] 彼にとって、死者の声という有無をいわさぬ「大文字のモラル」からすれば、生き延びた者の「トカトントン」なる虚《うつ》ろな響きは、戦後の無責任なノン・モラルの現れにすぎない。太宰は、戦後の虚無を共感をもって描きながらも、「戦争の死者への連帯」においてそれを断ずるのである。

太宰の作品には、このように、戦後のモラルとノン・モラルのいずれもが共存している。しかし加藤は、そこからさらに踏み込んで、実のところ文学とは、まさにこの二つをつなげるものにほかならないと語る。

文学は、〔…〕ここにおかれている二つのものの対立を解除する。彼〔太宰〕は三田君とこの若者を、対立の関係におくが、文学はほんらい、このようなモラルに対しては「そんなこと、知らないよ」というあのノン・モラルの声として現れ、そうであることで、この若者をこそ、三田君につなぐのである。そこではあの三田君が生きて帰ってきて、あのトカトントンの若者になる。あのトカトントンの若者は、三田君の対立者なのではない（二三六）。

三田君がもし死なずに帰ってきたなら、彼もまたあの「トカトントン」を聴いたかもしれない。一方、幻聴に悩むあの若者もまた、戦中には兵士であった。両者は、敗戦の廃墟に決定的な分断としての意味を与えない限りにおいて、互いに彼でありえたような存在なのである。(5)

さらに加藤は、太宰論と並行して展開されるサリンジャー論において、このノン・モラルそれ自体をひとつのモラルとして捉える視点を提示する。取り上げられるのは、一九五一年公刊のサリンジャーの代表作『ライ麦畑でつかまえて』である。この作品は、表向きは、世の中の「インチキ（phony）」に我慢がならない一六歳の青年ホールデンの青春物語である。しかし加藤は、直接には戦争に触れることのないこの小説が、実のところ作者の第二次世界大戦への従軍中に書き始められた作品であることに注目する。加藤の考えでは、この背景に照らせば、主人公のホールデンにはサリンジャー自身が味わった――「トカトントン」の若者にも通じる――「生還者の苦しみ」が仮託されているものと解釈することができるのである。

加藤が焦点を当てるのは以下の場面である。あるときホールデンは、自分が唯一尊敬するアントリーニ先生に、「どうしたらこの世の中に生きることができるか」を尋ねる。これに対して、先生は、ひとりの学者の言葉を授ける。「未成熟な人間の特徴は、理想のために高貴な死を選ぼうとする点にある。これに反して成熟した人間の特徴は、理想のために卑小な生を選ぼうとする点にある」（二一四）。加藤の理解では、これはちょうど太宰の作品における若者が小説家から「真の叡智の言葉」を告げられたのに――言葉の中身は別として――対応する。だが、太宰においてはこの言葉に対する若者の反応は記されないのに対して、サリンジャーは、ホールデンがみずからに与えられた言葉を前にして、眠気や疲れといった身体性の次元での「気乗りのしなさ」を感じている様子を描く。

加藤によれば、これは、真理へのいわば「ちゃらんぽらんな」抵抗である。ホールデンは、早熟な人間として世界とぶつかって悩む。この悩みに対して与えられた真なる言葉は、それ自体としては正しいかもしれないが、しかしこの青年がみずから「誤りうること」をあらかじめ奪ってしまうものでもある。そこでサリンジャーは、ホールデンがまさにみずから誤りうることを生きさせるためにこそ、真の言葉を前にした彼に眠気を催させるのである（二一五—一六）。

　加藤は、この「誤りうること」こそが、文学ないし思想の根本にあると考える。なぜなら、力のある生きた思想、すなわち「その場で考えられ、語られ、受けとめられる思想」は、そもそも「誤りうる」ものでしかありえないからである。思想の価値を、「誤らないこと」つまり「正しさ」に求めるなら、事が終わった後の思想の方に、「その場」の思想よりも常に分があることになる。だが加藤によれば、この「事後の思想」からは、未知の中をある種の賭け（「「誤りうること」の勇気」）とともに歩むことで得られる類の、生きることの切実さが抜け落ちてしまうのである（二二九）。「誤りうる、だから、かけがえのない」と言い表されるような思想の強度——彼はこの言辞を戦争の渦中に書かれた太宰の『御伽草子』に対して与える——が、そこには生まれる余地がない（一七九）。

　こうした認識にもとづいて、加藤は、学者の真の言葉を前にした、ホールデンの「ちゃらんぽらん」でノン・モラルな態度を、この「誤りうる」という思想を身体の次元において実演するものとして解釈する。すなわち、ホールデンのその態度は、たんなるモラルの否定ではなく、「正しさ」によって奪われる「かけがえのない」ものを生きることの肯定であり、その意味でいわばノン・モラルのモラルを示すものなのである。

　「トカトントン」の若者の抱く虚無の根底にあるものを、このように「正しさ」へのある種の抗争として理解しうるとするなら、それがいかにして戦争の死者との——「連帯」ならぬ——つながりを可能にするかも見えてくる。誤りうるものの中で生きるというこのノン・モラルのモラルは、敗戦による廃墟を真の経験の場として祭り上げることもなければ、かといって死者との連帯へとひとを駆り立てる心情そのものを断罪することもなく、むしろ死者と生者とを、まさに誤りうる未知の中に生きる者としてのつながりにおいて捉え直す。そこでは、死には何らの特権的な意味も与えられはしない。加藤はこの論考の最後に、サリンジャーの別の作品の言葉「戦死者は無駄死にさせなければならない(It's time we let the dead die in vain)」を引いて、こう述べる。「文学の言葉として、これは死者への、心からの呼びかけの声ではないだろうか」と(二三九―四一、強調引用者)。彼らの死が無駄であるにしても、わたしたちの生もまた何ものでもない虚無である。この虚無なる生の肯定において、「われわれ」はつながりうる。ここには、江藤の目指した生き甲斐の回復とは全く異なる、あまりにも文学的というべき哀悼の可能性が展望されているのである。(6)

四　放蕩と沈黙としての文学――福田和也

ヒューマニズムと文学

さて、本章はここまで、ごっこの世界からわれにかえり、敗戦の廃墟を日本人が「自分たちの運命」として引き受けた最後の経験を取り戻そうとする江藤淳、誤りうるものに賭けるノン・モラルのモラルにおいて生きることで――死者を含む――「われわれ」を立ち上がらせようとする加藤典洋の立場を、対比的にみてきた。本節で主題とする福田和也は、一般的には、江藤淳の系譜において理解されている人物であろう。江藤的な保守の継承者を自称し、また実際に江藤を主題とする著作を著すなど(福田、二〇〇〇c)、その影響関係は疑うべくもないところである。

しかしここで注目したいのは、福田の八九年のデビュー作『奇妙な廃墟』に立ち戻って考えるならば、そこには実のところ、江藤に対する九〇年代の加藤の批判的な視点が先取りされていることである。[7]「フランスにおける反近代主義の系譜とコラボラトゥール」という副題に示されるように、本書は直接的には、戦後日本について語ることは一切ない。だが、『奇妙な廃墟』という表題、「ヒューマニズム批判の禁忌」という序章のタイトルなど、江藤による戦後日本のごっこ批判の影を色濃く帯びていることは容易にわかる。しかしそれにもかかわらず、本書において中心的に取り上げられる文学者、すなわち廃墟の中みずから死を選び、処刑され、また生き延びた数名の対独協力者たちは、総じていうなら、「自分たちの運命」へと同一化するナショナリストではなく、むしろ非人道的――いわばノン・モラル――な文芸へと身を投じて、意味のない放蕩およびそれによってのみ味わいうる人生の甘美に殉じた者たちなのであった。

本節では、福田和也のこのデビュー作の中に、江藤的な問題構成（戦後日本の「禁忌」）と、それに対する加藤的な出口への展望（ノン・モラルな「放蕩」）とがともに隠然たるしかたで存在していることを見ていきたい。もとより『奇妙な廃墟』という作品は、対独協力者として戦後葬られた作家――ドリュ・ラ・ロシェル、ブラジヤック、ルバテ、ニミエ――の小説群を編纂した叢書「一九四五：もうひとつのフランス」の別冊解説として企画・執筆されたものであって、著者自身の主張が前景化されているわけではない。[8]また、七年を費やして執筆された本書には、ゴビノー、バレス、モーラスという、叢書には取り上げられていない上の世代の作家たちについての紹介が、コラボ作家の前史と呼ぶにはあまりに長大な、全体のほぼ半分を占めて展開されてもいる。その意味では、この作品の全体像を把握することは思いのほか困難であるが、ここでは、福田がフランスの状況を戦後日本の禁忌と重ね合わせたと思われる序章と、四人のコラボ作家について論じた後半の四章に絞って取り上げたい。なお、福田はこの四人について叢書への収録順に紹介しているが、本節では、読解の枠組みとして、敗北の中での「文学の勝利」を謳ったブラジヤックおよびルバテ、「「敗北」の文学」そのものに殉じたドリュおよびニミエに二分するという方法を採用することとする。

戦後フランスの禁忌

本書が主題とする「コラボ」とは、ドイツ占領下のフランス（一九四〇―一九四四）において敵国ドイツに「協力《コラボレ》」した作家たちを指す。福田によれば、彼らの罪は祖国フランスに対する裏切り（「売国奴」）と人間性に対する犯罪の二重性を持つが、思想・文学における問題性は、もっぱら後者に由来する。なぜなら、彼らはいずれも、「近代フランス文学史において決して主流派ではないがまた無視することもできない文学的政治的エコールの正統な継承者」であったからである（一六）。

文芸ルネサンス期以来、われわれは、一流の芸術作品は優れた人間性によって生みだされると考えてきた。「ヒューマニズム」という言葉に含まれる「人間主義＝人文主義」という二重性がそれを象徴している。しかし、ヨーロッパの伝統的な文芸や芸術についての誰よりも深い理解にもとづいた偉大な作品を残したブラジヤックやルバテといった作家が、たんなる処世術としてではなく、みずからの信条においてナチス・ドイツに率先して加担し、反ユダヤ的な罵詈雑言を撒き散らした事実を前にするとき、ひとはこの二重性に対する疑いへと誘われることになる。福田によれば、彼らの政治的行動とその文芸的業績は安易には切り離せずに、根底において互いに通じ合うものである。だとすれば、そこから次のように問いが生まれざるを得ない。いかにして「文芸や音楽に対する理解と愛情、深い内省と研鑽が、卑劣で矯激な殺意や憎悪と共存できるのか」(二〇)と。

これに対して、戦後の文学は、ヒューマニズムの再建を目指して、それにとって不都合なコラボ作家たちの存在をただ「封印」してきた。本書で取り上げられる作家群は、日本において知られていないのみならず、本国フランスにおいても禁忌《タブー》として扱われているのである。こうした作家たちの文芸的貢献を評価する福田は、かといって人道性としてのヒューマニズムの再建そのものを否定するのではない。だが、それを実現するためにもまずは、この「人間性の破壊に奉仕する文学」(二一二)を理解することが必要なのではないか、そう彼は考えるのである。

ヨーロッパがナチズムからいまだに癒されたとは断言できず、またいつどこの国で新しい形での圧制やホロコーストが始まるとも知れない現代において、コラボ作家への興味を語ることは、文芸の不遜さ、まさしくアドルノの語った〔「アウシュヴィッツのあとで、詩を書くことは野蛮である」というアフォリズムにいうところの〕「詩」の「野蛮」さにほかならないかもしれない。しかし、たとえばブラジヤックのような知性がなぜホロコーストに加担したのかという問いは、一種のスキャンダル、知的好奇心をそそるばかりではなく、封印のうえに再びヒューマニズムを建てることを試みるのとは異なり、真の問いかけを「近代」に対してうみだしうるはずなのである(二一三—二一四)。

かくして提示されるのが、コラボ作家の文学を「深淵に関わる文学」とする視点である。深淵とは、福田によれば、ナチスに加担して「汚辱にまみれ」た哲学者ハイデガーと、強制収容所で両親を亡くし、みずからもユダヤ人として迫害され、戦後にはセーヌ河へと投身して自殺した詩人ツェランとの交わる場である。彼らは、全くの対極に位置しながらも、ツェランが死ぬ七〇年まで、頻繁に交流を重ねた。なぜなら、彼らはともに、「虐殺と圧制にみちた現実よりもさらなる深淵への到達を詩作＝思索する者の課題とすることにおいて一致して結びついていた」からである。つまりこの二人を共通の視点で語り得るのは、人間性それ自体の価値をいったん棚上げしたところに存する「深淵」に文学の境界《きょうがい》を求めるという、文字通り非人間（非人道）的な立場においてのみであり、戦後の文学の復権はこの地点からしかなされようがないというのが福田の主張なのである（四五）。そしてこの地点における言葉を彼らに先んじて示すものとして、コラボ作家の作品群が位置づけられることになる。

文学の勝利――ブラジヤックとルバテ

それでは、より具体的に、本書においてこのコラボ作家たちがどのように論じられていくのかを見ていこう。まず眼を向けたいのが、おそらく福田が「ヒューマニズムの二重性」の破綻という先の問題関心を最も典型的に体現しているものと考えているブラジヤックである。

一九〇九年に地中海の沿岸地域に生まれたロベール・ブラジヤックは、幼少期の原風景である「地中海の陽光」を世界そのものとの融和の象徴として、さらにはピンダロス、ウェルギリウス、ダンテといった偉大な詩人たちを輩出した不滅のラテン文化の源泉として、生涯にわたってみずからの拠り所とした作家である。青年期より文芸的才能を発揮していたブラジヤックは、手始めに弱冠二二歳で『ウェルギリウスの存在』を上梓し、二千年前のこの古典詩人の生涯、人間像、そして政治的活動を見事に描き出すことで高い評価を受ける。福田が注目するのは、ブラジヤックが取り上げるこのウェルギリウスという偉才が、古代ローマを代表する詩人であるのみならず、共和政ローマに幕を引いたカエサルやアウグストゥスを支持する知識人でもあったことである。すなわち、ブラジヤックにおいて、共和政末期の古代ローマの危機には、一九三〇年代のヨーロッパの政治的困難が重ね合わされているのであり、その意味では、彼のこの作品には、「おくればせのアクション・フランセーズ運動の文学的なマニフェスト」としての意味があると福田は解釈する(三五四)。

だが、福田の理解によれば、ブラジヤックは必ずしもはっきりとした政治的立場を持っていたのではない。彼が欲していたのは、ただ意味もなく殺し合うという阿鼻叫喚の地獄であり、その中に生まれる価値の中に「青春」を感じることであった。たとえば三六年に始まるスペイン戦争に際して、ブラジヤックが支持したのは、人民戦線派でもなければ、ムソリーニとヒトラーに支えられたフランコ将軍でもなく、若きプリモ・デ・リヴィエーラ率いるファランヘ党によるファシズム運動であった。すなわちそれは運動の様式および演説の格調に価値を見出す類の「詩的運動」としてのファシズムであって、政治的内実を持つものではなかったが、ブラジヤックはそこに、みずからの郷里たる地中海的な「生の甘美さ」の実現をみたのである(三六九—七四)。

このように、ブラジヤックが追求したのは、何かしらの政治的目的ではなく、血みどろの戦いそれ自体に向けられた「個人の幸福」であった（三八〇、強調引用者）。このテーマを中心に据えた小説『七彩』において、主人公パトリスは、パリで甘美なる青春の幸福を謳歌していたものの、戦争の影の中、次第にファシズムに傾斜し、恋人カトリーヌを左翼の青年に奪われるなどして幸福を失い、ますますファシズムへの関わりを深める。一方の左翼青年もまた、妻カトリーヌに対するパトリスの復縁の申し出に動揺して、フランコ軍へと身を投じる。ここには、戦いの流血の中で青春の幸福を取り戻そうとする絶望的な企てが切迫した筆致において描き出されているのである。

三九年のドイツのポーランド侵攻によって始まった大戦に際して、ブラジヤックはフランス軍に従軍するが、ドイツ軍の捕虜となってしばらくして釈放される。その頃までにフランスは、ドイツへと降伏してヴィシー政権を樹立しており、こうした中ブラジヤックは対独協力の道を選ぶ。その要因として福田が挙げるのが、祖国を敗北に追いやった者たちや、彼らを黙認する公衆に対する、ブラジヤックの憤怒の念であった。

かれは敗戦の祖国において、打ちのめされ敵軍に占領されたフランスにおいて、叫びだしたいような息ぐるしさを感じ、到底沈黙を守り、引きこもり、戦争の帰趨を眺めて待っていることができなかったのである。かれはみずから進みでて、かれとかれの世界の青春を破壊し封じこめ祖国を悲惨い追いこんだ責任者を追及し、この耐えがたい占領をより建設的で肯定的なものに変え、そしてなによりもかれにとって耐えがたい公衆の沈黙と退廃、待機主義と敗北主義を打ち払って、澄んだ空気を呼吸しようとしたのである（三九〇）。

戦後日本における占領軍による拘束と禁圧を告発した江藤淳を思わせる言葉であるが、若きブラジヤックの言葉はその怒りのゆえにか邪曲を過剰に深めていく。すなわち、悲惨な状況の責任を「ユダ公」に見出し、彼らに対する徹底した悪罵を投げつけ、そして雑誌の編集長という立場において反ユダヤ的な記事を掲載し続けることで、実際に多くのユダヤ人の死に加担したのである。「一つの世代のなかでも、最も才気があり、教養があり、含蓄の深い人間味もそなえた文学者が、虐殺者の、死刑執行人の側に立ち、みずから手助けした」というこの事実、それは福田によれば「現代文学の最も暗い影」にほかならない（三九七）。この結果、戦後ブラジヤックは、多くの文学者による助命嘆願にもかかわらず死刑判決を受け、四五年の二月に処刑されることとなる。

ここで福田が注目するのは、死刑判決を下されたブラジヤックが、その後も決して執筆をやめることなく、獄中において美しい詩を書き続けたことである。すなわち福田によれば、ブラジヤックは、処刑を前にしてその恐怖と直に向き合い、そこから彼の詩業のうちでも最高峰と目される獄中詩（「フレーヌ詩篇」）を紡ぎだした。福田はこのことを、迫りくる死に対しての「文学の勝利」を示すものとして捉える。

ただ明白に刻一刻と逃れようのない死が迫ってくるのを自覚し、それを認識しながらなお詩作に取り組み、詩作の意志を死に対して明晰なものに保ちつづけることは、明らかに文学の勝利である。〔…〕暗く口をあけて、あらゆる青春の富、幸福、夢や愛情にもとどめをさそうと確実にやってくる死の前で、畏怖し怯える人間が、死を受け入れる最後のときまで、その教養と技術と言葉とを、つまり詩作をめぐるすべての力をふりしぼりながら、詩に取り組み、その意志の緊張のなかから傑出した詩篇を書きのこしたことが、文学の勝利とみなすべきことなのである（四一〇）。

以上のように、福田にとってブラジヤックは、最良の人文主義が、人間主義ないし人道主義を裏切りうることを体現するひとりである。本書で取り上げる別のコラボ作家リュシアン・ルバテも、同様の視点から位置づけられている。現代文学の隠れた傑作として知られる『ふたつの旗』、西洋音楽史の全体像を恐るべき教養において描き切っていまだに版を重ねる『もうひとつの音楽史』、これらの著者として押しも押されもせぬ人文主義者であるルバテは、その実「過激なナチ」であり「反ユダヤ主義者」であった。この意味で、ルバテという作家は、そもそも「西欧の文芸」には、ホロコーストを阻むどころか、むしろそれを「許し掻き立てる何か」が内在していることを示唆する存在なのである（四七七）。

さて、福田によるコラボ作家へのこうした評価に、江藤の影を窺うことは難しくないであろう。すでに見たように、江藤にとって日本の敗戦の廃墟は、日本人が「自分たちの運命」を経験しえた最後の機会であった。その後の日本は、独立してなお米国の軍事的支配下にあることが禁忌として封印され、ごっことしての自由を謳歌している。だが、そこには一切の生き甲斐がない。この息ぐるしさに対する叫びは、まさに占領下のフランスにおけるブラジヤックの精神に福田が認めたものにほかならない。そして、江藤が、民主主義や平和主義を道徳的価値として掲げる理想主義的な進歩的文化人に対して、みずからの運命を賭けられるような真の経験の価値を説くとき、そこには、死をものともせずに文芸的「勝利」へと殉じたブラジヤックの姿が重なるであろう。

「敗北」の文学——ドリュ・ラ・ロシェルとニミエ

しかしながら、注目するべきは、福田が、コラボ作家の一部に敗北の中の文学の勝利の体現者をみる一方、同じ作家群の別のふたりを別様に、しかもある意味では対照的に位置づけてもいることである。すなわちそのふたりとは、ドリュ・ラ・ロシェルおよびニミエである。福田によれば、とりわけ後者は戦後フランス文学の体現する「「勝利」の文学」——「文学の勝利」ではない——に対する、「「敗北」の文学」の書き手である。彼らについての福田の叙述からは、戦後の「「ごっこ」の世界」を終わらせるという江藤の問題提起を真剣に受け止めながらも、真の経験によってわれにかえろうとするのではなく、誤りうるものに賭けるやけっぱちさにこそ戦後のあるべき生を見た加藤に共鳴するものが浮かび上がってくるのである。

一八九三年に生まれたピエール・ドリュ・ラ・ロシェルは、二つの大戦を経験し、四五年にみずから命を絶った作家である。戦争の時代を生きたドリュは、しかしブラジヤックとは対照的に、その生涯を通して放蕩者であった（二五三）。彼は、二度の離婚で得た莫大な財産をすべて食い潰すような生活を続けた。そしてそれゆえにドリュの小説は、「放蕩者の小説」——「みずからの卑しさの自覚のために、他者の卑しさや弱さへの鋭い観察と、自己へのいわれない酷さや厚顔な自己弁護と、一片の気高さへの執拗な追求に特徴づけられるような小説」——であった（二五四）。放蕩は、彼の思想、信条、品行、倫理の何もかもを裏切るものであって、ドリュを理解するとは彼の放蕩を真剣に受け止めることなのである。

パリに生まれ、父の放蕩による家庭崩壊の中で祖父母に育てられたドリュは、長じて政治学院に入学するが、しばらくすると学業に身が入らなくなる。そうした中、彼は第一次世界大戦の勃発と召集に救いを覚え、実際の従軍での悲惨さに慄きながらも、戦火における生命の充溢という体験を持ち帰り、詩作へと結実させていく(詩集『審問』)。その後富裕な女性との結婚と離婚によって放蕩生活が可能となると、ダダ・グループの虚無的で投げやりな乱痴気騒ぎに加わるようになり、それらの経験を踏まえた小説集『未知なるものへの愁訴』を一九二四年に出版する。福田はこの作品集についてそれを戦後の放蕩の中から戦争そのものの深淵と虚無へと到達しえたものとして高く評価する。

いわばドリュは戦争を直接詩作の題材にすることでは表現しようがない、戦場での高揚とそれがもたらした痛手を、戦後の無軌道な生活が秘めている深淵と虚無を通して考察しようと試み、必然的に小説家としての経歴に足を踏み入れたのである。放蕩生活はドリュの小説の終生にわたる主題であったのと同時に、小説家ドリュ・ラ・ロシェルの基盤であり根源であり、出発点だった(二七一—七二)。

福田がここで放蕩として捉えているものは、たとえば小説内の語り手による、主人公ゴンザークについての観察、すなわち彼の「無意味な言葉」のうちには「完全な行き当たりばったり」としての

「賭け」があるとする観察に端的に示されている。賭けごととは実りなくでたらめな気散じ以上のものではありえないが、それを主人公は「自分の中身を空っぽに」するために求め続ける（二七四―二七五）。福田は、この「行き当たりばったり」にこそ、戦争による高揚とその虚脱の、戦後における誠実なる表現が存すると理解するのである。

復員後のドリュは、党派を問わずに多くの政治的人物と交流しながら政治的エッセーを書く。彼はモーラス率いる愛国主義的な政治運動団体アクション・フランセーズとは距離を取りながら、アメリカとロシアに対抗するための、ドイツとの融和およびヨーロッパ連合の樹立を構想していく。だが、一九三四年二月六日の民衆暴動に接してファシズムの可能性を認識し、みずからファシストを名乗るようになる。並行してドリュは、完成度の高い小説群を発表していき、それは最終的に彼の戦前の代表作『ジル』――「ドリュの小説家、著述家としての一つの総決算」――へと実を結ぶことになる（二九五）。

第二次世界大戦が勃発し、ナチス・ドイツがフランスを占領すると、ドリュはこれをファシズム政権樹立の機会として捉え、対独協力へと踏み切る。しかしファシズム実現のためのさまざまな試みが頓挫する中、いったんスイスに逃亡するがふたたびパリに戻り、改めて文学作品を執筆するも、四四年以降、連合軍の侵攻が迫るのを前にして幾度か自殺を図る。その後自殺を主題とするエッセー「秘められた物語」を経て、ゴッホをモデルとする『ディルク・ラスプの回想』を書き進めるが、四五年三月の自殺の成功によって、最高傑作の呼び声もあるこの作品は未完のままに途絶する。福田は、この自死を、ドリュがおのれの放蕩に対して実直であり続けるためにこそ、その「賭金」としての生命を差しだしたものと解釈する。ドリュは、自身の最高傑作の完成という文学上の永遠性にではなく、みずからの真なる生き方としてのあてもない放蕩に誠実であることを選んだのである（三二四―二五）。

さて、福田は、本書の最後に、おそらくはこのドリュの精神の衣鉢を継ぐ人物として、戦後世代の作家ロジェ・ニミエを、ごく短く取り上げている。二〇歳で四五年のフランスの「勝利」を迎えたこの作家は、五〇年の戦争文学『青い軽騎兵』で高く評価されるが、翌年の小説を最後に執筆を放棄し、六二年には高級車で高速道路を「時速二百メートル」で走った果てに、同乗の女性とともに事故死してしまう。彼の文学は、ドリュのそれに同じく、いわば「投げやりに打ち捨てられることでのみ示される文学」なのであった（五〇二）。

ニミエは、ドイツ占領下のフランスの息苦しさの中で青春時代を送った。その後、連合国の力によってドイツから解放されたフランスは、国民の抵抗運動による独立という「神話」によって「勝者」へと連なることで戦後を出発する。その過程ではヴィシー政権やそれを支えた対独協力者は厳しく断罪されざるをえなかった。敗北というこの厳然たる事実を抵抗による勝利として繕う「手品」には、多くの名だたる文学者たちが支援を与え、ファシズムと全体主義に対する人道主義の勝利を謳った。こうした年長者たちのご都合主義的な破廉恥ぶりを眼前にして、ニミエは、「あらゆるインチキや駆け引き、無神経に対する軽蔑」を中心とする、時代に抗する独自の文学活動へと乗り出すのである（五〇二―〇四）。

ニミエには、しかし、敗戦後にも文学へと命を捧げ続けたブラジヤックのようには、文学そのものを愚直に追求することは許されなかった。なぜなら、主流派の文学は、いまやフランスの敗戦を「勝利」へと糊塗する片棒を担いでおり、それらに対する軽蔑こそが、ニミエの著述の動機となっているからである。そこで彼は、四八年の『ぼくの剣《つるぎ》』を皮切りに、「ぶっきらぼうで、唐突な、アフォリズムや感嘆符、呼びかけにみちた断片」によって織り成される作品を書く。福田はそこに込められたものをこう評している。

そのなかの言葉は刺激的であり、またおおげさであるが、しかしまやかしや虚偽ではなく、そのような投げやりさや、破れかぶれでなければ示しえないような真実が顔をみせるようなことも、なくはないのである（五〇七―〇八、強調引用者）。

二年後の『青い軽騎兵』では、ニミエは第二次世界大戦末期の、連合軍の対独勝利に乗じたフランスの騎兵部隊の非人間的振る舞いを描く。ここでの著者の意図は、ドイツ領におけるフランス騎兵の狡猾さや傍若無人ぶりを示すことによって、いかに「フランスの「勝利」」なるものが、命懸けの戦いなどと呼ぶべくもない「どさくさまぎれ」の「火事場泥棒的」なそれであったかをまざまざと浮かび上がらせることにある（五一〇）。しかし、ニミエにとっては、このモラルのかけらもない卑劣な品行こそ、戦後の人道主義において隠蔽された生の真実でもあった。それゆえ彼は、作品の掉尾、戦いをくぐり抜けて戦後パリに戻った登場人物のひとりに、こう語らせるのである――「生きること、おれはさらに生きなければならないだろう、〔…〕いくばくかの時間《とき》を。人間的なもののいっさいがっさいが、おれには無縁だ」（五一一）。勝利という嘘に覆われた来たるべき戦後を、それへの軽蔑を込めてあえて投げやりに生きてみせること、ここにニミエは戦後世代の生のモラルを見出す。

ニミエは、この優れた小説の後に、わずか一作を残して、沈黙へと陥ってしまう。福田の理解によれば、それは、戦後フランス文学におけるヒューマニズム（「「人間」の奔流」）に対して、人間性とは無縁なニミエの文学が敗北したからにほかならない。「輝かしい才知と、才能の片鱗をみせながら、それをだいなしにし、そして棚ざらしのままに朽ちさせてしまうことが、ニミエの皮肉な、そして無力な、戦後文学に対する抗議の表明となった」（五一一―一二）。ニミエの文学は、それゆえに、「「敗北」の文学」と呼ばれるにふさわしい。それは彼の文学が、フランスの「敗北」を描いていると同時に、「勝利の文学」に対する「敗北」を体現してもいるという二重の意味においてである（五一六）。

以上のように福田は、敗戦をものともせずに文学へと献身し続けたブラジヤックやルバテと対照的に、敗北を前にして自死を選んだドリュや筆を折ったニミエの決断そのものに、もうひとつの文学性を見ている。戦後日本の禁忌の中で声を上げ続けた江藤に前二者が重なるとすれば、放蕩に身を投じたドリュと投げやりさの中に真実を見出したニミエは、加藤にとっての太宰やサリンジャーに通じるところがある。ドリュにせよニミエにせよ、――太宰やサリンジャーの言葉を借りていうなら――「身と霊魂《たましい》」を徒らに摩滅させ、「卑小な生」へと身をやつした。しかしそれは、与えられた真なる言葉に服従することによってではなく、いわばそれらを受け流し、沈黙の深淵へと落ち込むことによって、そうしたのである。

五　廃墟の中の甘美

さて、ここまで本章では、第二次世界大戦前後のフランスの「「敗北」の文学」についての福田の叙述に、日本の敗戦についての江藤および加藤の問題意識が強く響き合っていることをみてきた。しかしここで改めて問われるのが、福田は、なぜ日本の戦後について直接論じるのではなくフランス文学を迂回したのか、そしてそれによっていったい何をもたらし得たのか、である。『奇妙な廃墟』以降のいくつかの著作を参照して考えたい。

福田は、一九九五年に上梓された最初の文芸批評集に『甘美な人生』という題名を与え、その表題作のエッセイにドリュの小説『ジル』からの一節を掲げている――「遥か彼方では、未だに人生は甘美でありうるだろうか？」。彼は、一八歳の若さでこの言葉に出逢い、以来この問いをひとつの「回答」として理解してきたと述べる。それは彼に、「此岸を「彼方」として生きる明確な意志さえあれば、人生は「甘美」な奇蹟で満ち溢れる」ということに気づかせ（福田、二〇〇〇a：二一二）、「たとえ非道な放蕩や悪虐な政治に手を染める事になっても陶酔を追求するという覚悟」を与えた（二一〇）。福田にとって、生きること、すなわち「愚劣で、無意味な生存」は、「その味わい嘗め尽くすべき瞬間と我に反る機会の総てに於いて、甘美たりうるし、残酷な程甘い物」なのである（二一四、二一二、強調引用者）。

ここには「「敗北」の文学」へと福田を向かわせたその経緯の一端が美しく語られている。だが、同時に示唆されてもいるのは、この江藤＝加藤的な態度、すなわち惨めにして欺瞞に満ちた生を送る中で不意に「我に反」り、「無意味」さを肯定するという姿勢が、福田においては一個人としての甘美さの追求以上の広がりを持たないことである。それはあくまでも、ブラジヤックのいうような甘美なる「個人の幸福」の追求にとどまっているように見える。つまりそこには、江藤ならびに加藤にはその内実を異にしながらも存在した、政治的現実への問いが希薄である。

しかし思えば、フランスにおけるファシズム運動はそれ自体として、政治性をほとんど持たないものであった。イタリアおよびドイツの「ファシズム」運動に比してのフランス・ファシズムの意義としてそれが思想的ないし文学的次元にとどまった点にあることは、ファシズム研究においてしばしば指摘されるところである（深澤、一九九九）。実際『奇妙な廃墟』においても、フランスにおけるファシズムは、「政治的に無力であり、政治思想として無内容であり、かつ文学的には極めて卓越したフランスのファシズム」として、「文学的ファシズム」と呼ばれているのである（福田、一九九九：三五二）。革命以来の長きにわたる共和主義の伝統の中で、フランスでは、ファシズムはそれへのやけっぱちな抵抗以上の政治的意味を持ちえなかった。「敗北」した者たちの「啾々たる声」が響き渡り、国民の人格的「分裂」をさえもたらしたとされる戦後日本の状況とは遠く隔たるものというべきであろう。

この意味では、福田は、フランスの「文学的ファシズム」を起点とすることによって、文学性がただちに深刻な政治論ないしは憲法論へと波及することのない自由な場において、文学そのものの――人間主義や政治性とは距離を置いた――豊かな可能性を徹底して追求しえたといえるかもしれない。実際、福田の議論は、江藤や加藤と重なる問題関心に立ちながらも、後者らとは異なってその主張が何かしらの政治学的議論において真剣に論じられることはない。存命の作家の作品群を、遠慮会釈なく点数で評価する二〇〇〇年の『作家の値打ち』が、最も社会的な反響を生んだ作品であったとさえいえる（福田、二〇〇〇b）。

しかしながら、注目すべきなのは、二〇一〇年に上梓された、今のところ福田の最後の本格的な文芸評論集『現代人は救われ得るか』には、廃墟における甘美さの享受にとどまることそれ自体の逆説的な政治的意義がより自覚的に示唆されていることである。この評論集は、表題からも示唆されるように、D・H・ロレンスの『黙示録論』（訳者の福田恒存によって当初『現代人は愛しうるか』という邦題で公刊された）の問題関心を受け継ぐものである（ロレンス、二〇〇四）。ロレンスがこの作品において示すのは、この世の終わりの裁きや救済を待ち望むような生き方に対置された、いまここの限られた生において歌い踊る享楽のイメージである。それはより穏健なかたちで、小説『死んだ男』における、復活したイエス・キリストの言葉にも示されている。「この小さな日々を偉大な一日のなかにいだきとり、このありふれた生活を偉大な生の領域に据えないかぎり、すべては破滅だ」（福田、二〇一〇、四二〇）。

福田は、この文芸評論集において、この偉大な生とありふれた生活との対照性を、平成期の文芸たる村上春樹と江國香織との対比に重ねている。終章において福田は、村上春樹『１Ｑ８４』を題材に、女性への暴力を排除するための復讐組織（「善き意志」による「暴力の共同体」）に献身する「青豆」と、「勇気と真実の誇り」をもって彼女を愛し救おうとする「天吾」のふたりについて、どちらも善き意志の下に深刻な「犠牲」を誰かに強いていると語る（四〇一－一三）。一方、それに先立つ――江藤の「ごっこ」論を参照した――江國香織論（「ごっこの世界は終わらない」）では、あたかも青豆と天吾のいずれとも異なる道を示すものであるかのように、江國の小説におけるありふれた日常についての描写に希望が見出されるのである。

福田は、江國の小説における「甘やか」な家族関係が、何かしらの「黙契」ないしは「共犯関係」によって成立しているものと理解する。とりわけ『流しのしたの骨』における家族は、「読書ごっこ」のようなごっこ遊びによって維持される関係性である。しかしそこでのごっこは、江藤のいうごとくに現実の侵入によって終わるものではなく――読書ごっこは実際の読書と矛盾しない――、むしろさまざまの凡庸でありふれた現実の問題に振り回されずにともに生きていくための、「かなり強《したた》かな現実主義」としての戯れである（三七八）。そして福田によれば、この意味での虚実《きょじつ》の境界のない現実主義は、家族関係にとどまらずに、社会および国家にまで広がりうるものである（三九六）。ここにあるごっことしての関係性への慈しみは、究極的な裁きや救済を――そのための犠牲を厭うことなく――希求する強い倫理から、あのホールデンのように身を躱すことを可能にする。

福田はここで、江國の描写の背後に、直接的には、ロレンスのいう「小さな日々」や「ありふれた生活」を見ている。だが、実をいえば、彼が本当に透かし見ているのは、ロレンスのさらに奥に鎮座するドリュ・ラ・ロシェルの姿なのである。すなわち福田は、ロレンスについて語りながら、この作家の享楽のイメージがドリュの「歌い踊る王国」に重なること、そして『死んだ男』が「最晩年、自殺直前の」ドリュによって仏訳された小説であることに注意を促さずにはいられない（四一〇）。福田にとって、フランスのコラボ作家たちが祖国の危機においてあくまで貫いた放蕩を軸とする文学的態度は、日本社会の危機が深まりわれわれが大きな問いに深刻に立ち向かうことを迫られれば迫られるほどに、ますます立ち返るべき原点となっているかのようである。

かくのごとく、福田にとって、平成年間は、日本がまさしくフランスの「「敗北」の文学」からこそ多くを学びうるような課題に迫られた時代であった。ならば、平成が終わった今日、「奇妙な廃墟」には、われわれとってかけがえのない何かがなおも打ち棄てられているといえるのか——それは、われわれ自身が改めて向き合うべき問いであろう。

文献

有田英也、二〇〇三、『政治的ロマン主義の運命——ドリュ・ラ・ロシェルとフランス・ファシズム』名古屋大学出版会。

江藤淳、一九九三、『成熟と喪失——〝母〟の崩壊』講談社（講談社文芸文庫）。

江藤淳、二〇一五、『一九四六年憲法——その拘束』文藝春秋（文春学藝ライブラリー）。

加藤典洋、二〇〇九、『アメリカの影——戦後再見』講談社（講談社文芸文庫）。

加藤典洋、二〇一五、『敗戦後論』筑摩書房（ちくま学芸文庫）。

深澤民司、一九九九、『フランスにおけるファシズムの形成——ブーランジスムからフェソーまで』岩波書店。

深澤民司、二〇一九、「ファシズムの文学的位相——ブラジヤック『七彩』を手がかりにして」『専修大学法学研究所所報』第五九号。

福田和也、二〇〇〇a、『作家の値うち』飛鳥新社。

福田和也、二〇〇〇b、『甘美な人生』筑摩書房（ちくま学芸文庫）。

福田和也、二〇〇〇c、『江藤淳という人』新潮社。

福田和也、二〇〇二、『奇妙な廃墟――フランスにおける反近代主義の系譜とコラボラトゥール』筑摩書房（ちくま学芸文庫）。

福田和也、二〇一〇年、『現代人は救われ得るか――平成の思想と文芸』新潮社。

福田和也、二〇二一、『福田和也コレクション1――本を読む、乱世を生きる』ベストセラーズ。

南祐三、二〇一五、『ナチス・ドイツとフランス右翼――パリの週刊紙『ジュ・スイ・パルトゥ』によるコラボラシオン』彩流社。

ロレンス、D・H、二〇〇四、『黙示録論――現代人は愛しうるか』福田恆存訳、筑摩書房（ちくま学芸文庫）。


［付記］本稿は、令和三年度専修大学長期研究員制度による研究成果の一部である。

註

（1）江藤における日本の「成熟」の問題は、戦後の日本文学についての文芸評論である一九六七年の『成熟と喪失』において主として論じられるものである（江藤、一九九三）。本章で直接取り上げる時論的エッセイでは、それらの考察を背景としながらも、文学作品が直接的に論じられることはない。

（2）いわゆる保守思想とは距離を置く柄谷行人は、『奇妙な廃墟』の文庫解説において、本書の出版ののち福田が、「保守派の雑誌からデビューしてしまった」ことに対して、残念に思いながらも楽天的に考えていたと述べている。なぜなら、「福田氏が考えていることを理解できるのは私のような人間であって、いわゆる保守派の人たちではないという確信をいだいていたからである」（福田、一九九九：五四三）。

（3）なお本章では、フランス知の一部としてのファシズム文学が福田によって戦後日本へと導き入れられたことの意味を、日本の文脈において探究することに焦点を絞るため、フランス・ファシズムそのものへの分析に踏み込むことはしない。日本におけるフランス・ファシズム研究としては、福田以降も、（深澤、一九九九）、（有田、二〇〇三）、（南、二〇一五）、（深澤、二〇一九）などの重厚な蓄積がある。

（4） ただし、この加藤の解釈において、文学のために死ぬことが、なぜ「身」ばかりか「霊魂」をも滅ぼすことになるのかは、やや不明確である。

（5） この文学的視点を、加藤は、太宰の別の作品（「薄明」）にも認める。この短編小説において太宰は、四五年の空襲の直前に流行性結膜炎によって失明した娘が、空襲に見舞われて家を焼き出されたのちに病院にかかり、視力を取り戻す話を書いている。眼が開いた娘を連れて「家の焼け跡」に行った父は「ね、お家が焼けちゃったろう？〔…〕みんな焼けちゃったんだよ」と言うが、それに対して、娘はただ、「ああ、みんな焼けちゃったね」と微笑むばかりである。加藤はこれを八月一五日についての物語として解釈し、この娘の眼こそ、太宰が仮託した「文学の姿」であるという。つまり、太宰にとって焼け跡という廃墟を「薄明」の中ただ微笑において眺める態度こそが文学であって、八月一五日に「原点」や「転機」を見ること自体が「文学の敗北」なのである（加藤、二〇一五：一五七）。

（6） 加藤はこの論考の末尾にやや唐突に「文学とはつながりよりも深い、切断の力なのである」という言葉を置いている（加藤、二〇一五：二四一）。その意味は説明されていないが、死者の声をモラルとする「連帯」の観念からして、死者の死を意味づけないままに死を捉えることが、根本的な「切断」であると理解されているように思われる。

（7） もっとも、加藤は一九八二年の論考「「アメリカ」の影——高度成長下の文学」において、「敗戦後論」の元になるような江藤批判をすでに展開している（加藤、二〇〇九）。本章がここで問題にしたいのは、時系列的な前後ではなく、時代的な共通性である。

（8） 叢書「一九四五：もうひとつのフランス」は、一九八七年から二〇〇二年にかけて、国書刊行会より全八巻別冊一巻が刊行された。

III　一九六八年とその後

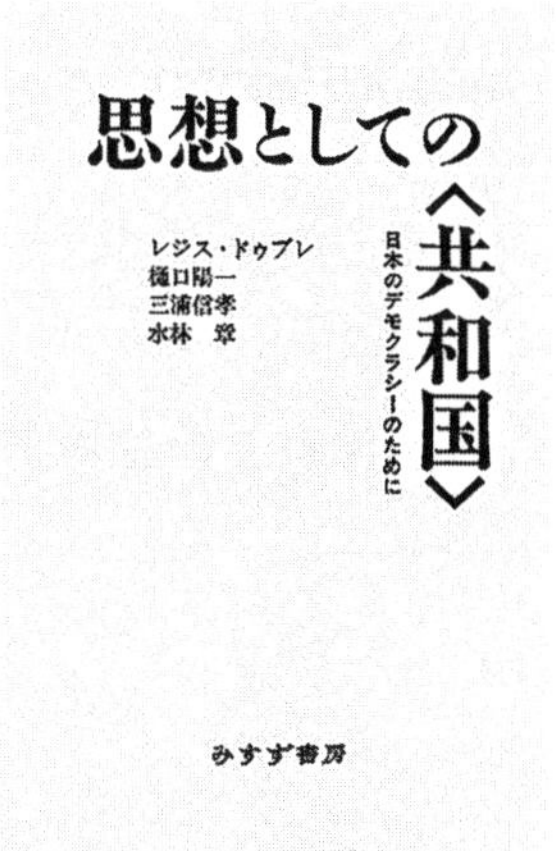

第七章　〈ドゴール〉の影——戦後日仏のボナパルティズム論をめぐって

高山裕二

一　はじめに――忘れられたフランス知

西川長夫（一九三四―二〇一三）は、日本で唯一の本格的なボナパルティズムの研究書『フランスの近代とボナパルティズム』（一九八四年）の序文で、次のように書いている。

〔…〕私もまた革命の国フランスの神話に熱狂した世代に属している。〔…〕したがって、ボナパルティズムからフランスの近代に接近することは、私にとって暗黒の部分から輝かしい光明の世界を解明しようとすることであり、われわれのモデルとされていた西欧世界を否定的な側面から理解しようとすることであった（西川、一九八四：四―五）。

同書は、近代の暗黒の部分に光を当てたという。著作タイトルも、単なる時代区分としての「近代フランス」ではなく、フランスの（における）「近代」とされている通り、特定の国のケース・スタディにとどまらず、《近代》という時代そのものの問題に挑んだ作品と言える。

では、「ボナパルティズム」と呼ばれる近代の暗部とは何か。もともとボナパルティズムとはナポレオン・ボナパルト（ナポレオン一世）失脚後、その一族の支配を神話化し支持する運動を意味したが、マルクス主義者たちがナポレオン三世の政治体制を指して普及させた概念である(マルクス自身は一八五〇年代に一種の流行語となった「カエサル主義(皇帝主義)」のほうを基本的に用いた)。そこでボナパルティズムは、一時的・例外的な独裁として過小評価されることになった。

これに対して西川は、ボナパルティズムを《近代》という時代のより普遍的な――フランスでは極端に、イギリスでも着実に進行してきたとされる――現象として定義し直した(同上:八〇―八二)。つまり、資本主義が一定の発展に達した国であればどこの国でも起こりうる、国民の幅広い層の支持を背景にして執行権力が増強するという現象を、第二帝政に始まる近代の問題(＝暗部)として提起したのである。

ところが、ボナパルティズムは戦後日本で――マルクス主義の理解を超えて――ほとんど注目されず、同書の刊行が論争を呼ぶこともなかった(西川、二〇一二:四八)。[1] フランスでは一九六〇年代にかけてボナパルティズム研究が進展し始め、九〇年代に隆盛、復権したのとは対照的である。その理由は何か。この点で西川は、戦後日本の「左翼的文化人」の欺瞞をその理由に挙げる(同上:四四)。あとで確認するように、戦後日本の知識人の間では、従来のボナパルティズム(「古典的なボナパルティズム」とも呼ばれる)の議論が繰り返されたのは確かである。

他方で、同じくマルクス主義の影響が色濃い戦後フランスの論壇では、ボナパルティズムが再評価された。機縁となったのはシャルル・ドゴール(一八九〇―一九七〇)の再登場である。一九四六年一月に臨時政府首相を辞任したドゴールは、アルジェリア戦争に端を発する国難を克服すべく、五八年に首相に復帰する。そして、大統領の執行権を強化した第五共和政憲法を国民投票で承認させるとともに、みずから初代大統領に就任し、さらに六二年一〇月、大統領公選制を導入する憲法改正を断行したのである。それがボナパルティズムの再来と論じられ、ある面で評価された。歴史家のルネ・レモン（一九一八―二〇〇七）や政治学者のモーリス・デュヴェルジェ（一九一七―二〇一四）のような研究者たちも、第五共和政を第二帝政と重ねて評価し始めた（アロン、一九六三：二九）。このとき、タブー視されてきたボナパルティズムも同じく評価されたのは、第五共和政の「民主的」性格が注目され、第二帝政がその元祖と考えられたためである。

かくしてドゴール政治（大統領任期：一九五九―六九年）は、伝統的な地盤のうえに権威主義的に君臨する〈ボナパルト〉の「独裁的」支配（ゴーリズム）としてよりも、広く人民の支持を得た「民主的」体制として評価されるようになる。その後、ドゴール将軍の任期中の大半で首相を務めたジョルジュ・ポンピドゥー（一九六二―六八年首相、六九―七四年大統領）内閣のもと、第五共和政――テクノクラート出身で元ドゴール派のジスカール・デスタン（七四―八一年大統領）までを含む保守派体制――は、経済優先へと舵を切り、新たな中間層の支持を得るなかで従来のゴーリズムからますます離れてゆく。いわば〈ドゴール〉個人の支配からドゴール「体制」の管理へと移行していったのである（本章では後者をゴーリズムの変化版として「ドゴール主義」と呼ぶ）。

この時期、一九六〇―七〇年代にかけて第二帝政のボナパルティズム研究が活発化し始めたのは、まさにこのようなゴーリズムの変容を把握するためでもあった。そこで特筆されるべきは、例えばT・ゼルディンやV・ライトらの研究によって、第二帝政は皇帝個人の支配というよりも〈システム（＝構造）〉の統治＝管理だったとする所見が示されたことである。(2)「左翼的文化人」と違って、戦後日本でボナパルティズム論を紡いだ西川や、それに先行した中木康夫（一九二三―）の一連の業績も、こうした研究史のなかにとりあえず位置づけることができる。西川（一九八四）は、マルクス主義を批判したうえでマルクス思想の再解釈から出発するという独自な仕方ではあるが、ボナパルティズムを近代資本主義あるいは民主主義に内在する「構造」問題――統治者が誰であれ執行権力が増強されるという現象――として提起しようとしたのである。

とはいえ、現地フランスで〈ドゴール〉への関心から出発しながら〈私〉個人の理論的関心が先行した西川の研究は、その「構造」がいかに歴史的に成立したか、また成立しうるかについて十分に解明できなかったのではないか。むしろ、フランスのボナパルティズム研究とそのドゴール「体制」の把握という同時代的な問題意識を踏まえてそれを明らかにしたのは、政治経済史家である中木の仕事だったのではないか、と本章では論じるだろう。

戦後日本でも一九九〇年代に入ると、「官僚内閣制」（官僚主導で政策立案がなされ「議院内閣制」の理念からかけ離れた実態を指す概念）の問題が指摘され、政治改革が叫ばれるなか、五五年体制が崩壊し無党派層の支持を得た日本型〈ドゴール〉が現れたこともあって、ボナパルティズムが一部では注目された。しかしながら、そのような政治指導者（人格）に偏った注目のされ方自体に、その問題の「構造」が戦後日本の読者によって深く理解されなかったことが端的に示されている。

その後、日本政治では政権交代がおこなわれ、あるいは首長の発信力が問われる地方政治の領域で小型〈ドゴール〉が現れたり消えたりしてきた。その間、変わらなかった民主主義の「構造」問題は、ボナパルティズムの問題として今こそ注目される必要があるのではないか。

本章では、戦後日仏のボナパルティズム論を比較考察することで、民主国家における執行権力の増強というその問題提起のアクチュアリティとともに、その問題の背後に映る〈ドゴール（独裁者）〉の影の存在を明らかにする。まず、戦後日仏の論壇でのボナパルティズム評を確認したうえで（二）、同時代の「ドゴール主義」を多かれ少なかれ踏まえた西川と中木のボナパルティズム論を検討する（三）。最後に、一九八〇、九〇年代日本におけるそれへの一定の注目に触れながら、総じて独裁者が消えゆく時代に執行権力が増強されることと、それでも（だからこそ？）独裁者が待望され間歇的に現れることを、民主主義諸国が今も抱える問題として示す（四）。

二　ドゴール再登板とゴーリズムの変容

戦後日本の知識人の評価（一例）

ドゴールが再登場したのは一九五八年五月、アルジェリアの独立戦争が激化し、フランスの内政が動揺する状況においてだった。議会は第二次世界大戦の英雄に全権を委任することを承認、臨時政府の首相に就いたドゴールは事態を収拾するとともに、新憲法を制定し（九月に国民投票によって承認）、同年一二月の選挙において第五共和政の初代大統領に選出された。

このとき、日本の論壇でフランスの政治状況はどう論じられただろうか。一例として、雑誌『世界』（一九五八年八月）の討論「危機の象徴・ドゴール――フランス政変の教えるもの」を取り上げてみよう。論者は、久野収、内山敏、加藤周一、高橋徹、横田地弘であり、大まかに戦後日本の「左翼的文化人」と呼ぶことができるだろう。
討論の詳細は省くが、それがおこなわれた時期からして、議会に承認されたとはいえ全権を委任されたドゴールに対する評価が低いのはある意味で当然である。だが、ここで注目したいのは、これら一連の出来事によってボナパルティズムが想起され、従来通りの否定的な議論が展開されたということである。ゴーリズムは「ボナパルティズムの一形態」であり、その支持層の多くは階級的利害と無関係な政治的無関心層で、「英雄願望の心理」に駆り立てられたという。そして、「プチ・ブルジョアジーは自分の現実の生活が、一応、小さく満足のいくものであれば、低俗な現実を抜けた、偉大なものへの憧れがでてきます」と述べられ、マルクス主義的階級観のなかでドゴールの再登場を把握し否定しようとしている（久野ほか、一九五八：七五―七六、七八）。彼らにおいてはゴーリズムやボナパルティズムと、ファシズムとの距離さえ明確ではない。

〔…〕ドゴールの登場は、大衆の生活の小市民的な安定と現在の議会政治に対する挫折感を背景にして、一応合法的な過程をとってできているのだから、おそらくこのドゴーリズムは、右翼勢力の圧力を適当にコントロールしながら、しかもなお実質的には漸進的に体制そのものをファシズム化させてゆくのではないでしょうか（同上：八八）。

なお、五八年五月の時点で「ドゴールは「ファシスト」である」と掲げていたフランス共産党の路線も、ドゴール体制のもとで政党が禁止されないと分かると、「ファシズムへの道を開く」、さらに

「「独占資本主義」の反動的な手先だ」という見解に変更されていった（ジャクソン、二〇二二：二九四）。
その討論のなかでは、加藤周一が独特なスタンスをとっているように見える。いわゆるマルクス主義的枠組みでこの政変を捉えない。つまり、今回の政変を例外的な問題として退けるのではなく民主主義社会の「大衆」問題として深刻に受け止めるとともに、おそらくかなり意識的に特定の階級や政党ではなく「個人主義」を擁護すべきだと明言している（久野ほか、一九五八：八四、九二）。

いずれにせよ、この討論におけるゴーリズムやボナパルティズムの認識を戦後日本の論壇の評価として一般化するわけにはいかないだろう。ただ、その後も知識人の間でドゴール政治がまともに再検討され、評価が一変した形跡はない。ここで系統的なサーベイはできないが、その討論に参加していた評論家の内山敏は、二年後に同様な認識を示している。つまり、内山は同誌の論説で、サルトルのドゴール評を引いたうえで、ドゴールを「一個の君主」と称して従来のボナパルティズムに対するのと同種の批判を展開しているのである（内山、一九六〇）。

他方、同論ではフランス共産党誌『経済と政治』編集委員（のち委員長）アンリ・クロードの著書『ドゴール体制と大資本』（一九六〇年）が参照されている。それはフランスにおける独占資本の支配と、それと結託したドゴール個人の「独裁的」権力を主張する点では従来のボナパルティズム論と大差ないが、「ドゴールが君臨し、大資本が統治する (de Gaule règne, le grand capital gouverne)」というクロードの見方 (Claude 1960: 36) は、〈ドゴール〉個人を超えた体制（行政）の統治を示唆している点で興味深い。後述するように、同種の議論としてはかなり早い時期の的確な指摘といえよう（Birnbaum 1979=2010: 103-104)。

もう一例を挙げれば、憲法学者の長谷川正安がさらに二年後に雑誌『エコノミスト』で、やはりドゴールを「二〇世紀のボナパルチスト」と呼び、「個人独裁」としてのボナパルティズムの特質しかその支配に看取していない（長谷川、一九六四）。「新中間層」の増大を示すフランスでの議論を紹介する一方、「ナポレオンを支持した中小農民層は、今日でもドゴールの強固な地盤をなしている」としながら労働者の「革命的精神」の欠如を嘆くかのように指摘するのである。

結局、「左翼的文化人」にとってボナパルティズムはファシズムと大差なく、よってそれへの関心は「主としてファシズム研究の進展との関連で高められ」た。これに対して、以下のようにフランスでは、「ドゴール下の第五共和制の構造把握という現実問題との関連において」ボナパルティズムが再評価され、独自な議論が展開されたのである（中木、一九七七：七三―七五）。

フランスの論壇（一例）

フランスでも、ゴーリズムをボナパルティズムに結びつけて論じる傾向はあったが、否定的なものばかりではない。例えば、戦中にドゴール将軍の助力もあって創刊された中道左派に位置づけられる新聞『ル・モンド（世界）』（一九四四年―）も――徐々にその政治スタイルに対して批判を強めていくが――、論説「世論調査と政治研究――ゴーリズムとボナパルティズム」（六四年二月一三日）で、どちらかといえば好意的に近年のドゴール政治の傾向を紹介している。

同紙主筆（一九六九―八二年まで編集長）で、『フランス共産党史』（一九六四・五年）の著者でもあるジャック・フォーヴェ（一九一四―二〇〇二）は、世論調査（一九六二年）にもとづいて「危機」を乗り越えたのちにドゴールへの支持が低下する一方で、根強い一定の支持があることに着目する。そして、その支持者たちが議会を過小評価することなく、議会（党派）政治を支持しているというデータをもとに、ゴーリストの意識あるいはゴーリズムのあり方の変容を示唆している。同論によれば、ドゴール再登場が今日支持されるのは、民主主義がある「統合（の象徴）」を必要とするという事情はあるとしても、それは従来のような反議会主義や権威主義ではない。こう指摘したうえでフォーヴェは、ドゴール主義をボナパルティズムと重ねて再評価する最近の研究動向を紹介している。その代表的な研究者が歴史家のルネ・レモンである。

レモンは、一九六三年に改訂された著書『フランスの右翼』第二版（初版は一九五四年）で、フランスにおける右派（右翼）のモデルを三つに分類し、ボナパルティズムを第三の国民的・人民的右派として位置づけている。ボナパルティズムは、フランス革命後に現れた第一の、伝統主義的な反革命派とは近代的である点で異なり、第二の、復古王政期のリベラル右派とは（直接）民主的である点で異なるという。そのうえで、ボナパルティズムとゴーリズムには類縁性があると指摘するのである。そのなかでも両者に特に共通しているのは、「国民の同意」を体制の基盤とし、国民投票のような民主的慣行を実践している点にあるとする(3) (Rémond, 1963: 289-290)。

同論では紹介されていないが、次項で紹介するモーリス・デュヴェルジェもゴーリズムをある面で評価した代表的な研究者の一人である。そのほか、同じく戦後日本のフランス知に影響を及ぼした人物としては、ドゴールのもとで二度大臣（臨時政府で教育相、第五共和政で法相）を務めた著名な憲法学者ルネ・カピタンも、一九五八年体制を評価した代表的な研究者である（樋口、一九七七：二〇一―二一二）。

他方で、共産党をはじめ左翼の知識人たちでさえ「ドゴール主義」を従来のゴーリズムと同じようには位置づけられず、レッテルを貼るのは簡単ではないことに気づき始めた（ジャクソン、二〇二一：二九七）。そのことはゴーリズムの変容の証左でもある。

レモンとデュヴェルジェの評価

同じく再評価の潮流で注目されるのは、このタイミングで雑誌『フランス・フォーラム』が組んだ特集、「ナポレオン三世は民主主義者だったか？（Napoléon III était-il démocrate ?）」（一九六二年一一月号）である（以下の記述は（Bourbon et al 1962: 4-13）を参照）。同特集のなかで、戦後フランスを代表する政治史と現代政治の研究者、レモンとデュヴェルジェがナポレオン三世および第二帝政について討論し、共にそれを評価しているのである。冒頭、これが企画された理由として、近年のナポレオン三世や第二帝政に関する著作や記事、番組などの成功と、一九六二年一〇月（憲法改正）の国民投票のなかでその名が度々言及されたことが紹介されるように、現今のゴーリズムを念頭にボナパルティズムが注目されるようになったことが示されている。

では、第二帝政のボナパルティズムのどの点が評価されたのか。レモンによれば、確かにルイ＝ナポレオンはクーデタで任期を延長し帝政を復活させたわけだが、そのとき制限選挙制を否定して普通選挙の実施を唱えて支持されたことが重要である。なるほど、帝政は今日のような議会制や政党制を持たなかったが、当時では十分に「民主的」な体制だった。これに対して、前体制（第二共和政）には議会主義があって、その意味でリベラルだったかもしれないが、（制限選挙制を復活させて）きわめて不平等な体制だった。また、第二帝政では都合の良い時に実施された国民投票だけでなく、六年に一度の議会選挙があったことも忘れてはならないという。

他方、対談でデュヴェルジェは、一八六〇年代以降すなわち帝政期後半は徐々に第二帝政は議会主義的になってゆき、その進化にイギリス人をはじめ同時代人は驚かされたのだと指摘する（帝政前期と後期の相違の評価は重要だが、本章では触れない）。なかでも両者に共通するボナパルティズム観として注目されるのは、ナポレオン三世が凡百の君主に比べて優れていたのはその時代の進歩＝《近代化》の認識だったという点である。国民の多数は彼の体制のうちにフランスの栄光のみならず繁栄を結びつけ、真に「近代的体制」を見出した。ここには、ボナパルティズムはただ国民的・民衆的な支持を得た体制だったということ以上の含意がある。

「第二帝政とは大銀行である」、「それは大企業である」とも双方が指摘し、これは前記の共産主義者の認識と変わらない。だが、経済の自由化によって繁栄（成長）を実現し、その一方で当時としてはもっとも先進的な社会（労働）政策を実施することで国民の生活水準の向上＝《近代化》を達成したと評価する点が、戦後フランスを代表する両知性の強調するポイントである。

最終的に、デュヴェルジェは一九六二年一〇月の国民投票で改正された一九五八年のフランス憲法と、一八七〇年の帝国憲法は驚くほど似ていると結論する。どちらも議会主義を採用しているが、「独断的」元首が存在するという（もっとも、その地位の威信は全く人民投票にもとづく場合と、家系・血統に（も）もとづく場合とで、大きく異なるとされるが）。レモンは、だから一世紀たってもフランスは同じ制度や問題を抱えていると考えざるをえないと断じる。いずれにせよ、前述のようなボナパルティズムの認識ないし再評価の背景には、ドゴールの再登場があった。

デュヴェルジェは別著『人民なき民主主義』（一九六七年）でも、フランス政治（政党制）の特色である「中道主義」にボナパルティズムとゴーリズムの相似を見る一方、近代フランスに登場し現代ヨーロッパ全体に見られる民主主義に欠落した人民の支持を回復する試みとして両者を評価している（デュヴェルジェ、一九七四：第二部第二章）。そして同書が、西川長夫によって自身最初のボナパルティズム論（後述）の発表直後に翻訳されている点が、本章の問題関心からは注目される。

政治社会学者のピエール・ビルンボームが、「かくして、われわれはまず第二帝制とゴーリスムとの類似性に驚かされる」と書いたのは、一九七七年刊行の著書においてだった（ビルンボーム一九八八：七）。実際、前述のように一九六〇―七〇年代にかけて第二帝政研究が進展し始めたのである。歴史学でも、雑誌『近現代史評論』で第二帝政研究の特集号（一九七四年一・三月号）が組まれたことは、ボナパルティズム研究の進展あるいは第三共和政イデオロギーからの解放を象徴する出来事だったと言えよう。

三　もうひとつのフランス知

西川のボナパルティズム研究

西川長夫のボナパルティズム研究は、一九七二年夏に一気に執筆されたという「ボナパルティズム概念の再検討」（『思想』一七九三年一月号所収）に始まる。その体系的な成果である著書『フランスの近代とボナパルティズム』（一九八四年）は、今から振り返れば、前述のようなフランスの研究史の潮流に属するとひとまず言える。ただ、西川の場合、フランスの研究から影響を受けたというよりは、フランスでの自身の〈ドゴール〉体験を経たうえで、帰国後の日本の政治経済状況を踏まえ、その研究に向かったようである。

これに対して資本主義それ自体に内在する独裁的、あるいは全体主義的な一傾向、したがって多分にファシズム的な一傾向を問題にすることは、ボナパルティズム論にあらためて現代的な意義を付与することになるだろう。だが私の場合はむしろ順序が逆であって、フランスのドゴール政権と六八年の「五月革命」（私は六七年から六九年にかけてフランスに居た）がボナパルティズムに対する私の関心をふたたびとりもどさせたのであった。また私はこれらの文章をわが国の高度成長期の政治的イデオロギー的な状況とかなり密接に関連させながら書いている（西川、一九八四：二八）。

西川は、過去のファシズムの経験から（それと同一視された）ボナパルティズムに関心を持つ日本の研究者と違い、現在のゴーリズムあるいは高度成長期日本の政治状況からボナパルティズムに関心を持ったと述べている。晩年にも、「五月革命」をナポレオン三世のクーデタに近づけて見ていたと回想する。そのとき現れたのは、体制を転覆させる革命であるよりも、強大な国家権力の現出だったという。そして次のように続け、その評価はともかく前述のレモンに近い歴史認識を示している。

〔…〕ナポレオン的独裁は、ドゴールの独裁も含めてですが、民衆によって支えられ、民衆のためにある。それを［フランスの政治過程は］繰り返しているわけです。そういう歴史過程が目の前にまた現れた。それは予測されることでした（西川ほか、二〇一五：一九）[4]。

西川にはこのような〈ドゴール〉個人の独裁への強い問題関心とともに、日本のマルクス主義とその知識人たちによるボナパルティズム理解（誤解）への鋭い批判意識があった。確かに戦後日本では以前にも、一九五〇、六〇年代から政治史・経済史の分野で、本池立、桂圭男、中木康夫らによるボナパルティズム研究はあった。これに対して西川（一九八四）に独自なのは、マルクス主義への強い批判意識とともに、マルクス自身の思想からボナパルティズムの概念ないし思想自体の再検討を試みたことにある。つまり、ボナパルティズムを、ブルジョアジーとプロレタリアートの利害を均衡させる例外的な独裁国家とみなすマルクス主義者の理解を批判しただけではない。マルクス自身のボナパルティズム論を再検討し、その観点からボナパルティズムの再構成を試みたのである。

西川によれば、マルクスのボナパルティズム論の真の対象は、近代の巨大なブルジョア（資本主義）国家だった（同上：一九）。それを踏まえるかたちで西川は、ボナパルティズムを「フランスのブルジョア（資本主義）国家がとりうる一種の独裁的な形態」と定義する（同上：七七）。それは、「資本主義の発展が一定の段階に達したあらゆる国々」で生じうる形態であって、そのかぎりで、ある時代や地域に限定される例外的な現象ではないとされる。

要するに、ボナパルティズムとは国家が近代資本主義化するなかで、どんな組織や結合も持たないという意味で「階級」を構成しない諸階層を調停する——ただ結局はブルジョアジーの利害を貫徹するとされる——執行権力（＝国家装置）を指す。言い換えれば、「過渡期の例外国家ではなく、近代中央集権国家（＝ブルジョア国家）のもっとも強化された最終的形態である」（同上：六四）。事実として第二帝政はその最終的形態ではないとしても、近代中央集権国家が成長する段階にあったと考えられる。ここにはマルクスとともに、特定の階級やその利害から相対的に自立した国家装置の不動性に関するアルチュセールのイデオロギー論の影響が見出せる（同上：七七）。

こうして西川はマルクス思想を経由することで、ボナパルティズムの「集権的」側面に批判的な考察を加えたのである。一方では、フランスの論壇で指摘されたように、ボナパルティズムについて民衆の多数が選んだという「民主的」性格をある面で評価する。しかし他方で、それに内在する諸矛盾として、その「集権的」側面を厳しく批判したのである。

さらに、もともと京都大学人文科学研究所の共同研究（河野、一九七七）の一編として刊行された「ボナパルティズムの原理と形態」（西川、一九八四：第Ⅳ部）——自著に改めて収録する際に「定義のために」と副題が付された——では、ボナパルティズムが三つの原理ないし要素から特徴づけられている。それはルイ＝ナポレオンの著作『ナポレオン的観念』（一八三九年）に即して、（一）自由・人民主権、（二）秩序・権威、（三）繁栄・栄光、と整理される。それぞれが国家（政体）においては人民主義的、警察主義的、産業主義的な側面として現れるとされ、執行権力とその強化が多くの民衆によって支持される理由が示される。

このような西川のボナパルティズム論は、歴史学分野の研究に比しても独創的で先進的でさえあっただろう。戦後日本の同分野では、例えば柴田三千雄（一九八三）が「近代史上最初の「ボナパルティズム」的現象は、四八年革命以降のフランスの固有な条件下で生じた個性的事実であった」と述べるように、基本的にボナパルティズムと言えば第二帝政の政治体制や政治経済現象を指す概念として用いられた（同上：三六五）。そして同書注一四八（同上：四一〇–四一二）にあるように、柴田は西川によるボナパルティズム論を参照しながら、マルクス主義者の定義の問題を指摘している。もっとも、ボナパルティズムを「後発資本主義国全体」に現れる政治形態として――もともとエンゲルスがしたとされるように（同上）――ビスマルクのドイツにも適用する点で、柴田の議論はボナパルティズムを資本主義化の例外状態とみなす従来の理解を大きく出るものではなかったと言える。

西川研究の欠落――中木康夫の業績

ところが、歴史研究にも足跡を残した西川（一九八四）の独自なボナパルティズム論ではあるが、同論は《近代》という時代の普遍的な問題を提起しようとするあまり、ボナパルティズムが歴史上いかに可能になったのかが十分に実証されていない。フランス政治経済史が専門の中木康夫は同書の書評でその点を問題にしている（中木、一九八五：四一–四二）。実際、西川本人も「実証的な歴史研究の成果を踏まえた追加と修正が必要」で、ボナパルティズムも「漠然とした定義」にとどまると認めており（西川、一九八四：七六、一二九）、ボナパルティズムではその貫徹が目指されるという「ブルジョアジーの利害」についても歴史的には判然としない部分がある。これに対して、一九六〇年代まで遡る中木のボナパルティズム論は、同時代フランスの第二帝政研究の問題意識を引き受けながら、それを成り立たせている「構造」の解明を試みた歴史研究として評価できる。

中木は論文「フランス第二帝政＝ボナパルティズムの成立」で、ボナパルティズム＝第二帝政は前体制であるブルジョア共和政の反動ではなく――共和政という政治体制を否定し去るという意味ではそうかもしれないが、政治経済の構造上はそうではない――、むしろその課題を克服することで、新興資本家層（ブルジョア）が成立させた「強力＝独裁制」だとする。そのうえで、この「独裁制」を可能にした産業構造をより歴史的に説明しようとする。[5] 中木によれば、ボナパルティズムとは左翼による支持も得ながら「金融封建制」の解体と新たな近代的信用創出という課題を「強力」によって達成する政治形態だった（中木、一九七一）。

同論がほぼ同じかたちで収録された著書『フランス政治史』の説明はより具体的である。

> したがって結果的にいえば、第二帝政＝ボナパルティズムは、破滅に瀕した小農・手工業者大衆による「社会革命」の危機に先取的に対応しかつそれを回避しつつ、秩序党及びそれに代表される旧社会勢力（金融貴族および小農地代に立つ大土地所有）の伝統的な名望家支配を解体するとともに、イギリスに対抗しうる資本制生産力を構築するために新興資本家層が成立せしめた強力＝独裁制であり、そうした体制の樹立・維持に成功しえたのは、広範な小農・手工業者大衆および労働者層をさえ自らの社会的基礎として支柱化ないし中立化しえたからであった（中木、一九七五（上）：一六二―一六三）。

このように中木は、ボナパルティズムを可能にした政治経済の構造を分析しながら、その「左翼代位性」ないし先取性を強調する。つまり、第二帝政は小土地所有の創出や生産力の向上によって広範な勤労民衆のニーズに先取的に対処――左翼に代わって社会革命の危機を解消――した体制だった。これに対して中木は、西川（一九八四）の書評で同著がこの「左翼代位性」を見落としていることを著者の課題として提起している（Cf. 同上：一〇五）。ここで注目すべきは、中木がこの点にドゴール体制との産業構造上の類似を見ていることである（外交におけるナショナリズム、特に英国への対抗姿勢も類似点として挙げられるが、本章では触れない）（中木、一九八五：四二）。

『フランス政治史』を見ると、中木のボナパルティズム論は西川（一九八四）よりもドゴール体制の把握と深く関連していたことがわかる。彼にとってドゴール体制とは「再版ボナパルティズム」として現れたのだ（中木、一九七六（下）：一七三）。両者の視点の相違は思想と歴史の研究の相違という面はあるだろうが、ともあれ中木の研究のほうが、ドゴール体制の構造上の把握という関心のもとで進展したボナパルティズム研究に寄り添うかたちで、「構造」問題としてのボナパルティズムの内実をより歴史的に明らかにできたのは確かである。

ドゴール体制、あるいは強化される執政権

第五共和政では、あたかも第二帝政下でサン＝シモン主義者が政策立案を担ったように、テクノクラートが重用された。中木は、経済計画方式に立つドゴールの「新資本主義」路線での画期となった

「第四プラン」（一九六二年六月末可決）の基本的作業を担ったのは「「サン゠シモン的」テクノクラート層」だったと指摘する（中木、一九七六（下）：八八）。そして、「第五共和制下、画期的に増大するテクノクラートの集団は、議会・政党および閣議の役割さえもいちじるしく無力化しつつ、ドゴールの個人独裁的支配を強固に支える支柱となったのである」と付け加える。
最新のドゴールの伝記も、第一次ドゴール政権の特徴は「非政治的な「専門家」や役人」によって主に構成されたことにあるという。さらに続けて、その「特筆すべき特徴」をこう説明する。

ドゴール政権下での政府の特筆すべき特徴は、特定の問題だけを扱うアドホックな委員会、あるいは伝統的な行政機構のお役所的なルーティンの外で機能する準公共組織の制定だった（ジャクソン、二〇二二：二八八―二八九）。

このように、テクノクラートの統治と言っても、単なる官僚（制）の支配ではなく、政府・与党の支持を背景に上層官僚と顧問官団《コンセイエ》（専門家）によって担われた官邸の統治を意味した。この意味で、遅くとも一九六二年末の議会選挙後に成立する第二次ポンピドゥー内閣において、「個人独裁」としてのゴーリズムは崩壊過程に入っていたとされる（中木、一九七六（下）：一一七―一一八）。その後、一九六九年総選挙でのポンピドゥーの「勝利」によってテクノクラート支配へと大きく転換するという言い方がされることもあるが（同上：二三七―二三九）、〈ドゴール〉なき「体制」の支配への移行はそれ以前から開始されていたのである。

こうしたテクノクラート支配が進んだ背景には経済の「現代化」、すなわち伝統的な小農工業部門から先進的な重化学部門へと産業基軸をシフトさせた「新資本主義」の推進という時代の要請があった（ジャクソン、二〇二二：三六八）。そこでドゴールにとっても、「刷新、近代化、機械化、工業化なしには、もはや偉大なる方法はなかった」（ホフマン、一九七七：一〇三）。ドゴール体制は、時代のニーズに対応するために「専門家」による支配を拡充させながら、急増した事務職を中心に労働者から幅広い支持を得ることを目指したのである。

結果、「ロワール以北の先進資本主義地帯」が同体制の中心的な支持基盤となった。憲法改正で「ボナパルト的制度化を確立した六二年」以降、新自由主義路線を鮮明にするジスカール・デスタン政権も含め、政治経済上の構造転換はなかったと指摘されるのは、そのためである[6] (Birnbaum 1979=2010: 118)：Cf.（中木、一九七六（下）：二六三）。

ドゴール体制の末期、大統領選の辛勝（一九六五年）後の新内閣で蔵相に就いたミシェル・ドブレのもとで、国家の半強制的――「コルベール的」と呼ばれる――介入によって重化学工業の発展と大企業（資本）の集中が促進された。「国有化」は避けられたとしても、執行権による「半強制的な誘導」によって選択と集中が押し進められたのである（同上：一四七―一六〇）。確かに、続くポンピドゥー大統領のもとで「国家統制緩和＝自由化」が推進されたと強調されるが、政府主導での自由化が根本的に変更を迫られたとは言えない（Cf. 同上：二七四以下）。

さらに続くジスカール・デスタン政権はフランス社会の大転換地点に位置し、英米流の新自由主義路線に舵を切った点で留保が必要だろう (Birnbaum, 1979=2010: 172)。しかし従来のような「計画主義的自由裁量主義」は放棄したとはいえ、政府（執行権）と実業界との融合が深まっただけで、その執行権力が縮減したわけではもちろんない（ビルンボーム、一九八八：一二二、一七二）。なるほど、同政権はゴーリズムの変容ではなく終焉だと言われるが（Birnbaum, 1979=2010: 106）、終焉したのは「古典的」ゴーリズムではあってもドゴール主義ではなかったのである。

肝心なことは、国家の直接的関与の度合いではなく、〈ドゴール〉不在でも執政権が強化される趨勢とその仕組みである。中木はポンピドゥー新内閣の特徴を次のように整理する。

重大な審議は、もはや議会の諸委員会においてではなく、政府直属で創出される諸委員会のもとで、労使双方と直接に接触しつつおこなわれた。〔…〕こうした強力な「行政装置」は、もはや議会およびそれを媒介とする野党の存在によって妨害されなくなる（同上：一五八）。

ここでは、ゴーリズムを支えるはずの直接民主主義は影を潜め、政府が労働組合や各生産者団体に働きかけをおこなう半直接民主的「参加」方式が用いられていることに注意すべきだろう。

こうして第五共和政の「ドゴール体制」は、ドゴール個人やましてファシズムのような単一政党の支配ではなく、執行権自体を強化してゆく。中木の研究では〈ドゴール〉不在でも強化される執行権力の問題を「ボナパルティズム」と区別して論じられることもあるとはいえ（中木、一九八七：四七―四八）、中木によるゴーリズムが変容する政治過程の分析は、近現代の高度資本主義と民主主義において執行府に権力が集中する「構造」を剔抉することに成功していると言える。

四 「脱政治化」から《改革》の季節へ

「脱政治化」時代の文学研究

翻って、西川の『フランスの近代とボナパルティズム』は、単なる歴史研究を超えた文学研究を含む総合的なボナパルティズム論である。また同書には、前述のように京大人文研の共同研究の成果が含まれているが、それは文学・芸術・歴史学・社会学など幅広い分野の第二帝政研究だった。

同書の刊行後一九八〇年代の日本では、フランス第二帝政は文学ないし文芸批評から一定の注目を集めるようになる。その代表的な研究のひとつとして、蓮実重彦『凡庸な芸術家の肖像——マクシム・デュ・カン論』(一九八八年)を挙げることができる。もっとも、帝政の「柔らかな」権力構造に焦点を当てる同書は広い意味での「政治」と無関係ではないが、政治経済史研究ではなく、従来のボナパルティズム研究のなかに位置づけることは難しい。その後も、戦後日本でボナパルティズムの歴史研究が発展することはなかったと言わなければならない。

その背景には、西川(二〇一二:四八)自身も示唆するように、一九八〇年代のマルクス主義を含めた思想(イデオロギー)の熱量が冷めた時代があったのではないか。「脱政治化」の時代である。また、戦後日本では五五年体制のもとで政治経済の体制が安定する一方で、〈ドゴール〉のような強力な執政権者、少なくともそれを象徴するものの不在ないし不可視が、あえてボナパルティズムに注目することを妨げ続ける要因となったかもしれない。

そのなかで冷戦体制の崩壊は、両国の思想地図に少なからぬ変化をもたらした。イデオロギー時代の終焉が叫ばれる一方で低成長時代に入ると、ボナパルティズムが新たな注目を集めるようになる。ここでは詳細は触れないが、一九九〇年代から二〇〇〇年代にかけてフランスでは第二帝政あるいはナポレオン三世を評価する著作が多く出版され、明らかに名誉回復がなされていったのである。

同時期日本でも、フランス知とは別の文脈でボナパルティズムが一部で新たに注目されるようになる。そのひとつのきっかけはやはり七〇年代の文学研究だった。マルクスの革命論を軸に文学的・精神医学的に分析したジェフリー・メールマンの著作『革命と反復——マルクス・ユゴー・バルザック』(一九七七年)が日本では遅れて九〇年代に雑誌『批評空間』(第二期六—八号、一九九五年)で翻訳・紹介され、一九九六年に批評空間叢書(太田出版)として刊行されたのである。そして同年、『ルイ゠ボナパルトのブリュメール十八日』の新訳が同社から刊行された。

このように、同書を中心にしたマルクス初期思想の再解釈のなかでボナパルティズムが再注目され、問題が再構成されたのである。例えば、同訳書に解説を付した柄谷行人は、マルクスのボナパルティズムを近代の民主主義゠代表制の破綻を論じた著作として論じ直した(柄谷、二〇〇八)。そして、ボナパルティズムを近代資本主義において周期的に生じる現象として、その「反復強迫」という問題を提起したのである。その解釈は——自身も晩年に好意的に紹介しているように(西川、二〇一二:五〇—五三)——西川の問題関心とも深く関わる部分を内包しているが、それを考察するのは戦後日仏のフランス知をめぐる本章の課題を超えることになる。

《改革》の季節と変わらない「構造」

こうしてマルクス思想の再解釈の潮流のなかでボナパルティズムが一時注目された。メールマンの翻訳が最初に掲載された『批評空間』(第二期六号)では、「ボナパルティズムをめぐって」と題する討論も企画された(論者は柄谷行人、浅田彰、阪上孝、上村忠男)。ただ、それを繰っていると、日本の政治状況の把握もボナパルティズムの再検討を必要とした理由だったように思われる。一九九〇年代に入るとバブル経済崩壊の影響もあって、日本の政治構造の変革が求められるようになり、それが世論となって五五年体制を崩壊させ、一九九三年に非自民連立政権を成立させた。つまり、脱政治化の時代から政治《改革》の季節へと移行した時代を理解する必要から、日本でもボナパルティズムが注目される兆しが生まれたのではないか。

実際、この時代に登場した細川政権を同討論では「ボナパルティズム」と呼んでいる点は見逃せない(柄谷ほか、一九九六:八)。あまりに脆弱だったとはいえ日本に登場した〈ドゴール〉の出現あるいはその可能性を、ボナパルティズムという概念で理解しようとしているのである。それは人気取り的な政治としての「ポピュリズム」とも特に区別されていない。しかしながら、これまで本章で明らかにしてきたように戦後日本のフランス知に着目することで浮かび上がるのは「構造」問題であり、それが〈ポピュリスト〉という人格の問題に矮小化されてしまうとすれば、問題の本質は隠されてしまう。そこではやはり民主主義に内在する、執行権を強化する「構造」の問題が理解されるべきだったのではないか。

逆に、フランスで一九九〇年代以降ボナパルティズムが復権したのには別の事情があり、それは

「独裁者」が完全にいなくなるわけではないことを示している。つまり、高度経済成長が終わり、先進諸国が低成長時代を迎えるなか、再び偉大な〈ドゴール〉が求められた。かつてドゴールの伝記を書いた政治学者は次のように書いた。「市民は危機と絶望の真只中においてのみ、己れの人格を失う恐怖から、宗教的な救済の希望を抱くのである」（ホフマン、一九七七：一〇九）。二一世紀は、周期的に資本主義や民主主義の危機が叫ばれ絶望が説かれる時代である。

そのなかで、変容したゴーリズム＝ドゴール主義に嫌気がさしてこれを放棄し、本来の〈ドゴール〉を待望する人びとが特に右派勢力のなかで拡大している。最新のドゴールの伝記は次のように説明する。

フランス人がより「ドゴール的」になるにつれて、彼らはより「ドゴール主義的」ではなくなっていくように見える（ジャクソン、二〇二二：四二九）。

彼らにとって、〈ボナパルト〉の後継者としての〈ドゴール〉の消失が、「フランスのすべての病」の扉を開いたとさえ考えられる。近年それを極端なかたちで主張したのは、ル・ペンよりも過激な右派のジャーナリスト、エリック・ゼムールによるベストセラー『フランスの自殺』（二〇一六年）である（同上）。この事実は、「ドゴール主義」が定着してゆくと、それへの反発から〈ドゴール〉的あるいは英雄的なもの――〈独裁的なもの〉――を追い求める傾向が生まれ、それが不在であるがゆえに強く求められるという矛盾を示唆していよう。

ここには、純粋な独裁制の可能性が縮減してゆくにつれて、かえって「独裁者」ないし〈独裁的なもの〉が待望されるという構図がある。このいわば民主主義の発作はどの国でも生じうるが、それとは無関係に執行権力が増強してゆく点を見落とすべきではない。というのも、日本国内に目を向ければ、その後政権交代を経て《改革》が叫ばれながらも政治的無関心が常態化し、その間、執政権は縮減するどころか増強される傾向が見られるからである。

五　おわりに――消えゆく〈独裁者〉？

西川の『フランスの近代とボナパルティズム』は、『ルイ・ボナパルトのブリュメール十八日』の新訳が文庫化された二〇〇八年、出版各社の「書物復権」事業のために復刊されたが、フランス研究のなかで再注目される兆しはない。そのことには、これまで論じてきた戦後日本の時代情況とは別に、もうひとつのフランス知自体にも原因の一端があったのかもしれない。それはドゴールその人の時代を生きた世代に深く関わる。つまり、西川を含む同世代はマルクス（主義）の影響を完全には免れていなかったのではないか。端的に言って、彼らがボナパルティズムを民主的「独裁」の一形態とみなしたことには、（ナポレオンⅠ世とⅢ世との連続を見た）マルクス（主義）の思想の刻印を見ないわけにはいかない。

中木（一九七七）の場合も、ルイ＝ナポレオンは「独裁制を自立産業国家建設の過渡期における必要悪とみなしていた」と明言しながら、「近代化独裁の一形態」という定義に固執し、ボナパルティズムという概念自体を——古典的な定式を超えて——再解釈することはなかった。そこには、マルクスの影響とともに、中木そして西川の同時代人だったドゴールその人への——賛否はともかくとして——執着もあったのではないか。彼らは〈ドゴール〉の時代を生きたのである。

それにもかかわらず、西川と中木のボナパルティズム論は、今日の民主主義あるいは資本主義に内在する「構造」問題を提起しえている。それは〈ドゴール〉あるいは〈ポピュリスト〉の影（背後）で問題が見えづらくなっている今こそ改めて注目される必要があるのではないか。その問題意識を継承した研究はマルクス主義を知らない世代による、〈ドゴール〉の呪縛から解かれた民主的な権力集中の研究となるだろう。

現代フランスでは、政治思想史研究者のピエール・ロザンヴァロン（二〇二〇）が指摘する「大統領制化」と呼ばれる問題が、戦後日仏それぞれの文脈で培われたボナパルティズムの問題構成と共振する面を合わせ持つ。二〇一五年に刊行された『良き統治』は、「大統領制化する民主主義」という副題を付けて日本語に翻訳された。戦後日本における民主主義の問題をめぐるフランス知のバトンはその訳者たちを中心に引き継がれ、発展させられてゆくに違いない。

文献

Birnbaum, Pierre, 1979=2012. *Genèse du populisme: le peuple et les gros* (Paris: Pluriel).

Bourbon, Henri; Duverger, Maurice; Rémond, René, 1962. « Faut-il réhabiliter Napoléon III ? », *Revue France Forum* 44, novembre 1962, pp. 4-13.

Claude, Henri, 1960. *Gaullisme et grand capital* (Paris: Éditions sociales).

Rémond, René, 1963. *La droite en France: de la première restauration à la Ve République, 2e édition* (Paris: Aubier).

Rémond, René, 1982. *Les droites en France* (Paris: Aubier).

アロン、レイモン、一九六三、「ドゴールの共和国」栗原伯壬訳、『論争』第五巻四号、一二二―一三三頁。

内山敏、一九六〇、「ドゴールの底にあるもの」『世界』一六九、一二九―一三六頁。

鹿島茂、二〇〇四、『怪帝ナポレオン三世 第二帝政全史』講談社。

加藤千香子、二〇一五、「国民国家論と戦後歴史学――「私」論の可能性――」『立命館言語文化研究』第二七巻一号、一二五―一三九頁。

柄谷行人、二〇〇八、「表象と反復」（マルクス『ルイ・ボナパルトのブリュメール18日』（植村邦彦訳、平凡社ライブラリー、二〇〇八［初版は一九九六年］）所収。

柄谷行人ほか、一九九六、「【共同討論】ボナパルティズムをめぐって」『批評空間』第二巻六号、六―三六頁。

河野健二／編、一九七七、『フランス・ブルジョア社会の成立：第二帝政期の研究（京都大学人文科学研究所報告）』岩波書店。

久野収ほか、一九五八、「〈討論〉危機の象徴・ドゴール――フランス政変の教えるもの」『世界』第一五二号、七二―九三頁。

柴田三千雄、一九八三、『近代世界と民衆運動』岩波書店。

ジャクソン、ジュリアン、二〇二二、『シャルル＝ドゴール伝〈下〉』北代美和子訳、白水社。

髙山裕二、二〇二三、「フランス第二帝政と「ボナパルティズム」の研究史素描」『明治大学社会科学研究所紀要』第六一巻二号、一〇三―一一四頁。

デュヴェルジェ、モーリス、一九七四、『ヨーロッパの政治構造――人民なき民主主義』西川長夫／天羽均訳、合同出版。

中木康夫、一九七一、「フランス第二帝制＝ボナパルティズムの成立」『名古屋大学法政論集』第五三号、八九―一五七頁。

中木康夫、一九七五―六、『フランス政治史〈上・中・下〉』未来社。

中木康夫、一九七七、「フランス第二帝制＝ボナパルティズムの歴史的性格――最近の研究動向を中心に」『西洋史研究』六、七三―九二頁。

中木康夫、一九七八、「【書評】河野健二編『フランス・ブルジョア社会の成立――第二帝政期の研究』」『史学雑誌』第八七巻六号、一〇五八―一〇六三頁。

中木康夫、一九八五、「【書評】西川長夫著『フランスの近代化とボナパルティズム』」『歴史学研究』第五四三号、三八―四二、五六頁。

中木康夫／編、一九八七、『現代フランスの国家と政治―西欧デモクラシーのパラドックス』有斐閣選書。

西川長夫、一九八四、『フランスの近代とボナパルティズム』岩波書店。

西川長夫、二〇一二、「『ルイ・ボナパルトのブリュメール十八日』（一八五二年）：その再読、あるいはボナパルティズムについての私的な回想」『季報唯物論研究（特集 マルクスを読む（Part 1）』第一二〇号、四二―五三頁。

西川長夫／長崎浩／市田良彦、二〇一五、「対論「私」の叛乱」『思想』第一〇九五号、八―二〇頁。

野村啓介、二〇〇二、『フランス第二帝制の構造』九州大学出版会。

長谷川正安、一九六四、「ドゴールの顔一九六四年」『エコノミスト』第四二巻三号、六―一二頁。

樋口陽一、一九七七、『現代民主主義の憲法思想――フランス憲法および憲法学を素材として』創文社。

ビルンボーム、ピエール、一九八八、『現代フランスの権力エリート』田口富久治監訳、日本経済評論社。

ホフマン、スタンレイ、一九七七、『フランス現代史 2（政治の芸術家ド・ゴール）〈白水叢書 13〉』天野恒雄訳、白水社。

メールマン、ジェフリー、一九九六、『革命と反復――マルクス／ユゴー／バルザック（批評空間叢書）』上村忠男・山本伸一訳、太田出版。

ロザンヴァロン、ピエール、二〇二〇、『良き統治――大統領制化する民主主義』古城毅・赤羽悠・安藤裕介・稲永祐介・永見瑞木・中村督訳、みすず書房。

［付記］本章は科研費 21K01335 の研究成果の一部である。

註

（1）（加藤、二〇一五：一二六）によれば、（西川、一九八四）は「歴史学でも大きな反響を呼んだ」と言うが、それを裏づける資料は参照されていない。実際、後述するように学術誌でも中木康夫の書評がひとつあるだけで、その議論が注目されたとまでは言えないだろう。その点で、（西川、一九八四）の構成自体に問題がなかったわけではない。同書は既発表論文が中心で、統一性に欠けるほか、二つの補論を加えた六部構成のうち第Ⅰ部は序論をなし、第Ⅱ・Ⅴ部は各思想家（マルクス、エンゲルス、プルードン）のボナパルティズム論、第Ⅵ部はナポレオン伝説の形成・変容を扱っているため、第二帝政のボナパルティズムそれ自体の歴史・思想研究は第Ⅲ部とⅣ部のみである。なお、二一世紀に入って（野村、二〇〇二）のような第二帝政研究が発表され、注目すべきナポレオン三世論（鹿島、二〇〇四）も出たが、（西川、一九八四）のボナパルティズム論、特に後述するその「構造」問題の提起やマルクス主義批判が注目されたわけではない。

（2）紙幅の都合上、先行研究は紹介できない。詳細は書誌情報を含め（高山、二〇二三）を参照。

（3）両者の類似の強調には時代錯誤の危険が伴うことを指摘しながらも、レモンはゴーリズムを現代版ボナパルティズムとみなす (Ibid: 288-289)。Cf. Rémond (1984: 332-333).

（4）西川の場合、そのような観点から「五月革命」を見た背景には、日本の「現実の問題」としての戦争の記憶（軍国主義）や植民地への批判意識があったという（同上：二〇）。なお本章では、同革命——中木（一九七六（下）：一八三）は「危機」と呼び、「政治への反逆」ではなく「経済的不満の爆発」であると同時に「社会への反逆」だったと断言する——の歴史的位置づけや西川への影響については論じられない。この点は、本書所収の中村論文を参照のこと。なお、中村督氏には本章を脱稿前に一読しコメントを頂いた。記して感謝します。

（5） 中木は（河野、一九七七）の書評で、その共同研究の残された課題としてフランス資本主義の「構造分析」と帝政内部諸派の政治過程の分析を挙げている（中木、一九七八：一〇六三）。

（6） もっとも、政治経済・行政の構造に着目すると連続性が強調できるとしても、政治勢力に目を向けるとそこには断絶があったことが指摘される。ドゴール退場後に再改訂された『フランスの右派』でルネ・レモンは、フランス政治史における右翼の系譜に関する基本的な図式を維持しながらも、ジスカール・デスタン政権を第二の右翼であるオルレアン派の潮流に位置づけ、ボナパルティズムあるいはドゴール主義（これはその後を襲うシラクが継承）と区別する。(Rémond, 1982: 10-11)。一方で、「金持ち」支配のもとで影響力を増した「中道派」の存在が指摘される (Ibid: 42-43)。

第八章　二つの「私」の歴史学

——『パリ五月革命 私論——転換点としての68年』をめぐって

中村　督

一　はじめに――「私論」の意味をめぐって

『パリ五月革命 私論――転換としての68年』(以下、『パリ五月革命』と略記)は、以下の二点において、本書でとりあげられるほかの著作とは趣を異にする。ひとつは『パリ五月革命』は比較的最近出版されたものであり、この本に対する見方がまだ定まっていないことである。二〇一一年に新書として、一八年には「決定版」として出版されたが、古典というには日が浅い。もうひとつは、この著作が「私論」であることだ。六八年五月、つまり、日本でいう五月革命という歴史的な出来事に関する本を上梓するにあたって、私論と銘打つことなど、研究の枠組みでは容易ではないはずである。研究はすべて私論だという立場もありうるが、それならわざわざ「私論」とつける必要もない。

要するに、西川の『パリ五月革命』は評価の定まっていない私論であり、研究史のなかに位置づけるのには慎重な姿勢が求められる。実際、『パリ五月革命』が仔細に検討された形跡はほとんど見当たらない。たとえば、西川の業績を包括的に分析した成果として、二〇一五年に公刊された立命館大学国際言語文化研究所の紀要を挙げることができる。これは西川が長年教鞭を執ってきた立命館大学での連続講座をまとめたものであり、本章にも示唆を与える多くの論考を含む。とくに『パリ五月革命』をめぐって二〇一一年におこなわれた西川へのインタヴューは、いまでは貴重な証言であると同時に、同書が解釈の仕方に幅を持つ本であることを示すいい例である（キム・ウォン／キム・ハン、二〇一五：二〇九–二二六）。とはいえ、このインタヴューは正面から同書を論じたわけではない。また、二〇一二年に京都大学で開催されたシンポジウム「日本から見た六八年五月」でも『パリ五月革命』はとりあげられている。しかし、西川はかつて全共闘の一員であった長崎浩との対談を引き受けるものの、両者は同書の内容というよりは日仏の学生運動の背景などを議論し、当日司会を務めた市田良彦がいうように結局、「対談はまさにすれ違った」（西川／長崎／市田、二〇一五：九）ものに終始している――そのことがかえってこの対談を興味深いものにしているように思われるが。もっとも、『パリ五月革命』が批判的に検討されていない理由は、西川がこの本の出版時に「晩年」を迎えていたことも関係しているだろう。だが、それ以上に同書が論じるにはとらえどころのない著作であることが大きいように思われる。(1)

そこで本章では、最初に『パリ五月革命』を六八年五月の研究史の観点からはどのように評価できるのかを示したい。六八年五月とは、一九六八年五月から六月にかけて、フランス全土でおこなわれた異議申し立て運動のことであり、社会的にも政治的にも後の時代に多大な影響を及ぼしたと考えられている。それゆえ、とくに歴史学を中心にさまざまな学問領域で豊富な研究成果が蓄積されてきた。したがって、なにかしら新しい知見を提示するためには、ときに例外があるにせよ、テーマを限定したうえでミクロな対象に迫らざるをえない。この点を踏まえて、結論を先にいうなら、『パリ五月革命』は新しい知見をそれほど多く提示していないということになる。

けれども、西川はもとより『パリ五月革命』に研究史的な意味での新規性など求めていないだろう。さらにいうと、制度的学問のあり方を批判してきた西川からすれば、「新規性」などという言葉は、その使用さえ峻拒すべきものかもしれない。しかし、それなら西川はなぜ『パリ五月革命』を書いたのか。『パリ五月革命』を通じて何を試み、何を伝えようとしたかったのか。本章が次に取り組む課題はこうした問いをめぐるものである。その手がかりになるのが、冒頭で言及した「私論」が持つ意味である。本章の最終的な課題は、この著者が実存的な問いに迫るべくして「現代思想」ではなくあえて歴史学を方法論として選択した過程を分析しながら、「私論」の持つ意味を明らかにすることである。

二 『パリ五月革命』の検討

西川による六八年五月論の概説

まずは『パリ五月革命』の内容を簡潔に確認することから始めよう。

「はじめに」のなかで著者は六八年五月が著者自身にどういった意味を与えたものなのかを説明する。とりわけ六八年五月を「六八年革命」と呼ぶ理由や著者の思いが語られていることが重要である。同時に、ここで読者は――すでに西川長夫のことを知っていれば別だが――、著者が「一九六七年一〇月の末から一九六九年の末に至るほぼ二年間」をフランスで「偽学生」として過ごしたことがわかる（西川、二〇一八：一四）(2)。

第一章「六八年五月以前」では、フランスと植民地の関係が説明されたあと『ヴェトナムから遠く離れて』などを中心に映画に話題が移り、ジャン＝リュック・ゴダールの作品に焦点が当てられる。なかでも『中国女』（一九六七年）を「五月革命を理解するために何か一つを選ばなければならないとすれば、〔…〕むしろ事件の一年前に製作されたゴダールのフィクション、この寓話的な映画を選びたい」（西川、二〇一八：一四）として、説得的かつ独創的な分析を展開している。

第二章「ナンテール・ラ・フォリー」は、六八年五月直前のナンテールとダニエル＝コーン・ベンディットの説明が中心である。ナンテールとはナンテール分校というパリ郊外に創設された大学を指す。そこでヴェトナム反戦運動がおこなわれていたところ、活動家数人が逮捕された。一九六八年三月二二日、その抗議運動のために、反戦運動の参加者たちがナンテール分校の事務局を占拠し、「三月二二日運動」が誕生する。結果的にナンテールでの出来事が六八年五月の直接的な契機となるため、この章は大事なパートである。

第三章「六八年五月の写真が語るもの」では、五月から六月に至る過程が詳述される。この章が一般的な六八年五月論と一線を画すのは、著者が実際に撮った写真を交えながら注釈が付記されている点である。とはいえ、この章は私論としては教科書的な内容を中心に書き進められており、先行研究との関係を踏まえてももっとも大きな意義があるように考えられる。

第四章「知識人の問題」では、フランスにおける知識人の役割、さらには六八年五月と知識人の問題が論じられる。日本の知識人として森有正と加藤周一、フランスの知識人としてロラン・バルト、アンリ・ルフェーヴル、ルイ・アルチュセールがとりあげられている。

第五章「六八年革命とは何であったか―四三年後に見えてきたもの、見えなくなったもの」では、六八年五月以降の時代が考察される。著者は「六八年革命」を世界的な革命としてとらえ、長期的な展望のなかに位置づけようとしている。

「あとがき」は執筆の動機の説明や謝辞に割かれているが、「決定版」ではそのあとに「一九六八年当時、同じ空間と時間を生き」、「著者がつねに持ち歩いていたカメラのこちら側にいたもう一人のわたし」（西川、二〇一八：四一九）である西川祐子の「わたしたちの一人として」という解説が加えられている。この解説は、それこそ実体験を基にした貴重な六八年五月論であるばかりか、当時のフランス社会を描き出した秀逸な記録である。最後は西川祐子による関連年表と文献表が付されている。

研究史的意義

概要につづいて、六八年五月の研究史的な観点から評価のほうを記していきたい。たとえ、西川が制度的な学問にとらわれないような意図をもって『パリ五月革命』を書いたのだとしても、である。その点、特筆すべきは、同書は日本の研究者が書いた初めての六八年五月に関する本格的な著作であるということである。それまでも資料の観点から興味深い記録やエッセイが残されてきたのはたしかである。(3) しかし、『パリ五月革命』が出た時点では、六八年五月そのものを扱った著作はほとんど公表されておらず、それゆえ同書は日本で必然的に当該研究の先端を行くことになった。

こうした日本での研究史的な脈絡からすると、第三章にこそ最大の意義が認められるだろう。第三章は一九六八年の五月から六月にかけて起こった出来事の経緯が時系列に整理された内容であるが、ほかの章に比して圧倒的な分量を占め、ページ数でいうと一五〇ページ以上に及ぶ。くわえて、この章に特徴的なのは著者自身が撮った写真と注釈が挿入されるかたちになっている点である。別言すれば、学生団体、労働組合、政府、政党など各アクターの発言や動向といった出来事をめぐる記述に併置されるかたちで、レンズを通して西川が視線を投げかけた先にある対象に対して抱いた率直な感想が述べられている。公式の記録に対する個人の記憶、公的なヒストリオグラフィーに対する「私」の抵抗といってもよい。しかしながら、「私」へのこだわりを維持しつつも、西川は出来事の神話化を避けるように努める。

私は五月における「私」にこだわり、この試論にも「六八年五月革命 私論」という表題をつけたいと思っていたが、しかしイデオロギー的独断や神話化は極力、避けたいと思った。そのために自分なりの多少の工夫はしたつもりである。例えば断片的な記述の組み合わせ、自他の引用の並記、写真と文章あるいは写真や図像の多用、さまざまな立場の主張と証言。コラージュ、モンタージュ、ブリコラージュ、云々と訳の分からぬ呪文を唱えながら、記述と記述の間、記述と写真や図像との間、あるいは写真と写真との間、等々の隙間に、違和と共鳴の小さな空間を残すやり方を考えていたのである。あまり成功したとは言えないが、その意図を汲んでいただければありがたい（西川、二〇一八：三五六）。

かくして西川は記述に対して強いこだわりをもって『パリ五月革命』を執筆したが、第三章ではその試みが成功しているように考えられる。大胆な解釈を提示するわけでもなく、淡々と記述を進めるなかで、六八年五月のうねりに当事者とも非当事者ともいえない者の眼差しを紛れ込ませている。

ほかの章でも、西川は自らの回想をもとに、そのときどきの心情や時間を経て変化した感想などを述べており、全体を通して貴重な証言を残している。とくに第四章「森有正と加藤周一――私的回想」は、日本の知識人と六八年五月との関係を振り返るには必読である。戦後、六八年五月を通じて、日本の知識人がフランスの知とどのように向き合い、何を吸収し、何を捨象したのかは重要な問いである。「一九六八年」という年をプリズムとして、彼らのフランス体験が日本の知に反映されていく経緯は検討に値するだろう。

西川のスタイルと呼称の問題

ところで、『パリ五月革命』には若干疑問が残る点もあるので、それらを指摘しておきたい。第一は、全体を通しての展望がみえにくいということである。もちろん、各章の論旨は明快であり、平易な文体も手伝ってミクロなレベルでは読みやすい。(4) そういうことではなく、各章・各節の関連性が不明瞭なのである。その原因として、西川が出版を急いだということもあるだろうが、彼自身のスタイルも関係しているのではないだろうか。西川の代表作『国境の越え方』でも同じようなスタイルがとられており、歴史学者の成田龍一が次のように指摘している。

かくして西川長夫にとり、さらに「戦後知」を考えるものにとって『国境の越え方』は大きな成果となった。だが、書下ろしにしては、『国境の越え方』はテーマが個別になっていることも否めない。比較文化論としてのテーマ構成となっており、各章に関しては完結し主張も明快であるが、全体を通じての構成は、かならずしも読みやすい本とはなっていない（成田、二〇二二：二三一）。

『国境の越え方』を『パリ五月革命』に置き換えても事情は同じである。さらに、『パリ五月革命』に特有の問題として、しばしば、筆者が書いた過去の文章を含めて長い引用文が説明なく章や節の最後に置かれていることがあるのだが、このことも各章・各節の関連性が理解しにくい要因になっている。

第二は、著者がこだわる六八年五月の呼称が統一されていないことである。西川は、「はじめに」でフランスで一般的に用いられている「六八年五月」に関して次のように述べる。

「六八年五月」は現代の神話作りにふさわしい、快い言葉であることは確かだろう。さらにつけ加えれば、「六八年五月」と言っておけば、それが「革命」であるか、「事件」あるいは「出来事」にすぎないか、といった厄介な議論からひとまず逃れて、革命的な回想を楽しむことができるかもしれない（西川、二〇一八：一〇）。

しかし、西川は意識的に「六八年革命」という呼称を用いたいという。西川によれば、六八年五月はなによりも「「革命」であるか否かは別として「革命」が問題であった」からである。そして、「「八九年革命」（一七八九年の「フランス大革命」とその二〇〇年後の社会主義圏崩壊につながる「東欧革命」）とのつながりを念頭に置いて」おり、「あえて「革命」という文字を明記することによって見えてくるものに照明を当てたい」からであるという。他方、「六八年革命」という用語によって、六八年五月を「アメリカ、ドイツ、日本等々を含む世界同時多発的な動きの一環として位置づけたい」（西川、二〇一八：一〇）という考えもあった。

要するに、西川は、六八年五月を通時的・共時的観点の両面から位置づけるためには、「六八年革命」という呼称を用いる必要があると主張しているのである。しかし、著者の動機は了解するにしても、「六八年革命」という言葉は、「はじめに」と第五章を除くとほとんど出てこない。実際のところ、ほかの章では、五月革命と、退けたはずの六八年五月が呼称として用いられるのである。

もっとも、呼称の問題点についてはより慎重に解釈すべきかもしれない。というのも、呼称の揺れは、六八年五月を経験し、長い年月をかけて著作にまとめるまでの西川の長い思索の痕跡とみることもできるからである。憶測の域を出ないが、「はじめに」と第五章はかつて書いたものを引用しながらも、『パリ五月革命』を出版するにあたって書き下ろした箇所なのだろう。換言すれば、西川は、「六八年五月」という言葉で語った時期があったが、ときを経て、いざ六八年五月論を再考する段になったときに「革命」であったと確信を得るに至ったのではないか。

以上の二つの指摘は、いわば形式の問題に属するものであり、読み手の裁量で判断を変えることもできる。しかし、『パリ五月革命』にはより厳密に検討すべき問題が残されている。それは西川と歴史学の関係に関わるものである。

三　戦後歴史学を超えて

フランスの先行研究の欠如

西川の研究を総合的に考えるときに欠かせないのが、後述する（戦後）歴史学批判である。西川は『パリ五月革命』でも一般的な歴史研究とは一線を画した六八年五月論を展開しようとしているのだが、そのことによって、彼のうちに誤解ともいえる事態が生じているように思われる。端的にいうと、『パリ五月革命』のなかで、これまでの六八年五月の研究成果からすると疑問視せざるをえない記述が散見されるのである。一例として「三月二二日運動」に関する次の文章を確認しておきたい。

私はナンテールとコーン＝ベンディットに多くのページをさきすぎているのかもしれない。しかしナンテールがフランスにおける六八年革命の重要な震源地であり、コーン＝ベンディットたちの始めた三月二二日運動がフランスの六八年革命の独自な型を生み出していることは疑えない事実であるにもかかわらず、「五月革命」や「五月事件」という言い方が普及した結果、六八年革命関係の書物や議論の多くは、ナンテールと五月以前を省略してしまう（西川、二〇一八：七六）。

この文章は六八年五月の先行研究を多少なりとも押さえている読者にはいささか不可思議な印象を残す。著者は「「五月革命」や「五月事件」という言い方が普及した」というが、それが、日本とフランスのどちらの話を指しているのかが明示されていない。もしそれが日本であれば、たしかに五月革命という表現は普及しているが、「六八年革命関係の書物や議論の多く」といっても、そもそも本格的な六八年五月論は出ていないので議論にならない（後述するが、西川自身が六八年五月研究の少なさを嘆いている）。他方、もしそれがフランスの話であるなら、「「五月革命」や「五月事件」という言い方」はあまりされない。したがって、西川のこの文章は原因と結果が論理的に成立していないことになる。また、仮の話だが、これがフランスにおける「六八年革命関係の書物や議論」だとすれば、事態はさらに複雑になる。というのも、フランスでは六八年五月の研究成果は主に歴史学の領域で蓄積されてきたが、そこで「ナンテールと五月以前」が省略されることなどほとんど皆無だからである。むしろ六八年五月に至る諸条件の形成を考察すべく、資料の読解を通じて現象の歴史的前提を問うのが通例である。

右の箇所は一例にすぎないが、それでも『パリ五月革命』の執筆にあたって西川は六八年五月の歴史研究の成果をどれくらい踏まえたのかが判然としない。ただ、同書を読むかぎりでは、とくにフランスの研究成果はあまり取り込んでいないように思われる。当然、六八年五月を論じるにあたってフランスの歴史研究を参照したり、ましてや依拠したりしないといけないということはないし、西川の経験にもとづく記述は今後も貴重な証言でありつづけるだろう。とはいえ、同書が「過去」を扱う以上、歴史研究の成果を踏まえておけばまたちがう記述の仕方もありえたように考えられる。

外国史研究者批判の妥当性

西川の歴史学に対する態度は、『パリ五月革命』の出版後も変わることはない。「はじめに」でも触れた、韓国の研究者によるインタヴューのなかで、六八年五月の研究に関して次のように語っている。

それから、歴史家たち、特に日本史研究者の中に、これは歴史記述への挑戦であり新しい歴史記述だ、だから自分がこれから歴史記述をする時にこの本を参照しなければならない、という内容の手紙を送ってきた人もかなり多くいました。日本史研究者の中にです。ところが、フランス研究者の中にはそういう反応はまったくありませんでした。それは、外国史の研究者は独立していないからです。つまり、外国の学問をそのまま受け入れる傾向がある、ということです。ですから、六八年はフランス史を書く人にとってはきわめて重要なことなのに、それについての論文はほとんど出てこないし、教科書のような分厚い本でも、六八年はすっぽり抜け落ちています。歴史の最も重要な転換点を抜かしているんです。それでも何でもないようにしていますが〔…〕ヨーロッパ史やフランス史を研究する人たちがこんなに鈍感なのに対して、日本史をする人たちはしばしば私と論争になったりしながら、とても敏感に反応します。そのことが興味深かったです（キム・ウォン／キム・ハン、二〇一五：二二五）。

たしかに西川のいうとおり、六八年五月研究の成果が乏しい。しかし、直截的に語られたこの言葉はそれ以上のことを示すものであり、以下で指摘しておく必要がある。

ひとつは六八年五月の重要性を認めることとそれを研究することとは別であるということだ。ある出来事に関する研究成果の少なさは即座にその重要性の認識不足にはつながらない。ちがういいかたをすると、重要性が認識されつつも、研究に取り組む人の数が少ない出来事もありうる。さらにいうと、六八年が抜け落ちているというよりは、フランス現代史が手薄な分野であり、鈍感といいきるのは早計の至りではないか——鈍感である可能性もあるが。

もうひとつは「外国史の研究者は独立していないからです。つまり、外国の学問をそのまま受け入れる傾向がある」という箇所についてである。外国史の研究者は独立していないというのは、すなわち外国史の研究者は対象とする国の研究に依存しているということである。これは、文化の可変性や文化を受容する側の能動性を等閑に付した言葉であり、西川らしからぬ発言である。ただ、仮にこれを西川の実感として受け止めたとしても、「外国の学問をそのまま受け入れる傾向がある」のだとすれば、フランス人の書くフランス史の教科書では六八年五月は大々的に取り上げられているので、上記の日本では「六八年がすっぽり抜け落ちている」ことの説明がつかない。西川が日本における六八年五月の欠如を嘆くのであれば、「外国の学問をそのまま受け入れる」よりももっと以前の問題、つまり、制度的な問題や外国研究の困難なども含めて、フランス（外国）史を研究する人の少なさ自体に目を向けてもよかったのではないだろうか。

その実、『パリ五月革命』が与える違和感の背景のひとつとして時代あるいは世代の問題もあるように思われる。西川が批判してきた制度のなかの歴史学はたしかに対峙すべき意義あるものだっただろうし、彼が向き合ってきた「フランス文化」も戦後日本の知の源泉であった。しかし、少なくとも同書が出版されたときには「歴史学」も「フランス研究」（外国研究）も西川がかつて経験したような勢力があったかどうかは疑わしい。その意味では、右の引用文にあるような西川の訴えは十分な説得力を持ちえないだろう。

国民国家論の提案から実践へ

このようにフランス史研究者を批判する西川であるが、そもそもは日本の戦後歴史学に対して懐疑的でありつづけたことで知られている。その姿勢が生まれた時期は、『パリ五月革命』よりもずっと以前、少なくとも西川のもっとも重要な業績のひとつである国民国家論を展開した一九九〇年代前半にまで遡ることができる。国民国家論については、加藤千香子が詳細に議論の軌跡を把握し、秀逸な西川長夫論をまとめあげている（加藤、二〇一五）。さらに加藤の議論を引き継ぐかたちで、成田龍一が「「越境」する西川長夫」というタイトルで西川の戦後歴史学批判を整理している（成田、二〇二〇a：二〇二〇b：二〇二二）。

西川の国民国家論とは、一九九九年に開催された歴史学研究会全体大会での報告をもとにした論考「戦後歴史学と国民国家論」のなかで定義するように「国民国家論は何よりもまず国民国家批判であり、批判理論としての国民国家論である」（西川、二〇〇〇：七五）。そして、より具体的にいうなら、西川によれば、国民国家論は「われわれ自身が心身ともにその一部と化している国民や国民国家を対象化し歴史的現象として分析考察し、それを乗り越える道を模索する試みであり、その試みは必然的に自分自身の脱国民化、非国民化に至るであろう」（西川、二〇一二：二六〇―二六一）という。

こうした西川の国民国家論は戦後歴史学批判から生まれたものである。西川にとって、戦後歴史学は、戦後の特権的な学問でありイデオロギーであった（加藤、二〇一五：一二五）。くわえて、戦後歴史学は一国史を単位とし、国民の伝記としての性質を持つもの、つまり国民国家を支える重要な制度として存在するものだった。戦後歴史学と国民国家論をつなぐ思想が上記の論考に表現されている――「歴史学は、体制的な歴史学であれ、反体制的な歴史学であれ、結果的にはつねに国民国家を強化するという機能をはたしてきました。〔…〕歴史学自体の基盤、歴史学自体の国民国家的基盤が根底から批判的に問われることはほとんどなかった」（西川、一九九九：一三―一四）。結局、西川の主張では国民国家論を学問的に展開するにあたって、まずもって国民国家という体制を内部から支えるイデオロギーたる戦後歴史学を批判的に問い直すことは当然のことであった。

こうして日本の戦後歴史学に揺さぶりをかけてきた西川が、外国史についても同様の問題意識を持っていたのは驚くべきことではない。いや、スタンダールを研究し、ボナパルティズム論や革命史を通じて国民国家論を発展させていった西川からすれば、むしろ外国史を研究する者こそ国民国家と学問の関係を深く内省すべきだということになる。西川がいう「歴史研究者には多くの場合、自分が救い難く国民化されているのだという自覚が欠如しています」（西川、一九九九：一四）という言葉は、フランス史を含めて外国史研究者にあっても同じであり、それゆえ上述のインタヴューでも厳しい意見を呈しているわけである。

たしかに、上述のとおり、西川の（戦後）歴史学批判は、『パリ五月革命』においては誤解ともいえる記述の遠因になっている印象は否めない。とはいえ、それが幅広い成果を生み出したことも忘れてはならない。実際、今日、歴史研究が国民国家という近代的な制度のなかで成立している学問であることに無自覚でいることは難しい。それだけでなく、「はじめに」で触れた立命館大学の連続講座をみると、西川の議論がひとつの起点となって、拡大していった研究領域が多くあることに気づかされる。フランスの植民地研究への示唆などは顕著な例だろう。[5] また、実証するのは容易ではないが、振り返ってみると、二〇一〇年代前後から浸透したグローバル・ヒストリーに関しても、西川の国民国家論が影響力も持ったことでそれが受け入れられる素地が形成されたように思われる。西川の歴史学者への問題提起は、既存の学問制度に対して問題構成そのものの再検討をラディカルなかたちで促してきたのである。

しかし、ここで疑問が浮かぶ。それは、それなら西川は歴史を書かないのか、という疑問である。先行研究との整合性を精査しながら一次史料を読解して歴史を書くという行為のなかに、問題提起への応答を組み込むというのは容易ではない。問題提起を意識したとしても、歴史記述のなかにそれがはっきりと反映される保証もない。その意味では歴史研究に問題提起をおこなう者がその実践を問われるのは素朴ではあるが必然的なことだといってよい。

四　『パリ五月革命』と二つの「私」

「現代思想」とは異なる仕方で

上記の疑問に対して、西川は『パリ五月革命』を書くことで回答したように思われる。すなわち、戦後歴史学批判とそれに連なる国民国家論を踏まえて、西川は同書でありうべき歴史研究のかたちを示したとみるべきではないだろうか。そして、そこで採られた方法こそ「私」の体験をもとにした歴史記述にほかならない。国民国家を支える制度たる歴史学の記述ではなく、個人の視線を通した「私」を主語とした記述である。

それでは、どのようにして西川は「私」の歴史記述を着想し、採用するに至ったのだろうか。この問いを考察するためには、迂回することになるが、西川と現代思想の関係を検討するのがよいだろう。その足がかりとして先に触れた成田龍一「「越境」する西川長夫」を改めて確認しておきたい。成田は、日本における「戦後知」の展開を分析するにあたって、西川の『国境の越え方』をとりあげるが、そのさいに着目するのが「現代思想」である。

たしかに仏文学からキャリアを開始し、留学中はロラン・バルトに師事し、その後もフランスを対象に研究を進めてきた西川に対して、「現代思想」がどのような影響を及ぼしたのかは興味深い論点である。その点、成田によれば、モントリオール大学での講義をもとに執筆された一九八八年の『日本の戦後小説』には「現代思想」の影響を見出すことができないという。成田の議論の前提として、一九八〇年代は「現代思想」の影響を色濃く反映した文学研究が盛んになっていた時期であるということがある。つまり、『日本の戦後小説』は「現代思想」が流行するなかで執筆されたものであるが、成田は、西川が「「現代思想」に反応していた文学研究を知悉しており、文学を分析対象とした著作であるにもかかわらず、いまだ「戦後」から離陸していない」(成田、二〇二〇a：二三一―二三二）と分析する。

それでは、西川が「戦後」から離陸し、「現代思想」への転回が見られたのはどの著作なのかというと、成田によれば、国民国家論の議論が展開された一九九二年の『国境の越え方』だとする。『国境の越え方』は、比較文化論を起点として国民国家を問い直していく理論的な内容の著作である。[6] とくに文化の概念をエドワード・サイード『オリエンタリズム』を援用して批判的に検討していく過程は「現代思想」を思わせる。さらに、とくに自国／他国、国民／外国人、私たち／かれら、そして普遍／特殊といった二分法の境界線に揺さぶりをかけつつ、「文化」の静態的な分析をおこなう主体自体を内破する議論の運び方は「脱構築」といいうる作法のようにもみえる。それゆえ、たしかに成田が『国境の越え方』は西川が「現代思想」に入った著作だと主張するのは理解できる。

しかしながら、本当に西川はそれ以降「現代思想」に転回したのだろうか。この問いに対して、本章は成田の意見とは異なって、西川は『国境の越え方』では「現代思想」に入ったかもしれないが、『パリ五月革命』の段階では「現代思想」から離れているという見解に立つ。成田のいう「現代思想」が指す内容が曖昧だが、だからこそ括弧に入っているのであって、そこの厳密さは問わない。とはいえ、二つの次元に分節化して「現代思想」を考える必要があるだろう。

第一に、「現代思想」といっても、西川は『パリ五月革命』においては、ジャック・デリダ、ミシェル・フーコー、ジル・ドゥルーズらに代表されるようなポスト構造主義の思想は方法として選択していない。もちろん、これは西川が彼らの著作を読んでいなかったことを意味しない。けれども、「現代思想」をポスト構造主義と考えるなら、西川は『パリ五月革命』で「現代思想」から離れている。その理由は単純で、「私」を軸とした物語は、ポスト構造主義的な思考とは相容れないからである。これについては、ドゥルーズが、一九七〇年代に出てきたメディアを中心に活躍するヌーヴォー・

フィロゾフ（新哲学者）たちを強く批判するなかで明確に表現されている。ドゥルーズは、ヌーヴォー・フィロゾフの思想を「ゼロ」だと主張する。それは、彼らが二元論的な思考をすること、そして思想の内容よりも思想家が重要視されていることに求められる。後者が肝要で、ドゥルーズによれば、ヌーヴォー・フィロゾフは「空っぽな言表そのものに比べて言表行為の主体が重要性を手に入れる」のだという。その具体的な例のひとつとして、「我々は六八年五月に参加した人間として……」(Deleuze, 2003 : 127=193) という文章が挙げられている。つまるところ、ドゥルーズは、「〜として」というかたちで、超越的な立場から、いわば経験をもとにして主体たる「私」から語り、説得性を得ようとする態度を批判する。西川はこうした議論をどの程度踏まえたかまではわからないし、ドゥルーズの批判がポスト構造主義的な思考をすべて表現しているわけではない。ただ、ドゥルーズの「二元論的粗雑な概念から逃れるために、緻密な、あるいは差異のはっきりした構成をともなう概念を形成することが試みられ、そして、〈作者—機能〉をもはや経ない〈創造的機能〉を引き出そうとされている」(Deleuze, 2003 : 127=193-194) というのは、ポスト構造主義的な思考を要約したものであり、ここでは「私＝作者」を主語とした語りは除外されるだろう。

第二に、「現代思想」にポスト構造主義を含まないとするならどうだろうか。『パリ五月革命』で取り上げられる知識人としてバルト、ルフェーヴル、アルチュセールがいる。これらの知識人たちを広い意味で現代思想の思想家と捉えることもできるが、しかし、いずれも六八年五月との関係や西川との交流に関する箇所で論及されるにとどまり、著作の内容や方法のうちに彼らの影響を見出すことは難しいといってよい。

すなわち、西川は『国境の越え方』とそれにつづくいくつかの著作で「現代思想」的な議論をしたが、『パリ五月革命』では「現代思想」に立脚して議論を進めてはいない。考え方によっては、『国境の越え方』で「現代思想」に転回したあと、『パリ五月革命』で歴史学に再転回したといってもよい。

一九四五年の「私」

西川が「私」を主語とした歴史記述にこだわったのは六八年五月論のためだけではない。『国境の越え方』から『パリ五月革命』に至る道筋とは別の道筋が同時に走っていた。著作としてまとめられることはなかったが、晩年に語った幼少年期、つまり一九四五年の「私」を語るという動機もあった。「現代思想」から歴史学への再転回は、「私」を語るという実存的な問題関心に立脚した探究への方向転換でもあった。

一九三四(昭和九)年に生まれた西川は、十一歳まで朝鮮、満州という日本の植民地で過ごした引き揚げ者である。二〇〇六年の『〈新〉植民地主義論』でこの生い立ちについて語っている。「[…]私は一九三四年五月一日、当時の日本の植民地であった北朝鮮と満州(中国東北部)の国境近くに位置する小さな町(江界)の陸軍官舎で生まれている」(西川、二〇〇六:五)。そして、二〇〇八年に『長周新聞』で、植民地主義の問題を引き揚げ者としての経験から述べている。ここでは自らのことはわずかな言及にとどめているが、注目すべき点が二つある。ひとつは次の部分である。

[…]自分の生涯を歴史的に振り返って、一言で要約する言葉があるとすれば、それは「植民地」

ではないかと思う。あえて言えば敗戦までは日本帝国の植民地で育ち、戦後は占領というアメリカの植民地の下で生き、そしてその後はいわゆるグローバル化という第二の植民地主義の下で、生涯を終えるということになるだろう（西川、二〇一三：二一三）。

西川は、自分の生涯を「植民地」という言葉で要約できるというが、そうだとすると、国民国家論をはじめとするその学問的な探究は大部分が実存的な問いと結びつけられてきたことになる。もうひとつは西川が幼少年期のことを話すのにためらいがあったということである。

私は韓国や中国、台湾のような旧植民地で私の植民地主義論を話す場合、自分が北朝鮮で生まれ、敗戦までの幼少年期を朝鮮・満州で過ごしたいわば入植者の子であることを隠しておくのは誠実でないと感じたことが第一の理由であった。私はかなり重い気持ちでこの自伝的な文章を書いている（西川、二〇一三：二二〇）。

おそらく西川が幼少年期を詳細に語るのは、二〇一一年、韓国の延世大学での講演においてである。「私にとっての朝鮮――遅れてきた青年の晩年」と題されるこの講演で「私が過去に遡る内面の旅を始めたら、私自身にとってかなり危険な旅になる恐れがあります」と前置きをし、慎重な態度を保持しながらも、朝鮮・満州で過ごした幼少年期から引き揚げに至るまでの状況について述べる。この講演録をもとにした文章（後に『植民地主義の時代を生きて』に所収）は、仏文学者の面目躍如たる描写であり、引き揚げ者の目に映ったものが克明に記された貴重な記録であるように思われる。
こうしてみると西川は二〇〇〇年代半ばから少しずつ幼少年期の「私」を語り始めていたことが理解できる。すなわち、『パリ五月革命』の出版前に一九四五年の「私」の物語が差し挟まれているのである。重要なのは、一九六八年の「私」と一九四五年の「私」は不可分な関係であるということだ。別言すれば、西川の生涯にとって、一九六八年と一九四五年はどちらが欠けても成立しないモーメントであったということである。『植民地主義の時代を生きて』のなかで、一九四五年に関するエッセイは「六八年革命再論」と題する章に置かれている。冒頭には以下のような短い解説が付け加えられている。

一昨年の夏に『パリ五月革命 私論』（平凡社新書二〇一一年）を書きあげたとき、私は長年の重荷から解放され、大げさに言うと、もうこれで死んでもよいと思った。だが、それは私にとってどうやら問題の終りではなく、問題の始まりだったようだ。私の生涯で最大の転機となった事件は一九四五年と六八年であった。戦争の最中に熱烈な愛国少年であった私にとっての四五年（敗戦）は、満州からの強制疎開、北朝鮮における抑留と脱出、そして引き揚げ、といった一連の出来事によって記録されている。だが私の内面における脱国民化・脱植民地主義化の経緯をたどるとき、私にとって四五年が完結するのは、結局六八年によってではないかと思われる（西川、二〇一三：一八八）。

西川が自身の人生を振り返るとき、六八年五月は四五年との関連で捉えられるべきものであり、だからこそ、四五年の「私」が語られずに終わると、六八年五月論の意義も大きく減じられる。いわば『パリ五月革命』は一九四五年の「私」を考慮したうえで読まれるべき著作だということになる。

一九六八年の「私」

西川にとって六八年五月を論じるということは、同時に一九四五年の「私」を論じるということでもあった。最後に両者がどのような関係にあるのかを検討しておきたい。その手がかりになるのは、先に引用した「私の内面における脱国民化・脱植民地主義化の経緯をたどるとき、私にとって四五年が完結するのは、結局六八年によってではないかと思われる」という一文である。一九四五年に支配者の側にあった土地で突然被支配者の側になり、それまで信じてきた国家への信頼が崩壊するという体験をした西川が、国民意識から完全に解き放たれたのが一九六八年だったということである。

それなら六八年五月は西川にどのような意味をもたらしたのだろうか。この問いについては当時の西川の属性を思い起こすことだけで十分だろう。本文でも繰り返されるように西川は一九六八年のフランスで「偽学生」として過ごしていた。偽学生とは、すでに日本の大学で職を得ていたうえに、年齢も三十歳代半ばで、いわゆる「学生」ではなかったということである。また、留学生という点でも偽学生だった。西川によれば、六八年五月は、彼のような偽学生をも包摂するような瞬間があった。いや、学生のみならず、いかなる属性であるかにかかわらず、一体感を感じられるような瞬間があったのである。

私は外国人の偽学生を演じていたが、もともと雑多な個人や集団の集まりであるこの開かれた運動には、国籍、年齢、職業、性別等々によって異物を排除する基準がなかった。この五―六月事件のあいだほど、私はフランスの学生や若者たちに共鳴し、一体感を味わい、そして日本に残してきた学生たちをなつかしく思ったことはない。五月革命は、フランスの歴史や文学に対する私の見方を変えただけでなく、私自身の研究や生き方を根底から揺がす事件であった（西川、二〇一八：一五）。

さらに、西川は六八年五月を経験する時点で、自らの幼少年期と決着がついていない状況にあった。日本の植民地で生まれ、引き揚げ者として戻ったあと、米軍の占領下で過ごした西川は、戦後、「植民地という不快な粘着質の言葉」にとらわれるようになった。そして植民地という言葉は彼のなかに「ひそかな違和感と孤独感を表わす言葉として私〔西川〕の体内に潜伏し続けてきた」（西川、二〇〇六：六、〔〕は引用者）のだった。植民地の経験が払拭できない過去としてつきまとうのであれば、違和感と孤独感もまた西川から離れなかったはずである。こうしたことは『パリ五月革命』ではまったく触れられてはいない。しかし、西川の生涯とその記憶を理解すると、彼がフランスに行こうともけっして一般化できない固有の孤独を抱えていたことがわかる。六八年五月は一九四五年に抱えることになったそうした違和感や孤独感をも溶解する出来事だったのである。

西川は「私＝自我の問題で、私が最も大きな刺激を受け、最も深い感銘を受けたのは、六八年五月のソルボンヌやオデオン座の祝祭的な情景」であるといったあと、それを作家のモーリス・ブランショが見事に表現していると述べる（西川、二〇一八：四一九）。そして、『明かしえぬ共同体』から次の有名な文章を引用している。「各人に階級や年齢、性や文化の相違をこえて、初対面の人と彼らがまさしく見なれた――未知の人であるがゆえにすでに仲のいい友人のようにして付き合うことができるような、そんな開域〔…〕ことばの自由によって、友愛の中ですべての者に平等の権利を取り戻させ、あらゆる功利的関心の埒外で共に在ることの可能性をおのずから表出させる〔…〕」（Blanchot, 1984 : 52=64-65）。長い『パリ五月革命』を締めくくる最終章の最後部に置かれた文章こそ、西川にとっての六八年五月が何だったのかを端的に示すものだろう。

五　おわりに

以上、本章は『パリ五月革命』を多角的に検討したうえで、西川が同書を通じて何を試みようとしたのかについて考察してきた。意義についていえば、『パリ五月革命』は日本で出た最初の本格的な六八年五月論であることが大きい。とりわけ六八年五月の経緯が詳述された第三章は、著者の写真と注釈が付記されることで独自性が生まれるだけでなく、それによって公式の記録に対する西川個人による記憶の抵抗をみることができる。ここは日本の「留学生」がみた六八年五月という意味でも貴重な証言だろう。しかしながら、先行研究との関係でいうと、『パリ五月革命』はそれほど多くの新しい解釈や論点を提示しているわけではない。くわえて、著者の歴史研究、とりわけフランス史（外国史）

研究に対する見方はいささか不明瞭さを残すものでもあった。とはいえ、西川はこの著作のなかで新しい六八年五月論を提示しようとしているわけではなかった。むしろ本章で問われるべきは、著者が『パリ五月革命』を通じて何を試みようとしたのかである。

この問いに答えるにあたっては、先に「私論」の持つ意味を二つの次元にわけて整理しておくのがよいだろう。ひとつは西川が実際に生きた六八年五月を「私」の視線から論じるという意味での私論である。当時「偽学生」としてフランスにいた西川は、出来事の推移を目撃し、記録し、時間をかけてそれらを『パリ五月革命』のなかに織り込んだのである。もうひとつは、六八年五月が「私」の生涯で重要なモーメントであったという意味での私論である。六八年五月は、植民地という言葉で要約される西川の過去と未来をつなぐ結節点であった。それは六八年五月がさまざまな属性を超えてその場に居合わせる人たちを包摂する出来事であったからにほかならない。「私がみた六八年」と「私を変えた六八年」。二重の意味での「私論」を通じて、西川が試みようとしたのは、つまり歴史学の実践、国民国家やそのうえに成立する学問制度にとりこまれない方法論としての「私」の歴史学の実践である。[7]「「私」の数だけ生きられた「革命」がある」(西川、二〇一八:一二)として、西川はなぜ「私」の六八年五月を語ろうとしたのかというと、それは六八年五月が人びとの境界を取り除いた理想的な共同体が見出される瞬間、つまり西川にそれまでつきまとった「植民地(主義)」を超克せしめ、自らの実存を超えて学問的に「植民地(主義)」の考察に献身する契機になった革命的な瞬間だったからである。

もっとも、以上を考慮したとき、西川の六八年五月論に対する新たなる批判が想定される。それは本章で確認したような記述の揺れや歴史研究に対する矛盾した態度などではなく、より根本的なもので、『パリ五月革命』ではフランスという国民国家がさほど疑われていないことだ。それどころか、同書では日本の知識人への厳しい批判に比して、フランスの知識人には信を置きすぎているようにみえる。そこには『国境の越え方』や『フランスの解体』でみることのできたフランスの「文明」批判がない。『国境の越え方』の文庫版の「解説」を書いた社会学者の上野千鶴子は、西川を「フランスに魅了されフランスに翻弄されフランスに差別されつづけた日本人のフランス研究者」（上野、二〇〇一：四六八―四六九）と表現するが、少なくとも『パリ五月革命』では「魅了」された姿が前景化しているのは否めない。おそらくこれは研究対象とする地域への憧憬を捨て去り、地域文化研究をおこなうことがいかにして可能なのかというまた別の問いを投げかけるものである。国民国家論を展開した西川の戦略としての「私」が直面する問題は、いかにも古典的であるが、これは「日本人のフランス研究者」の問題として別稿で再考されるべきだろう。

文献

Blanchot, Maurice, 1984. *La communauté inavouable*, Paris, Les éditions de Minuit.〔モーリス・ブランショ『明かしえぬ共同体』西谷修訳、ちくま学芸文庫、一九九七年〕

Deleuze, Gilles, 2003. *Deux régimes de fous : textes et entretiens, 1975-1995*, Paris, Les éditions de Minuit, pp. 127-134.〔ジル・ドゥルー

ズ『狂人の二つの体制 1975-1982』河出書房新社、二〇〇四年、一九三―二〇四頁〕

Jablonka, Ivan, 2014. *L'histoire est une littérature contemporaine. Manifeste pour les sciences sociales*, Paris, Seuil.〔イヴァン・ジャブロンカ『歴史は現代文学である――社会科学のためのマニフェスト』真野倫平訳、名古屋大学出版会、二〇一八年〕

上野千鶴子、二〇〇一、「解説――「国民国家」論の功と罪――ポスト国民国家の時代に『国境の越え方』を再読する」、西川長夫『国境の越え方――国民国家論序説』平凡社ライブラリー、四六一―四七七頁。

江口幹、一九九八、『パリ六八年五月――叛逆と祝祭の日々』論創社。

小倉孝誠、二〇二一、『歴史をどう語るか――近現代フランス、文学と歴史学の対話』法政大学出版局。

加藤千香子、二〇一五、「国民国家論と戦後歴史学――「私」論の可能性――」『立命館言語文化研究』、第二七巻第一号、一二五―一三九頁。

キム・ウォン／キム・ハン、二〇一五、「西川長夫へのインタビュー「パリの六八年五月革命と日本／韓国への影響」」（原佑介訳）『立命館言語文化研究』、第二七巻第一号、二〇九―二二六頁。

中村隆之、二〇一五、「西川長夫の著作における〈新〉植民地主義のテーマについて」『立命館言語文化研究』、第二七巻第一号、一七五―一八〇頁。

成田龍一、二〇二〇a、「「越境」する西川長夫（上）」、『現代思想』青土社、二〇二〇年一一月号、二二六―二三八頁。

成田龍一、二〇二〇b、「「越境」する西川長夫（中）――「フランス革命二〇〇年」のなかで」、『現代思想』青土社、二〇二〇年一二月号、二九四―三〇〇頁。

成田龍一、二〇二一、「「越境」する西川長夫（下）――『国境』の越え方をめぐって」、『現代思想』青土社、二〇二一年一月号、二二四―二三五頁。

西川長夫／長崎浩／市田良彦、二〇一五、「〈対論〉「私」の叛乱」『思想』二〇一五年七月号、八―二〇頁。

西川長夫、一九八八、『日本の戦後小説』岩波書店。

西川長夫、一九九九、「戦後歴史学と国民国家論」『歴史学研究』第七二九号、一〇―二〇頁。

西川長夫、二〇〇〇、「戦後歴史学と国民国家論」『戦後歴史学再考』青木書店、七三―一二一頁。

西川長夫、二〇〇一、『国境の越え方――国民国家論序説』平凡社ライブラリー（初版は『国境の越え方――比較文化論序説』平凡社、一九九二年）

西川長夫、二〇〇六、『〈新〉植民地主義論』平凡社。

西川長夫、二〇一二、『国民国家論の射程』柏書房。

西川長夫、二〇一三、『植民地主義の時代を生きて』平凡社。

西川長夫、二〇一八、『決定版パリ五月革命 私論』平凡社ライブラリー（初版は『パリ五月革命 私論』平凡社新書、二〇一一年）

平野千果子、二〇一五、「国民国家と植民地主義――最後の海外県マイヨットを手がかりに――」『立命館言語文化研究』、第二七巻第一号、一五九―一七四頁。

降旗直子、二〇一二、「西川長夫『パリ五月革命 私論――転換点としての68年』（平凡社、二〇一一年）」『フランス教育学会紀要』、第二四号、一三九―一四四頁。

渡辺和行、二〇〇六、「西川長夫『国境の越え方』（一九九二年）」岩崎稔・上野千鶴子・成田龍一編『戦後思想の名著50』平凡社、五九一―六〇〇頁。

註

（1）書評に関してはおそらく（降旗、二〇一二）しか出ていないが、『パリ五月革命』の内容が的確にまとめられている。
（2）本章は『パリ五月革命 私論』について、二〇一一年の新書版ではなく、二〇一八年の「決定版」を利用する。
（3）証言やエッセイについては（鈴木、一九七〇：一九八六）、（江口、一九九八）などを参照。本章では紙幅の関係で扱いきれなかったが、六八年五月を現地で過ごした鈴木道彦による一連のエッセイは再考の価値がある。
（4）西川は『パリ五月革命』のなかで、加藤周一の文体が持つ難解さが弱みでもあると述べている（西川、二〇一八：二六五―二六六）。西川の平易な文体は、彼に影響を与えた知識人への反動があるとも考えられる。

(5)「はじめに」で挙げた立命館大学での連続講座のなかでは、(中村、二〇一五)や(平野、二〇一五)を参照。
(6)『国境の越え方』については、(渡辺、二〇〇六)を参照。
(7)こうした「私」を主語とした歴史記述の復権については、歴史家のイヴァン・ジャブロンカが提唱しているものであり、その観点からも西川の意図を正当化することもできるだろう。この点については(Jablonka, 2017)および(小倉、二〇二一:二六一〜二六五)を参照。

第九章　ルソー的フランスからヴォルテール的フランスを経てジョレス的フランスへ

——社会史と宗教学の対話の試み

伊達聖伸

一　はじめに

谷川稔『十字架と三色旗――もうひとつの近代フランス』は山川出版社から「シリーズ歴史のフロンティア」の一書として一九九七年に刊行され、二〇一五年に『十字架と三色旗――近代フランスにおける政教分離』のタイトルで岩波現代文庫に収められた。現代の状況を意識しながら、おもにフランス革命期から一九〇五年の政教分離法までをたどる本書は、前者でもイスラーム・スカーフ事件を扱っているが、二〇一五年五月刊行の後者では「文庫版のためのエピローグ」として「十字架と三色旗、そしてヘジャブ」と題した付論を設け、同年一月に起きたシャルリ・エブド社襲撃事件から説き起こしてライシテとイスラームの共生の難しさについて述べている。本の副題の変更は、ことさらに「もうひとつの」と強調しなくても、フランス流の「政教分離」ことライシテの生成についての歴史叙述が読者の興味関心を引くようになったことを反映しているとも考えられる。

宗教学を専攻し、いわゆる宗教とは異なる宗教的なものに関心を抱いてきた私自身が『十字架と三色旗――もうひとつの近代フランス』をはじめて読んだのは、『近代日本における教養と宗教――明治期から大正期を中心に』と題する修士論文を書きあげ、研究のフィールドを日本からフランスに移すかどうか、考えあぐねていた一九九九年のことだったと記憶する。『十字架と三色旗』は歴史学のなかでは社会史・政治文化史の流れに位置する著作と言ってよいだろうが、当時の私はそのような文脈にある本と意識して読んだわけではなかった。その頃の私が馴染んでいた人文学の潮流と言えば、ベネディクト・アンダーソン『想像の共同体』を踏まえた国民国家批判、エドワード・サイード『オリエンタリズム』に依拠したオリエンタリズム批判、ミシェル・フーコーの系譜学、カルチュラル・スタディーズやポスト・コロニアリズムなどで、さまざまな事象の近代における「誕生」をあとづけるような歴史社会学的な研究が有力だった。私も修論執筆中には筒井清忠『日本型「教養」の運命――歴史社会学的考察』(岩波書店、一九九五年)を繰り返し読み、歴史社会学的な宗教学(または歴史に向かう宗教社会学)をやっているという意識を持っていた。いわゆる歴史学には、時代や対象を狭く限定して史料にどっぷり浸からなければ研究として認められない実証史学のイメージを持っており、敷居の高さを感じていたが、谷川のこの本は手稿史料と睨めっこしているのは第二章のカプララ文書くらいで、門外漢の私でも親しみやすいと思うことができた。歴史学のほうから歴史社会学的な方向に伸びてくる研究もあるのかもしれないと認識を改めたと言ってもよく、谷川編『規範としての文化――文化統合の近代史』(平凡社、一九九〇年)は歴史社会学の研究として読んでも構わないはずだと思った。ピエール・ノラ編『記憶の場』について岩波の『思想』が特集を組んだのは二〇〇〇年五月(九一一号)で、同号所収の谷川論文「社会史の万華鏡」を読んで、歴史を規範的な国民国家統合に動員するのではなく、そのような歴史叙述に距離を取ろうとするもうひとつの(あるいは複数の)歴史叙述があることを学んだ。

一方、私の専攻である宗教学という学問分野では、二〇〇〇年頃に「宗教」(religion)概念批判論が重要なテーマとしてクローズアップされていた。「宗教」という概念は西洋近代という地域的・時代的刻印を決定的に受けており、非西洋地域あるいは中世や現代世界の宗教事象にその概念を当てはめるのは必ずしも妥当とは言えない。タラル・アサドの『宗教の系譜――キリスト教とイスラムにおける権力の根拠と訓練』（原書は一九九三年、訳書は中村圭志訳、岩波書店、二〇〇四年）や『世俗の時代――キリスト教、イスラム、近代』（原書は二〇〇三年、訳書は中村圭志訳、みすず書房、二〇〇六年）をはじめ、ラッセル・マッカチョンやティモシー・フィッツジェラルド、デイヴィッド・チデスターらが、社会構築主義やポスト・コロニアリズムの観点から「宗教」の生成と伝播に批判的にアプローチしていた。日本でも、島薗進・鶴岡賀雄編『〈宗教〉再考』（ぺりかん社、二〇〇四年）、磯前順一『近代日本の宗教言説とその系譜――宗教・国家・神道』（岩波書店、二〇〇三年）、磯前順一・深澤英隆編『近代日本における知識人と宗教――姉崎正治の軌跡』（東京堂出版、二〇〇二年）などが出ており、学問分野としての宗教学を批判的に問い直す動きが生じていた。

二〇〇二年から二〇〇七年までフランスに留学した私がやろうとしたのは、回顧的に一言でまとめるならば、一九世紀フランスにおけるライシテの生成を、宗教学的な研究に組み入れることによって宗教研究の歴史的条件も問い直すということであった。谷川稔『十字架と三色旗』に引きつけて言えば、カトリックと共和派のモラル・ヘゲモニー闘争に着目した歴史研究を、宗教と世俗の関係を再考する宗教学においてやるとどのようなことになるのか。さらに言えば、「宗教」概念批判論を踏まえたうえでライシテの時代の「宗教性」や「宗教的なもの」はどのように論じうるのか――。それが私の課題であった。二〇〇七年に書きあげたフランス語での博士論文、またそれを日本語化した『ライシテ、道徳、宗教学――もうひとつの一九世紀フランス宗教史』(伊達、二〇一〇)の執筆の傍らには、つねに『十字架と三色旗――もうひとつの近代フランス』(谷川、一九九七)があった。

お気づきのように、拙著の副題は谷川の本を意識したものになっている。ただ、今振り返ってみると「もうひとつの」のニュアンスは微妙に異なるようである。谷川の著作においては、革命神話に彩られてきた「ルソー的・ジャコバン的フランス」に、人びとの習俗に注目する社会史的な「ヴォルテール的フランス」を「もうひとつの」フランスとして対置すると同時に、「近代」をどうとらえるかへの強い問題意識がうかがえる(文庫版においても「近代」の語が残っている)。一方、私の場合には、宗教の対概念とされる世俗ないしライシテを宗教史に組み込めば、おのずから「もうひとつの」一九世紀フランス宗教史になるだろうとの期待があった。

座右において繰り返し読んだ谷川の本を、自分の思い出を交えながらも自分語りに回収することはなるべく差し控え、ここで再読して書いてみることの意義とはなんだろうか。それはこの本の特徴をわかりやすく提示しつつ、謎を見つけて問いを発し、現在もなお再読に値する意味を引き出すことにほかなるまい。いまの私がこの本の特徴を三つに絞るならば、第一に「ヴォルテール的フランス」という概念あるいはフランス像の提示、第二にカプララ文書という一次史料との取り組み、第三に文学作品を史料として用いたことに指を屈したい。何のことはない、これらは本書刊行からほどなくして書かれた複数の書評が指摘する論点の最大公約数的なものである。ちなみに、二番目と三番目は、史料へのアプローチという観点からひとつにまとめることができるかもしれない。また、「ヴォルテール的フランス」に込められている社会史および世俗性のニュアンスは、私自身が関心を抱いている宗教学や宗教史の問題系に接続することでさらなる議論の展開が可能になると思われる。それを私はひとまずここで「ジョレス的フランス」と言っておきたいのだが（内容は後述する）、『十字架と三色旗』から谷川の最初の単著『フランス社会運動史』（谷川、一九八三）にさかのぼって考えると、むしろ「ヴェイユ的フランス」と言うべきものの姿が立ちあがってくるかもしれない。そうしたことのアクチュアルな意義も打ち出してみたい。

二 「ヴォルテール的フランス」像をめぐって

『十字架と三色旗』の刊行からほどなくして書かれたいくつかの書評を見てみよう。平野千果子は、「とくに評者の印象に残ったのは、やはり「ヴォルテール的フランス」という名称である」と言う。「本書が描き出そうとした、「もうひとつの近代フランス」を、「ヴォルテール的フランス」以上に端的に語る言葉は、評者には思いつかない」（平野、一九九九：八六）。上垣豊も、「社会史研究が明らかにしてきた近代フランス像に「ヴォルテール的」という表現をあたえることによって、従来のわが国におけるフランス近代史研究のあり方を批判し、それとは別の解釈が成り立つことを示した」と評価している（上垣、一九九八：一四二）。この本を「「全体の輪郭と肝要な細部」という歴史叙述のツボを押さえた見本のような書物」と称賛する渡辺和行は、「「ヴォルテール的フランス」とは、カトリックに反対する反教権的フランスというほどの意味である」と説明する。「人民主権や革命神話に彩られた画一的な「ルソー的フランス」史像を、習俗に着目して修正しようというのが著者のモチーフだ」（渡辺、一九九九：五六)。

谷川自身の言葉を借りれば、「ヴォルテール的フランス」とは、「あまりに普遍モデル化されすぎた」「ルソー的・ジャコバン的フランス」の「神話」に抗する「「特殊フランス的近代」を代表するテーマからのアプローチ」である(序章)。それは第一に、フランスに特有で普遍的とは言えない反教権主義への注目と言うことができる。天野知恵子は、「本書で描かれた「もうひとつの近代フランス」とは、この「ライシテ」を通して見たフランスの姿であった」と評している(天野、一九九八：八二)。第二の意味は、歴史を「上から」見る立場ではないということである。ヴォルテールは「習俗を重視する歴史家でもあった」と指摘する谷川は、「ヴォルテールの名は、おのずと社会史的視点を射程におさめさせてくれる」と述べている(谷川、一九九七：一六／二〇一五：一六)。

これに対し、立川孝一はやや異なる理解をしている。「著者は「ルソー的フランス」(単一にして不可分の共和国)から「ヴォルテール的フランス」(文化的多元主義)へのイメージ転換を提言している」と言い、「ルソー的フランスが、そう簡単に多文化主義に変貌するのだろうか」と疑義を呈している(立川、二〇〇一：一〇六)。谷川は、ヴォルテール的フランスを多文化主義とは言っていないが、ヴォルテール的フランスという視点に立つことにより、「さまざまな近代フランス」を「重層的にとらえることができるはず」とは述べている。もっとも谷川は、「もとより「ヴォルテール」はたんなる比喩にすぎない」とも言っており、「ヴォルテール的フランス」には象徴的な謎の要素がある。それは内容を満たすことのできる実体概念というよりも、研究の方向性を示唆する関係概念と理解しておくべきであろう。

いずれにせよ、『十字架と三色旗』が日本の歴史学研究において画期的な書物であったことは、たとえば長井伸仁が、共和派とカトリックの対立という主題は「これまで日本ではほとんど注目されなかった」と指摘し、「わが国のフランス史研究において、これほどまでに大きく歴史観が刷新されたことは久しくなかったのではなかろうか」と述べていることからもうかがえる（長井、一九九九：一五三、一五七）。喜安朗も、「何しろカトリック教会と共和派の「ヘゲモニー闘争」という地平から、フランス近代史を論ずるという著作は、日本ではこれが初めての試みといってよく、氏が「もうひとつの近代フランス」の叙述と自負するだけのことはあるものなのだ」と評している（喜安、一九九八：三八）。

一方、小田中直樹は、『十字架と三色旗』は「これまでの通説的な歴史像と自らの歴史像「ヴォルテール的フランス」の間に、いかなる関係を設定しようとするのだろうか」と問いを発し、この本には「通説との関係を語った部分がない」ため「困惑」させられると指摘している（小田中、一九九八：六三）。もとより小田中に、通説とされてきた戦後歴史学についての一定のイメージがないわけではあるまい。また、私としても、谷川に代わって小田中の批判に全面的に応答するような能力や殊勝さを持ち合わせているわけでもない。以下で試みるのは、『十字架と三色旗』が日本におけるフランス史研究の展開のなかで画期的な意味を持っていた理由を理解するための手がかりとなる補助線を、私なりに引いてみることである。

三　社会史の文脈

一九四六年生まれの谷川は、一九六八年を学部生として経験し、社会運動史の研究者として出発した。人びとの労働と日常生活の場が近代にいかに絡め取られていったか、そうしたなかでいかなる抵抗が組織されたのか。若い頃の谷川の関心の中心はそのあたりにあったものと思われる。自分の研究が「社会史」と「意外に近い」ことが見えてきたのは「ごく最近のこと」であると、一九八三年刊行の『フランス社会運動史』の「あとがき」には述べられている。(1)

戦後日本のフランス史研究において、社会史研究の筆頭に挙げられるのはやはり二宮宏之（一九三二—二〇〇六）の名であろう。マルクス主義の強い影響を受けつつ戦後の改革を革命への期待に重ねていた「戦後歴史学」をフランス史において代表していた高橋幸八郎との格闘を通して、二宮は一九七〇年代に「社会史」を産み落とした。(2)

谷川自身の言葉を借りて整理するならば、「七〇年代前半には、社会史という方法に自覚的であったかどうかはべつにして、阿部謹也、網野善彦、鹿野政直、安丸良夫らが、戦後史学の階級史観、発展段階史観からの脱却ないし方向転換を示唆する先駆的な作品を公にしていた」。文化人類学では山口昌男が戦後歴史学の「硬直性」を批判して歴史人類学を唱えていた。「歴史学内部からの転換点」としてよく言及されるのが一九七六年に来日したジャック・ル＝ゴフの講演で、谷川も京都でそれを聴いたという。その抄訳を『思想』（六三〇号、一九七六年十二月）誌上で紹介したのが二宮宏之だった。「講座派系戦後史学（高橋史学）の産湯で育った二宮宏之という才人が六年間のフランス留学を経て、いわば歴史学の内側から、戦後史学への内在的批判として歴史人類学への共感を表明したところに大きな意義があった」（谷川、二〇一九：二一―二三）。

二宮宏之や阿部謹也の仕事に触れた谷川は、「人と人との社会的結合関係（ソシアビリテ）の変化から歴史を読み解く」という姿勢に「深い共感を覚えた」という。そして、一九七九年の『思想』での社会史特集号の鼎談を「遅塚忠躬と二宮宏之の応酬」ととらえ、戦後史学と社会史の違いを浮き彫りにするものだったという谷川は、二宮の「社会史は不断にはみだ《ママ》していくものであり、定義するよりもむしろはみ出《ママ》し方を見ていく方に意味がある」との発言が印象的だったという（同書、三頁）。

人びとの社会的結合関係（ソシアビリテ）と心性（マンタリテ）に注目する社会史は一九八〇年代に入るとブームを迎える。パリ・コミューン一〇〇周年の年に前川貞次郎と河野健二を呼びかけ人として創設された「関西フランス史研究会」（一九七一年）に参加していた谷川は、「近代社会史研究会」（一九八五―二〇一八年）の発起人の一人となった。この「関仏研」と「近社研」が谷川の研究活動を支える「車の両輪」となったという（同書、七頁）。谷川が中心人物の一人として活躍した「近社研」は一九九〇年に平凡社から『規範としての文化』（三月）、『青い恐怖・白い街』（六月）、『制度としての〈女〉』（七月）を世に送り出す。その前後の経緯については谷川自身の証言に詳しい（谷川、二〇一九）。ここでは、社会史の隆盛と同時代の宗教学の特徴の一端に触れるとともに、「ヴォルテール的フランス」をめぐっての二宮宏之と谷川稔のやりとりを確認しておきたい。

四　宗教学の文脈

戦後史学から社会史へと移り変わっていった歴史学的研究の変化に、宗教学の軌跡とりわけ東大宗教学研究室が置かれていた文脈を重ね合わせてみるとどうなるだろうか。

林淳の整理によれば、東大で戦後宗教学の出発を担った岸本英夫(一九〇三―一九六四)は「新しい宗教学」を提唱したが、癌に冒されてそれを打ち立てることができないうちに世を去った。戦後の東大宗教学講座は、制度的には戦前と同じく哲学系にとどまったが、内容的には社会科学の方向を志向した。この変化のなかで宗教学は、読書経験を通じて隣接諸科学を摂取していったが、実証的な手続きを踏んだ研究が弱く、隣接諸科学からも独自の研究手法を備えた自律した学問分野であるとは評価されなかった。唯一の例外が新宗教の実証的研究だった(林、二〇一三)。

岸本の後続世代に当たるのが、脇本平也(一九二一―二〇〇八)、柳川啓一(一九二六―一九九〇)、田丸徳善(一九三一―二〇一四)である。代表作に当たるのはそれぞれ『宗教を語る』(一九八三年)、『祭と儀礼の宗教学』(一九八七年)、『宗教学の歴史と方法』(一九八七年)だが、林の理解によれば、いずれも宗教学の内部に向けられた著作で、他分野の研究者は想定されていないものであるという。

ただし、柳川啓一が「異説　宗教学序説」(一九七二年)で唱えた「ゲリラ宗教学」には言及しておく必要があるだろう。これは、一般社会からも、他分野の研究者からも、さらには神学・仏教学・宗教哲学など宗教を対象とする学問やその研究に従事する宗教者からも「うさんくさい学問」と見なされている宗教学が、それに開き直ることを勧めるマニフェストである。「社会学とか心理学とか其の他何々学という正規軍が到着して、調査・実験の正確性とか、役割構造・因子分析とか、土語を習得して一年滞在とかうるさいことを言い出したらさっさと引き揚げるべきである」というのが、「ゲリラ」

の含意である（柳川、一九七二：八）。

柳川のもとからは、島薗進、鶴岡賀雄など、のちに東大宗教学研究室の専任となる宗教学者や井上順孝ら日本宗教学会を支えることになる研究者のほか、中沢新一、四方田犬彦、島田裕巳など、大学の制度としての宗教学には収まらず、そこからはみだすような多くの奇才も育った。

このうち、脇本と柳川のもとで育ち、とりわけ日本の新宗教を専門的な研究対象に選んだ島薗進は、幅広い学問領域をカバーする「ゲリラ」的精神を発揮しつつ、「正規軍」とも対峙した。柳田國男や折口信夫の民俗学を援用しながら丸山眞男や大塚久雄の近代主義に対して批判的な眼差しを向けた島薗は、戦後啓蒙の批判知を活用しつつ民衆が生きる社会的現実に迫ろうとした歴史学者の安丸良夫と、ある意味では共通の問題関心を持っていた（安丸、二〇一〇）。実際、日本の民衆宗教や新宗教というテーマで安丸の仕事に出会った島薗は、安丸の『日本の近代化と民衆思想』（一九七四年）や『出口なお』（一九七七年）に深い感銘を受けている。

それと同時に島薗は、「日本の近代化過程と宗教」（一九八一年）において、安丸の言う通俗道徳の禁欲主義的倫理に、生命主義的救済観の視点を対置してみせた。生命主義の観点に立つと、丸山眞男も安丸良夫もウェーバーを下敷きとする禁欲主義的な近代を想定している点では同じなのである（島薗、二〇一四）。また島薗は、社会学の森岡清美とも、ウェーバーのカリスマ論をめぐって論争をした。林の理解によれば、こうした島薗による他分野との他流試合を通して、宗教学は他分野から認知される学問分野となった（林、二〇一三）。

このように考えると、一九七〇年代から八〇年代にかけて東大系の宗教学の特徴の一端は、中心（正規軍）に対して周縁（ゲリラ）の存在意義を訴えるとともに、隣接諸科学の専門家から承認されることによって学問的な品質が確保されるところにあったと言えるだろう。さらに、社会のなかで実際に生きている新宗教のフィールド・ワークを通して、研究者自身の自己変容をポジティヴにとらえる風潮があった。しかし、最後の点は、一九九五年三月のオウムによる地下鉄サリン事件を機に大きな見直しを迫られる。

今から振り返ると、一九九五年四月に宗教学・宗教史学専修課程に進学した私は、それまでの研究室のひとつの特徴だった新宗教を対象とするフィールド・ワークが控えられるようになった時代の世代に属していたことがわかる。それでも、いわゆる宗教の本丸よりもその周辺に広がる宗教的なものへと関心がはみだしていくこと、他分野の研究者からも認められないと学問の世界では生き残ることができない気がするというプレッシャーを感じ続けてきたことは、自分が身を置いた宗教学の学問的な伝統と環境から、少なからぬ影響を受けていると自覚している。

五　「ヴォルテール的フランス」をめぐる二宮宏之と谷川稔のやりとり

フランス革命二〇〇周年を迎え、ベルリンの壁が崩壊した一九八九年を経て、一九九二年に開催された日本西洋史学会のシンポジウム「ヨーロッパ再考――過ぎ去ろうとしない「近代」」において、谷川は「フランス革命以降二世紀にわたってつづいた、ひとつの政治のサイクルがその円環を閉じるとともに、ジャコバン史学もその使命を完全に終えた」というフランソワ・フュレの指摘を参照しながら、「普遍モデル化されすぎた」「革命神話」を批判している。「このルソー＝モンタニャール的フランス」は「さまざまなフランス的近代」のうちのひとつにすぎなかったのであって、現実に定着したのは「モンテスキュー＝ジロンダン的フランス（議会制民主主義）」もしくは「ヴォルテール的フランス（反教権主義）」とでもいうべきものが、多くを占めていたのではないか」というのが谷川の問題提起である。そして、「私たちの「思い入れ」で厚化粧させられたフランスではなく、素顔のままのフランスを直視せざるをえなく」なっているのが現状で、いまこそ「さまざまなフランス的近代」を「自由に掘り起こす旅に出ることができるようになった」と述べている（遅塚・近藤編、一九九三：三四―三六）。

これに対して二宮は、「史料と格闘しつつ、そこに相手の顔立ちを読みとろうとしている歴史家としましては、自らの見出したものが〔…〕素顔のフランスであってほしいと思う、その気持ちは当然のことでありますが、しかし、これを、整序概念にたいする実態概念というふうに対置することは、適切ではなかろうと思います」とコメントしている（同書：八七）。

これについて谷川は「素顔のフランス」という言葉を用いたのは「不用意であったかもしれない」が、それを「とりだそうとする試みは幻想にすぎない」と二宮に「決めつけられたくだりは首肯できなかった」と異を唱えている（同書：一六六―一六七）。二宮の発言を、「ヴォルテール的フランス」も「ひとつの理念型」で「整序概念」にすぎないと受け取った谷川は、社会史の旗手であった二宮が大塚久雄や高橋幸八郎の戦後史学の擁護者に変身したかに見えたと振り返っている。もっともこのときの谷川の「しこり」は、刊行された『十字架と三色旗』を読んだ二宮が、谷川の言う「もうひとつのフランス」が鮮やかに浮かびあがった、「素顔」にこだわってつまらない議論をしてしまったとの礼状を書き送ったことで「氷解」したという（谷川、二〇一一：五）。

たしかに谷川の『十字架と三色旗』は、「ルソー的フランス」に「ヴォルテール的フランス」を対置しているが、前者を廃棄して後者に取り替えるような議論ではない。谷川は「ヴォルテール的フランス」のみが実像であると主張しているわけではまったくないのであって、さまざまなフランスの相貌のひとつを、「もうひとつの」ものとして提示してみせたと言うべきであろう。

六　「ヴォルテール的フランス」の変貌

ここで「ヴォルテール的フランス」についての平野千果子の書評に立ち戻り、先ほどは引用しなかった箇所を付け加えたい。「本書について、とくに評者の印象に残ったのは、やはり「ヴォルテール的フランス」という名称である。〔…〕しかも本書の冒頭を飾る一九九四年のデモ〔私学への助成金を増やそうとする政府の法案に反対する共和派のデモ〕が、ヴォルテールと無関係でなかったというのは、興味深い。〔…〕このデモの最終行程は、「ヴォルテール大通り」を通って、ナシオン広場、すなわち「国民」広場へ向かうというものだったという（一四頁）。評者も本書を読みながら、結局この道筋をたどらされてしまった感がある。革命期に端を発する世俗性を軸とした文化統合の軌跡を本書にたどりながら、気がつくとその行程は、ヴォルテール大通りから「国民」広場へとつながっていたようだ。しかもこの大通りのもう一つの端は、共和国広場であったことをつけ加えておこう」（平野、一九九九：

八六)。

ヴォルテール的フランスの反教権主義が、共和国のナショナリズムにつながることを予見的に暗示している書評と言うべきである。二〇一五年一月の「シャルリ・エブド」事件の際、反教権主義のアイコンであるヴォルテールは表現の自由のアイコンにもなり、ジハード主義的なイスラーム過激派による新聞社へのテロ攻撃に反対するパリでの一大デモの舞台は、『十字架と三色旗』の冒頭で描写される一九九四年のデモの舞台と重なっていた。文庫版の付論で谷川は書いている。「[二〇一五年一月]十一日には、レピュブリク(共和国)広場からナシオン(国民)広場にかけて、一二〇万人による「反テロ」抗議デモが行なわれた。本書序章で紹介した反バイルー法百万人デモも二一年前の同じ一月、氷雨のパリであった。ともに、「共和国」から「国民」をつなぐヴォルテール大通りが舞台である。ただ、一九九四年のあの日は〈教育をめぐるライシテ〉が課題であり、十字架と三色旗が相争うフランスの国内問題であったが、今回は舞台がはるかに大きく、対立の構図はさらに深刻である。「瀆神処刑 vs 言論の自由」の背後には、EU諸国におけるムスリム移民の増大と統合不全があり、これに欧米グローバリズムに挑むイスラム急進派のジハード(聖戦)という文明史的な衝突がからんでいる」(谷川、二〇一五:二五四)。

共和派対カトリックの「二つのフランス」の争いは、火種を残しつつも二十世紀半ば頃からは基本的に対立が和らいでいく。ある意味では、一九八四年の公教育の一元化を目指した社会党のサヴァリ法案に反対するカトリックのデモと、一九九四年のバイルー法案に反対する共和派のデモは、教育を主戦場とする両者の最後の争いだったとも言える。共和国のライシテがおもに対イスラームの文脈で語られる言説となるのは、それと前後してのことである。ヴォルテール的フランスの継続と変貌がここにある。

反教権主義的な「もうひとつのフランス」の新たな標的がイスラームになったという図式はたしかにわかりやすく、多くの面で妥当である。ヴォルテール的フランスの攻撃対象がカトリックからイスラームに変化したのだ、と。しかし、この図式は議論の余地なく正しいのだろうか。かつての谷川が、「革命神話」に彩られてきた画一的な「ルソー的フランス」に「ヴォルテール的フランス」を対置することによってフランス史像を刷新したように、もしも今日の変貌を遂げた「ヴォルテール的フランス」に硬直した面が見られるのならば、それを否定すべくもないひとつの像として受け入れる一方で、「もうひとつの」フランス像を「掘り起こす旅」もまた試みられてしかるべきではないだろうか。

七 「ジョレス的フランス」の可能性

「シャルリ・エブド事件」のあとにはヴォルテールの『寛容論』が思いがけずベストセラーにのしあがったが、そもそもヴォルテールの議論にはただの宗教攻撃ではない複雑なところがある。たしかに『寛容論』の主張からは、ジハード主義的なイスラーム過激派による問答無用のテロに対して人びとは抗議の声をあげるべきだというメッセージを引き出すことができる。だが他方では、『寛容論』には次のような一節もある。「今日の課題は、穏健なひとびとに生きる権利をあたえ、そして、かつては必要だったかもしれないがいまでは必要性がないような厳しい法令の適用をゆるめることである。

〔…〕われわれはただ、恵まれないひとびとにも政府が配慮することを願う。それだけである。恵まれないひとびとを活用し、かれらをけっして危険な存在に変えない方法はたくさんある」(ヴォルテール、二〇一六：五六)。現在のフランスには穏健なムスリムも多く暮らしている。ヴォルテールからは、そうしたムスリムに対して厳しい規制を加えている政府を批判するような視点をも引き出せるのである。たとえば現代のフランスでは、イスラームのヴェールは原理主義の象徴で共和国を危機に陥れるものと見なされる傾向が強く、学校や一部の職場での着用は禁止されているが、それこそヴォルテールの言う「いまでは必要性がないような厳しい法令」に該当するのではないだろうか。

谷川は「イスラムはライシテを受容できるか?」と問い、「いつか「イスラムはいかにしてライシテを受け入れるに至ったか」という論文が書かれる日を期待したい」と文庫版の付論を結んでいるのだが(谷川、二〇一五：二七六)、フランスに暮らすムスリムの多くはライシテの枠組みそのものに反対しているわけではないのであって、すでにライシテの受け入れは少なくとも部分的には完了していると見るのが妥当だと思われる。そもそもムスリムが多様なのであって、共和国の原則とムスリムとしての信仰を両立させる試みもおこなわれている。(3) 一九世紀の共和派とカトリックの「二つのフランスの争い」も、両者が互いに一枚岩で継続的に対立していたわけではなく、両者を取り持つような人物もいたし(ドレフュス事件の際に大方のカトリックとは異なりドレフュスを擁護したカトリックの歴史家アナトール・ルロワ＝ボリウから、村の司祭と対立を深める代わりに協調できる道を探った小学校教師まで)、対立が前景化していないときには双方に共犯関係が成り立っていた面もある(道徳教育の内容は共和派とカトリックで共通する面も多かった)。

普遍的な「革命神話」に彩られていた「ルソー的フランス」にはマルクス主義の影響が強かったのに対し、「ヴォルテール的フランス」には特殊フランス的な反教権主義の色が濃厚であるというのが、谷川の認識だろう。現在さらに「もうひとつの」フランスの像を掘り起こす意義があるとしたら、それはたとえば非マルクス主義的な社会主義の系譜に連なり、宗教に対して批判的な視点を有しつつも宗教の意義と重要性を評価するような共和国思想ではないだろうか。このイメージに合致する人物として、ジャン・ジョレスの名を挙げることができる（伊達、二〇一五）。

谷川が中心となって編訳したピエール・ノラ編『記憶の場』（フランス語原書は七巻本で一九八四―一九九二年、抄訳の日本語版は岩波書店から三巻本で二〇〇二―二〇〇三年）以来のフランス史の出版界での「事件」とされるのが、二〇一七年に出版され翌年の増補ポケット版までに一〇万部以上を売り上げたパトリック・ブシュロン編『世界の中のフランス史』である。十年以上の歳月をかけて五六〇〇頁を超える記念碑的労作を樹立したノラには、ブシュロン編の本はわずか一年で八〇〇頁にまとめあげた即席出版と映ったのか、ノラはブシュロンの編著を厳しく批判している（三浦、二〇二一）[4]。

『世界の中のフランス史』は、フランス史にとって重要な年号を取りあげ、その年の出来事や事件を世界の広がりのなかに位置づける試みで、ライシテについては二〇一八年刊行の増補ポケット版に政教分離法制定の年である一九〇五年が取りあげられており、ブシュロンの右腕とも言えるニコラ・ドラランドが論じている。一九〇五年は政教分離法の年であると同時に、第一次ロシア革命の年でもあるのだが、『世界の中のフランス史』における一九〇五年は、宗教とライシテの文脈において語られるものであって、社会主義の文脈は意識されていない。ところで、この年ジョレスは自由な礼拝の実践を保護する自由主義的な政教分離法を下院で通過させるに当たって重要な役回りを演じる一方で統一社会党ＳＦＩＯを結成し、反資本主義的で反帝国主義的な非マルクス主義的な社会主義をもとにして、対抗グローバリズムと呼べるような流れを作り出そうとしていた。ジョレスの社会主義は個人に立脚した共和国的なものであると同時に宗教の役割を重視するもので、私はこのようなフランス像を「ジョレス的フランス」と呼ぶよう提案したことがある（伊達、二〇二一）。

ジョレスは若いとき反ジャコバン主義のジュール・フェリーに近い位置にいた。谷川の言葉を借りるなら、「モンテスキュー＝ジロンダン的フランス（議会制民主主義）」の系譜に連なっていたとも言えよう。ジョレスは、議会制民主主義を堅持する立場から、個人を重視する共和国の思想を社会主義へと深化させようとした。このようなジョレスの姿勢は、現代世界においても意義を持ちうるものである。というのも、現代の世界においては、議会制民主主義の機能不全がしばしば指摘され、グローバル資本主義と新自由主義が跋扈し、個人の人権が軽んじられている一方、かつてのようなマルクス＝共産主義の復権を唱えても説得力を持たないからである。そして、宗教同士あるいは宗教と世俗の対立が、社会や世界を分断させる重要な要因となっている。平和を唱えることが自分自身の身を危うくすることも含めて（戦争に反対して同国人に暗殺されたジョレスは第一次世界大戦の最初の犠牲者とも言える）、ジョレスにはアクチュアリティがある。

八　カプララ文書の世界から

日本のフランス革命史研究には豊かな蓄積があるが、「こと宗教問題に関しては、これまで手薄であった」ことから、天野知恵子は『十字架と三色旗』の第一章から第三章までを貴重な貢献として評価する（天野、一九九八：七九）。立川孝一も「注目に値するのは第二章で紹介されているカプララ文書の存在であろう」と指摘する（立川、二〇〇一：一〇六）。日本の西洋史における「手稿史料信仰」には批判的な目を向ける谷川の意識としても、カプララ文書を検討した第二章は手稿資料と向き合った章と言える旨を、一九九七年刊行の「あとがき」に記している（二〇一五年刊行の文庫版では割愛されているが、同様の問題意識は読み取れる）。

カプララ文書とは、革命期に聖職を放棄することになった聖職者たちが、一八〇一年のナポレオンと教皇庁のコンコルダート以降、復職を求めて書いた嘆願書の膨大な集積（約二万枚）からなる手稿群である。これを検討して赦免の可否を決定した教皇全権特使カプララ枢機卿の名に由来する。ヴァチカンに忠誠を誓うよりもボナパルト政府に近い枢機卿で、カトリック教会にとってスキャンダラスなこの文書はフランスにとどまることになった。ミシェル・ヴォヴェルの『フランス革命と教会』（谷川稔・田中正人・天野知恵子・平野千果子訳、人文書院、一九九二年）の翻訳に携わる過程でこの文書を知ったという谷川は、特に革命期に結婚した聖職者に関心を抱き、数量的分析に傾いているヴォヴェルの研究を紹介しつつ、いくつかの具体的な文書を読むことで「人間臭いドラマ」に接し、「革命期の宗教性の行方」に質的な分析を加えようとしている。

谷川が紹介するカプララ文書には、革命の理念に同調して公民宣誓をおこなってしまい「強制妻帯」させられたことを悔いる聖職者や、革命期を生き延びるために偽装結婚を装った聖職者から、結婚したいので修道請願を解除してほしいという虫のよい訴えや、堂々と妻帯弁護論を展開するものもある。谷川は、これを「集団的告解」というには、それぞれの立場や態度が違いすぎると指摘している。

平野千果子は、カプララ文書に接した著者の感動も伝わってくるだけに、「戸惑いも感じた」と述べている。カプララ文書で教皇の赦免を求める「傷を受けた聖職者たち」と、王政復古期に民衆に対してモラル・ヘゲモニーをふるうことになる司祭像が「明確なつながりをもってはみえてこなかった」からである（平野、一九九九：八七―八八）。たしかに、革命期に転向を余儀なくされた聖職者のコンコルダート体制下における再転向は、その経験が内面において真摯に生きられたものであったならば、自分の傷をもとにしながら民衆に近づく方向になったのではないかという期待を抱かせる。だが、嘆願書の訴えをその後の聖職者の生き方を方向づける内面的決意と額面通りに受け取るわけにはいかないのかもしれない。いずれにせよ、歴史学における「人間臭いドラマ」の再現は、興味を掻き立てるものがあると同時に、やはりそれを史料で跡づけて論じるのは容易ではなく、隔靴掻痒感も残る。

「私の受容史」としては、手稿史料の分析がやはり歴史学者の職人芸と思うと同時に、そうした史料分析を中心とする章以外の部分も重要で、ゴリゴリの歴史学とやわらかい歴史学があると思えたことがそれなりに大きく、古文書館に通って歴史学者の真似事もしてみた。ライシテ研究を専門にする宗教学者のジャン・ボベロが、第三共和政期の小学校における生徒のノートを史料とする研究書を刊行しており（Baubérot, 1997）、私も小学生のノートを用いながらライシテの道徳や学校での日常生活を再構成して宗教性の観点から分析を加えた（伊達、二〇一〇：第六章）。

カプララ文書を通して知ることのできるフランス革命期の聖職者の結婚については、近年のアクチュアルな問題からも照明が当てられてよいテーマだと思われる。聖職者による小児性愛のスキャンダルが現代の西洋カトリック世界を揺るがしているが（伊達、二〇二二）、そうしたなかで、カトリックでも男性聖職者の妻帯や、女性の聖職者を認めるべきではないかとの声があがっている。革命の動乱の時期の出来事であったとはいえ、結婚した聖職者の経験は、現代にも示唆を与えうるのではないだろうか。

九　文学作品という史料

『十字架と三色旗』のもうひとつの特徴は、文学作品を史料として用いていることで、バルザック（第四章）、フローベール（第五章）、マルセル・パニョル（第六章）からの引用で臨場感を再現しているところが印象的である。小説を歴史研究に用いることについて、本書が出たあとの歴史学者たちの書評はおおむね好意的で、歴史学者と文学研究者の協力に期待が持たれているが、その後の日本における十九世紀フランスをフィールドとする歴史学的研究で文学作品を用いているものは、あまり多くないように思われる。

もっとも、文学研究から歴史研究に近づいているものとしては、ユゴーに注目した工藤庸子の『宗教vs.国家』（講談社現代新書、二〇〇七年）、野崎歓『フランス文学と愛』（講談社現代新書、二〇一三年）、三浦信孝編『作家たちのフランス革命』（白水社、二〇二二年）などがある。文学と歴史学の架橋をより意識した近年の研究としては、小倉孝誠『歴史をどう語るか――近現代フランス、文学と歴史学の対話』（法政大学出版局、二〇二一年）を挙げることができる。『十字架と三色旗』における文学作品の使用は、こうした動向の先駆けとも言える。

フランスでは、何といっても宗教とライシテの関係に注目しながら文学作品を論じたポール・ベニシューの業績があるが（ベニシュー、二〇一五：Bénichou, 1992）、ほかにも歴史学者のモナ・オズーフが文学研究を手がけたり（Ozouf, 2006）、イヴァン・ジャブロンカ『歴史は現代文学である――社会科学のためのマニフェスト』（真野倫平訳、名古屋大学出版会、二〇一八年）が新たな歴史記述の方法を模索したりしている。

『十字架と三色旗』については、ジェンダーの問題も指摘されている。天野知恵子は、谷川が「女は教会、男は居酒屋」というのが「十九世紀におけるソシアビリテの場の基本的構図」としていることにつき、なぜ「女は教会」なのかと問い、「「女は教会」が成り立つとするなら、その背後には、女性ならではの生活に根ざした必要性があり、女性たち自身の社会的結合関係がある。カトリック的諸組織が、民衆生活の場で果たしていた社会的機能を明らかにするためには、そうした問題にももっと深く立ち入ることが必要になると思われた」と述べている[5]（天野、一九九八：八二）。平野千果子も、「ジェンダーに関しては、評者自身に課せられた課題でもある」としつつ、「こうした点についての格好の史料としては、やはり小説があげられるのではないかと、評者は考えている」と述べている（平野、一九九九：八八–八九）。

家庭における男女の宗教観の違い、すなわち父親が反教権主義者で母親が敬虔なカトリックという設定は、一九世紀においてはありふれている。特に男性が思春期に宗教の問題で悩んで信仰を捨てたり、信仰を再発見したりすることは、ルナンやクローデルからモーラスやアランまで、広く見られる。一方、女性の信仰の危機については、あまり語られないように思われる。ここでは家庭における「二つのフランス」の争いの典型とその反転が見られる文学作品の例として、アンドレ・ジッドの『女の学校・ロベール』（一九二九年）に言及しておきたい。

『女の学校』は、一九世紀末のブルジョワ階級とおぼしき良家の子女エヴリーヌがロベールと婚約していたときの日々を綴った日記帳から構成されている。エヴリーヌの父親はカトリック教会から離れているが、母親はカトリック、そして婚約者のロベールのほうもカトリックで、「パパ」と「ロベールさん」のあいだには、わだかまりがある。

パパの沈黙を募らせたのは、ロベールさんが「パパの思想と合わない」ためだった。私は政治のことはまるで分らないので、パパの思想とはどんなものなのかよく知らなかった。でも、ママがパパの「唯物主義」と呼んで攻撃していらしったことを覚えているし、パパが「お坊さん達」をあまり好かないことも知っている。私はもっと小さかった頃、パパがあんなに好い人なのが不思議に思われてならなかった。なぜって、パパは一度も弥撒《みさ》に行かないし、「宗教は人を善くするものじゃない。」などと仰しゃる言葉が、正しいものとは思えなかったから。ママはパパのことを「頑固」だと仰しゃるけれど、パパの方がママよりも優しい心を持っていらっしゃるように思われる。二人で口論をなさる時など、それは随分度々あることだけれど、ママの口調があんまりなので、パパの方が道理だとは思えぬ時でも、私の同情は自然とパパの方へ向うほどだ。〔…〕

私の両親のように深く結ばれた夫婦の間に、こういう意見の相違があるのは何と悲しいことだろう！　しかも、少し善意をもってすれば、たやすく理解し合えるようなことで。何にしても、ロベールさんとの間にはこんな心配は微塵もない。なぜって、ロベールさんは教会へ入ればきっとお祈をなさるし、寛大高尚な思想しか持っていらっしゃらないから（ジッド、一九五六：一八―一九）。

エヴリーヌの父親はロベールのことが気に入らないが、エヴリーヌはロベールの人脈や教養に憧れを抱く。父親の願いは娘の幸せで、二人は結婚する。一男一女にも恵まれる。

だが二十年経つと、エヴリーヌはロベールの勿体つけた虚栄が目について我慢できなくなる。「あの人が義務について話すのを聞くと、すべての「義務」がたまらなくいやなものに思われ、宗教を笠にきるのを見ると、あらゆる宗教が怪しげに見え、美しい感情を弄ぶのを見ると、そんなものは永遠に真平という気持になる」（同書：五二）。そんな状況に追い打ちをかけるように、ブルデル神父はエヴリーヌに対してよき妻たるべき義務を説く。

エヴリーヌはロベールに、もう一緒に暮らすことはできないと別れ話を切り出す。すると夫は両手で頭を抱えて泣き伏してしまう。エヴリーヌは、ロベールがまだ自分を愛しているために、彼のもとを去ることはできないと悲しみを覚えるが、第一次世界大戦中、エヴリーヌはついにロベールのもとを離れる決意をし、野戦病院で伝染病患者の世話をしているうちに亡くなってしまう。

『ロベール』は、『女の学校』を読んだロベールによる反論という設定である。ロベールとエヴリーヌは、子どもの教育方針をめぐってしばしば対立した。普通は宗教を否定するのは夫のほうだが、このカップルではエヴリーヌのほうが宗教から遠ざかっている。ロベールは持論を披露する。「大抵の場合、家代々の信仰を否定するのは良人の方です。そうなるともう、羽目をはずした乱行は、止めようとして止まるものではありません。しかし、少くとも子供たちにとっては、妻の思想が自由に流れ過ぎた場合の方が、その害悪はさらに甚しいものがあると信じます。なぜなら、妻の役割は飽くまで保守的なものですから」(同書：一一四)。

そうです、女性の役割は、家庭においても、文化全体の中においても、保守的なものであり、また、そうあらねばならぬと考えます。女性がこの役割を完全に認識する時、初めて、解放された男性の思想が前進することを許されるのです。幾度私は、エヴリーヌの占めている地位が、私の思想の真の進歩を引留めるのを感じたことでしょう。つまり、家庭内において、当然彼女のものであるべき役割を、私が負担することを余儀なくされたからです。しかし、他方からすれば、こんなわけで、私が宗教的社会的な義務の実践において一層力づけられ、信仰を固めることが出来たことを、神の御前で彼女に感謝しております。さればこそ、神の御前で私は彼女を許すのです(同書：一一五)。

ロベールに言わせれば、自分はエヴリーヌの「反抗と不敬」に耐えてきたという話になる。エヴリーヌの死後、再婚したロベールは、次のように述べている。「もし私が最初の妻によって、もう少し理解され、助けられ、励まされたならば、一生に如何程の仕事を成し遂げたことでしょう！　然るに、彼女の関心は反対に、私が超克しようとしていた生来の私に引き戻し、引き下げようとしているかに見受けられました」（同書：一四三）。

あくまで一例にすぎないが、ジッドの『女の学校・ロベール』はこのようにジェンダーのテーマに絡めて宗教とライシテの問題を扱っており、『十字架と三色旗』の延長線上での分析に値する文学作品だと思われる。

十　「ヴェイユ的フランス」への「回帰」から見えるもの

『十字架と三色旗』がもうひとつの近代フランス像を立ちあげ、描き出そうとするものであったように、谷川には社会史から「近代」をどうとらえるかに対する強い問題関心がうかがえる。さらに谷川の最初の単著『フランス社会運動史――アソシアシオンとサンディカリスム』（一九八三年）までさかのぼれば、社会運動史から「近代」にアプローチする谷川には、「近代化」に「抵抗」した職人たちへの共感が見られる。『フランス社会運動史』は「職人組合」、「アソシアシオニスム」、「サンディカリズム」が示した抵抗と挫折の歴史であって、それらに対する挽歌の物語としても読むことができる。

私は先に、非マルクス主義的で宗教的なものへの理解をともなう社会主義として、掘り起こす甲斐があると思われる系譜として「ジョレス的フランス」に言及した。しかし『フランス社会運動史』を読むと、谷川自身のジョレス評価はあまり高くないようで、むしろ谷川が共感を寄せるサンディカリスムの引き立て役になっている。実際、谷川は次のように述べている。第三共和政初期のサンディカリズムは、「「一般利益」の名の下に社会のあらゆる相においてブルジョワ的統合が巧妙にはかられていった時期にあって、この市民法的社会編成原理の浸透を頑に拒否する「対抗社会《コントル・ソシエテ》」としてきわだった存在であった。〔…〕同時代のジョレスとフランス社会党に代表される潮流を知識人《インテリ》社会主義と形容するならば、サンディカリスムはいわゆる労働者社会主義の到達点であった。そこには、国家や市民社会への包括をあくまでも拒み、「生産者の連合」という論理を対置しつづける労働社会のしたたかさが脈打っていた」（谷川、一九八三：一二）。

しかし、第一次世界大戦の勃発と戦後の「近代化」によって、サンディカリズムにおける労働者主義の基盤は切り崩されることになる。そのことの意味を「限りない哀惜をもって考察しつづけた思想家」として谷川が注目するのがシモーヌ・ヴェイユである。そしてヴェイユの文明論の検討は、「もはや学問研究という偏狭な領域を越える作業」とまで言っている（同上：一三）。ここには、「社会史は不断にはみだしていくもの」と述べた二宮宏之の言葉とも呼応するものが見出せる。

『フランス社会運動史』の最終章が「シモーヌ・ヴェイユとサンディカリズム」だが、ヴェイユは「六八年世代」の谷川の原点でもある。「あとがき」を読むと、ヴェイユの思想と生涯は谷川の友人の死（一九六九年）と重なり、谷川の卒業論文（一九七〇年）のテーマでもあったことがわかる。マルクス主義をはみだしたヴェイユがいかなる党派的人間でもなかったことに注意を促しつつ、谷川はサンディカリズムの系譜にヴェイユを位置づけようとしている。[6]

注目したいのは、谷川が「集権的な党内規律に耐えうるような気質の持ち主ではない」と評するヴェイユについて、「彼女の精神に比較的近かった潮流は、組織性の希薄なアナーキズム、もしくはサンディカリスムであっただろう」とサンディカリズムと並んでアナキズムにも言及していることである（同上、三二七）。谷川の見立てでは、ジョレスとサンディカリズムは区別されなければならないことになるが、ジョレスの社会主義はマルセル・モースの社会主義に通じ、近年ではモースの贈与論や社会主義をアナキズムの方向から評価する研究が進んでいる（森山、二〇二一；山田、二〇二〇）。一九八三年の著作における谷川の意図とはかけ離れてしまうが、非マルクス主義的で宗教に理解のある社会主義としてアナキズムにも通じうるという括りでは、ジョレスとヴェイユをつなぐことも、あながち的外れではないのである。

ヴェイユの工場体験と宗教思想からは大いに現代的意義を引き出すことができる。谷川は『フランス社会運動史』の「あとがき」で、「今日のような閉塞状況のもとでは気の利いた「風見鶏」も必要だろうが多少寝ぼけまなこの「ふくろう」が飛んでいてもよいのではないか」と書いている（同上：三七四）。一九八〇年代を「閉塞状況」と受け取るのは、六八年の抵抗の経験を挫折と受け取りそれを引きずった感性の持ち主によるものだろう。そのような反時代的な精神は、反時代的であるがゆえに、時代が移り変わってもなおアクチュアリティを失わないことがある。「閉塞状況」の継続ないし悪化の実感は、日本および世界で、一九八〇年代よりも高まっているのではないだろうか。グローバルな資本主義の展開と技術を動員した管理体制の強化により、労働者たちの搾取と非人間化が進んでいるという現代の状況は、戦間期のヴェイユのテクストをアクチュアルなものにしている。谷川は、テイラーシステムによる労務管理の強化に対するヴェイユの批判について、次のように書いている。

「工場内の抑圧は工場内で解決されねばならない」という、ヴェイユの到達した確信にとって、このテイラー・システムは、最も忌むべき対象と映った。「彼の目的は、労働者が自分自身で仕事の手順とリズムを決定する可能性を奪い、生産工程中になされるべき行動の選択権を管理者の手にゆだねること」にあり、それは「労働を合理化する方法ではなく、労働者を管理する方法であった」とヴェイユは看破している（同上：三五六）。

谷川は、『十字架と三色旗』において、普遍化されすぎた「ルソー的フランス」に対して特殊フランス的な「ヴォルテール的フランス」を持ち出した。その淵源をたどると、普遍化され絶対主義化されたマルクス主義にも、資本主義による搾取にも、低くつぶやくような声で異議を唱える谷川の姿を『フランス社会運動史』に認めることができる。私の言う「ジョレス的フランス」は、革命の精神である共和主義を非マルクス主義的で宗教的なものを評価する社会主義に深化させようとするものだが、そこにはなお濃厚な共和国思想という特殊フランス的なものが脈打っている。そう考えると、国家や市民社会への包摂を拒む「ヴェイユ的フランス」――もはや「フランス」を外して「ヴェイユ的なもの」と言うべきかもしれない――には、フランス共和国の刻印を薄める性格があるとも言えそうだ。それは日常的な生活と仕事を足場に抵抗を組織する、もうひとつの普遍性に通じている可能性がある。

文献

Baubérot, Jean, 1997.*La morale laïque contre l'ordre moral*, Paris, Seuil.
Bénichou, Paul, 1992. *L'école du désenchantement : Sainte-Beuve, Nodier, Musset, Nerval, Gautier*, Paris, Gallimard.
Langlois, Claude, 1984.*Le catholicisme au féminin : Les congrégations françaises à supérieure générale au* XIXe *siècle*, Paris, Cerf.
Ozouf, Mona, 2006. *Récits d'une patrie littéraire : Les mots des femmes ; Les aveux du roman ; La muse démocratique ; La république des romanciers*, Paris, Fayard.
天野知恵子、一九九八、「書評：谷川稔著『十字架と三色旗――もうひとつの近代フランス』」『西洋史学』第一九一号、七九―八二頁。
上垣豊、一九九八、「書評：谷川稔著『十字架と三色旗――もうひとつの近代フランス』」『史林』第八一号第四巻、一三七―一四三頁。
ヴォルテール、二〇一六、『寛容論』斉藤悦則訳、光文社古典新訳文庫。
喜安朗、一九九八、「書評：谷川稔著『十字架と三色旗――もうひとつの近代フランス』」『歴史と地理』第五一三号、一九九八年五月、三七―四一頁。
小田中直樹、一九九八、「「もうひとつの近代フランス」研究の胎動?――谷川稔著『十字架と三色旗』に寄せて」『史学雑誌』第一〇七編第一〇号、五四―六七頁。
ジッド、アンドレ、一九五六『女の学校・ロベール』川口篤訳、岩波文庫（改版）。
島薗進、二〇一四、「安丸良夫先生と私」上廣倫理財団編『わが師・先人を語る』弘文堂、一二三―一四八頁。
高澤紀恵、二〇一一、「高橋・ルフェーヴル・二宮――「社会史誕生」の歴史的位相」『思想』第一〇四八号、一二〇―一四〇頁。
立川孝一、二〇〇一、「書評：谷川稔著『十字架と三色旗』」『社会経済史学』第六六巻、第六号、一〇五―一〇七頁。
伊達聖伸、二〇一〇、『ライシテ、道徳、宗教学――もうひとつの一九世紀フランス宗教史』勁草書房。

伊達聖伸、二〇一五、「社会主義と宗教的なもの――ジャン・ジョレス」宇野重規・伊達聖伸・髙山裕二編『共和国か宗教か、それとも――十九世紀フランスの光と闇』白水社、二五三―二八四頁。

伊達聖伸、二〇二一、「フランスのライシテを世界史に向けて語る――日本の政教関係と日露戦争との同時代性に注目して」『日仏文化』第九〇号、四六―六〇頁。

伊達聖伸、二〇二二、「聖職者の性的スキャンダルを通して見るフランス・カトリック教会の現状――制度的権威の失墜とカリスマ的権威の失墜」『上智ヨーロッパ研究』一三、一一三―一三二頁。

伊達聖伸／アブデヌール・ビダール編、二〇二一、『世俗の彼方のスピリチュアリティ――フランスのムスリム哲学者との対話』東京大学出版会。

谷川稔、一九八三、『フランス社会運動史――アソシアシオンとサンディカリスム』山川出版社。

谷川稔、一九九七／二〇一五、『十字架と三色旗――もうひとつの近代フランス』山川出版社／『十字架と三色旗――近代フランスにおける政教分離』岩波現代文庫。

谷川稔、二〇一一、「京都から二宮社会史の「謎」を読む」『二宮宏之著作集』第五巻月報、四―六頁。

谷川稔、二〇一三、「全共闘運動の残像と歴史家たち――社会運動史から社会史へ」喜安朗・北原敦・岡本充弘・谷川稔編『歴史として、記憶として――「社会運動史」1970～1985』、御茶の水書房、一八三―二一一頁。

谷川稔、二〇一九、「「近社研」の軌跡をたどる――情熱の草創から苦渋の終幕へ」谷川稔・川島昭夫・南直人・金澤周作編『越境する歴史家たちへ――「近代社会史研究会」(1985-2018)からのオマージュ』ミネルヴァ書房、一―四九頁。

遅塚忠躬・近藤和彦編、一九九三、『過ぎ去ろうとしない近代――ヨーロッパ再考』山川出版社。

長井伸仁、一九九九、「書評：谷川稔著『十字架と三色旗――もうひとつの近代フランス』」『史潮』新四五号、一五三―一六〇頁。

林淳、二〇一三、「戦後日本における東大系宗教学の軌跡――「来るべき宗教学」の予言がはずれたとき」『東京大学宗教学年報』XXX（特別号）、二九―三七頁。

平野千果子、一九九九、「書評：谷川稔『十字架と三色旗――もうひとつの近代フランス』」『寧楽史苑』第四四号、八三―九〇頁。

ベニシュー、ポール、二〇一五、『作家の聖別　フランスロマン主義1　一七五〇～一八三〇年　近代フランスにおける世俗の精神的権力到来をめぐる試論』片岡大右、原大地、辻川慶子、古城毅訳、水声社。

三浦信孝、二〇二一、「現代フランス論から読む『世界の中のフランス史』」『思想』第一一六三号、三五—五三頁。

森山工、二〇二二、『「贈与論」の思想——マルセル・モースと〈混ざりあい〉の思想』インスクリプト。

山田広昭、二〇二〇、『可能なるアナキズム——マルセル・モースと贈与のモラル』インスクリプト。

柳川啓一、一九七二、「異説　宗教学序説」『祭と儀礼の宗教学』筑摩書房、一九八七年、三—一一頁。

安丸良夫、二〇一〇、「戦後知の変貌」安丸良夫・喜安朗編『戦後知の可能性——歴史・宗教・民衆』山川出版社、三—三二頁。

渡辺和行、一九九九、「書評：谷川稔『十字架と三色旗——もうひとつの近代フランス』」『思想』第八九六号、五六—五九頁。

註

（1）「社会運動史から社会史へ」と整理すると、「運動」の語が抜け落ちる。『社会運動史』全一〇号（一九七二—一九八五）を出した社会運動史研究会に、「境界線上の半当事者」（谷川自身の言葉）として関わった谷川は、同研究会が解散へと向かうなかで研究会メンバーは社会史ブームに戸惑っていたこと、谷川自身も「権力を射程においた社会史」を「突破口」にしようと考えていたことを述べている（谷川、二〇一三：一八四、二〇九）。

（2）高澤（二〇一一）は、高橋が担った「戦後歴史学」から二宮の「社会史」への継承と断絶を、両者のルフェーヴルに対する関係を交えながら論じている。

（3）たとえばアブデヌール・ビダールの場合を参照（伊達／ビダール編、二〇二一）。

（4）なお、三浦論文所収の『思想』のこの号は、ブシュロン編『世界の中のフランス史』特集を組んでいる。

（5）なお、「女は教会、男は居酒屋」（一九九七年、一一七頁／二〇一五年、一二一頁）のうち「男は居酒屋」の部分は労働者階級の話で、ブルジョワ階級を含めた男女対比の図式にはならないと思われる。「女は教会」の実態も、ブルジョワ階級と労働者階級とでは異なってくるだろう。一九世紀におけるカトリックの復権が女性に多く依存していたことについては、Langlois (1984) を参照。

（6）谷川はまた、二〇一二年の時点で、四〇年前の一九七二年当時を振り返り、マルクス・レーニン主義的な党派性のみならず、自律的な民衆運動や民衆蜂起にも党派性がありうるという「シモーヌ・ヴェイユ的な懐疑」を抱いていたと述べている（谷川、二〇一三：一九六）。

あとがき

はしがきにもあるように、本書は『社会統合と宗教的なもの――十九世紀フランスの経験』、『共和国か宗教か、それとも――十九世紀フランスの光と影』に続く、同じ編者による企画の第三弾となる。これらはいずれも若手・中堅のフランス研究者による共同研究の成果であるが、思えば、それぞれの時代の雰囲気を如実に反映していると言えなくもない。

最初の『社会統合と宗教的なもの』は二〇一一年の刊行である。東日本大震災の直後に本が出たのはたまたまであるが、それでも「絆」という時代の言葉とどこか連動しているところがあった。二〇〇〇年代、グローバル化の進む世界各地で「格差の拡大」が問題となり、経済的・社会的な分断が可視化した。そこで浮上してきたのが、「社会統合」というテーマである。その際、フランスの、とくに十九世紀の経験が意味を持つのではないかというのが、企画の出発点にある発想であった。

しばしば「個人主義の国」とされるフランスであるが、十九世紀のフランスにおいては、デュルケームの社会学に象徴されるように、むしろ「社会」という言葉が時代のキーワードであった。フランス革命以降の混乱と対立が続くなか、いかに社会を統合していくかが課題となったのである。その際に鍵を握ったのが「宗教的なもの」である。カトリック教会と厳しく対立した共和政フランスにおける多様な「宗教的なもの」の構想が、同時代の日本社会を考える上で何か示唆的ではないか。そんな思いから編まれた『社会統合と宗教的なもの』は幸いにも多くの読者に恵まれることになった。

続く『共和国か宗教か、それとも』は二〇一五年に刊行された。言うまでもなく、同年に起きたフランスのシャルリ・エブド襲撃事件を受けての本である。とはいえ、著作の原型となる研究会自体はそれ以前から続いており、事件が起きた年に本を出すことができたのもある種のシンクロニシティだったのかもしれない。

ヴォルテールに象徴されるように、フランスといえば寛容の国であり、世俗的な社会であるというのが、これまでの通念であった。そのフランスの首都パリで、週刊風刺新聞の本社がイスラム過激派のテロリストに襲撃されたことは、まさに世界を震撼させた出来事であった。いわゆる「イスラム国」の活動が活発化していた時代背景において、この事件はあらためて寛容の国フランスにおける精神的分断を露呈したのである。そもそも「ライシテ」原理に示されるフランスの「世俗主義」とは何であったのかを探った『共和国か宗教か、それとも』もまた、時代と連動しつつ、多くの方に読んでいただいた。

そして本書『フランス知と戦後日本——対比思想史の試み』が、二〇二二年のロシアによるウクライナ侵攻に始まるロシア・ウクライナ戦争、二〇二三年のイスラム原理組織ハマースによるイスラエル攻撃によるイスラエル・ガザ戦争が続くこのタイミングで刊行されることになった。『社会統合と宗教的なもの』が経済的・社会的分断、『共和国か宗教か、それとも』が精神的分断を扱ったとすれば、この『フランス知と戦後日本』は政治的分断を正面からテーマにする一冊と言えるだろう。

自由民主主義体制の最終的な勝利が論じられたベルリンの壁崩壊から三十五年、いまや世界各地で権威主義体制が台頭し、民主主義の自明性が失われつつある。はたして自由民主主義の発展を大前提とした近代史理解は修正されなければならないのだろうか。フランス革命こそを「近代市民革命」の典型として捉えてきた歴史観は完全に過去のものとなるのだろうか。ある意味で、フランスを自らを見つめ直す「鏡」としてきた戦後日本の知を問い直すことが本書の課題となる。戦後日本のフランス研究を振り返ることで、戦後日本それ自体を考え直す試みが、前二著と同じく多くの方に届くことを願ってやまない。

本書の刊行にあたっては、これまでと同様、白水社の編集者である竹園公一朗さんのお世話になった。竹園さんは本の企画から刊行に至るまで、収録された鼎談を含め、すべての本づくりの過程において編者や執筆者たちを支えてくれた。本書の伴走者であり、ある意味で、四人目の編者とも言える。これまでのご尽力に心から感謝するとともに、引き続き、これからも良き「仲間」であってほしいと申し上げたい。竹園さんは本書を校了し次第、故郷であり、能登半島地震で大きな被害を受けた輪島の街に向かわれるという。すべての被災者の皆さんにお見舞い申し上げたい。

なお、本書の執筆者もこれまでと同様「フランス政治思想研究会」のメンバーを中心としているが、長井伸仁さんのように、この本がきっかけで仲間に加わっていただいた方もいる。逆に執筆を予定していたものの、それぞれの事情からそれがかなわなかったメンバーもいる。それでもフランス研究者の一人として、現代日本社会とその知に対して一つの問題提起ができたことをうれしく思っている。鼎談でも述べたように、これからの新しいフランス研究への第一歩として、本書を読書界へと送り出したい。

宇野重規

二〇二四年二月一〇日

永見瑞木（ながみ・みずき）＝第 3 章
1980 年生まれ。パリ第 1 大学哲学科博士課程を経て、東京大学大学院法学政治学研究科博士課程終了。博士（法学）。現在、大阪公立大学法学部教授。主な著書に『コンドルセと〈光〉の世紀』（白水社）、主な訳書にロザンヴァロン『良き統治』（共訳、みすず書房）、マクフィー『フランス革命史』（共訳、白水社）他。

片岡大右（かたおか・だいすけ）＝第 4 章
1974 年生まれ。パリ第 8 大学 DEA 課程を経て、東京大学大学院人文社会系研究科博士課程修了。博士（文学）。批評家。主な著書に『隠遁者、野生人、蛮人』（知泉書館）、『小山田圭吾の「いじめ」はいかにつくられたか』（集英社新書）、『批評と生きること』（晶文社）、『共和国か宗教か、それとも』（共著、白水社）、主な訳書にグレーバー『民主主義の非西洋起源について』（以文社）、ベニシュー『作家の聖別』（共訳、水声社）他。

杉本隆司（すぎもと・たかし）＝第 5 章
1972 年生まれ。一橋大学大学院社会学研究科博士課程修了。博士（社会学）。ナンシー第 2 大学 DEA 課程修了。現在、明治大学政治経済学部専任講師。主な著書に『民衆と司祭の社会学』（白水社）、『社会統合と宗教的なもの』、『共和国か宗教か、それとも』（以上、共著、白水社）、主な訳書にコント『コント・コレクション』全二冊（白水社）、ミュッソ『サン＝シモンとサン＝シモン主義』（白水社クセジュ）他。

川上洋平（かわかみ・ようへい）＝第 6 章
1979 年生まれ。慶應義塾大学大学院法学研究科博士課程修了。博士（法学）。現在、専修大学法学部准教授。主な著書に『ジョゼフ・ド・メーストルの思想世界』（創文社）、『共和国か宗教か、それとも』（共著、白水社）、ウォルツァー『政治的に考える』（共訳、風行社）、ローゼンブラット『リベラリズム　失われた歴史と現在』（共訳、青土社）、シュクラー『不正義とは何か』（共訳、岩波書店）他。

中村督（なかむら・ただし）＝第 8 章
1981 年生まれ。フランス社会科学高等研究院博士課程修了。博士（歴史学）。現在、北海道大学大学院法学研究科教授。『言論と経営』（名古屋大学出版会）で渋沢・クローデル賞、日本出版学会賞。主な著書に『戦後民主主義の革新』（共著、ナカニシヤ出版）、主な訳書にロス『もっと速く、もっときれいに』（共訳、人文書院）、ロザンヴァロン『良き統治』（共訳、みすず書房）他。

執筆者略歴

宇野重規（うの・しげき）＝編者・鼎談・第１章
1967年生まれ。東京大学大学院法学政治学研究科博士課程修了。博士（法学）。現在、東京大学社会科学研究所教授。同研究所で〈希望学〉プロジェクトをリードするほか、『政治哲学へ』（東京大学出版会）で渋沢・クローデル賞、『トクヴィル　平等と不平等の理論家』（講談社選書メチエ）でサントリー学芸賞、『民主主義とは何か』（講談社現代新書）で石橋湛山賞。主な著書に『〈私〉時代のデモクラシー』（岩波新書）、『民主主義のつくり方』（筑摩選書）、『西洋政治思想史』（有斐閣）、『未来をはじめる』（東京大学出版会）、『日本の保守とリベラル』（中公選書）、『近代日本の「知」を考える。』（ミネルヴァ書房）他、主な編著に『社会統合と宗教的なもの』、『共和国か宗教か、それとも』（以上、白水社）他。

伊達聖伸（だて・きよのぶ）＝編者・鼎談・第９章
1975年生まれ。東京大学大学院人文社会系研究科博士課程単位取得退学。2002年から07年までフランスに留学。リール第三大学博士課程修了。Ph.D.（パリ高等研究実習院との共同指導）。現在、東京大学大学院総合文化研究科教授。『ライシテ、道徳、宗教学』（勁草書房）でサントリー学芸賞、渋沢・クローデル賞。主な著書に『ライシテから読む現代フランス』（岩波新書）、主な訳書にボベロ『フランスにおける脱宗教性の歴史』（共訳、白水社クセジュ）、デュモン『記憶の未来』（白水社）他、主な編著に『社会統合と宗教的なもの』、『共和国か宗教か、それとも』（以上、白水社）他。

髙山裕二（たかやま・ゆうじ）＝編者・鼎談・第７章
1979年生まれ。早稲田大学大学院政治学研究科博士課程修了。博士（政治学）。現在、明治大学政治経済学部准教授。『トクヴィルの憂鬱』（白水社）で渋沢・クローデル賞、サントリー学芸賞。主な著書に『憲法からよむ政治思想史』（有斐閣）、主な訳書にミュデ他『ポピュリズム』、サンスティーン『同調圧力』（以上、共訳、白水社）他、主な編著に『社会統合と宗教的なもの』、『共和国か宗教か、それとも』（以上、白水社）他。

長井伸仁（ながい・のぶひと）＝第２章
1967年生まれ。パリ第１大学博士課程修了。博士（歴史学）。現在、東京大学大学院人文社会系研究科教授。主な著書に『近代パリの社会と政治』（勁草書房）、『歴史がつくった偉人たち』（山川出版社）、主な訳書にノラ編『記憶の場』（岩波書店）、アズリア／レジェ編『宗教事象事典』（みすず書房）他。

フランス知と戦後日本
対比思想史の試み

二〇二四年三月一五日 印刷
二〇二四年四月一〇日 発行

編者© 宇野重規
伊達聖伸
髙山裕二
発行者 岩堀雅己
印刷所 株式会社三秀舎
発行所 株式会社白水社

東京都千代田区神田小川町三の二四
電話 営業部〇三（三二九一）七八一一
編集部〇三（三二九一）七八二一
振替 〇〇一九〇・五・三三二二八
郵便番号 一〇一・〇〇五二
www.hakusuisha.co.jp

乱丁・落丁本は、送料小社負担にてお取り替えいたします。

誠製本株式会社

ISBN978-4-560-09277-4
Printed in Japan

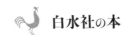